LIDERANÇA:
A VIRTUDE ESTÁ NO MEIO

TÍTULO ORIGINAL
Liderança. A Virtude está no meio

AUTORES
Arménio Rego e Miguel Pina e Cunha

CONJUNTURA ACTUAL EDITORA, uma chancela de Edições Almedina, S.A.
Avenida Emídio Navarro, 81, 3D
3000-151 Coimbra – Portugal

REVISÃO
Lucília Tiago

CAPA
Joana Carvalho

PAGINAÇÃO
MA

IMPRESSÃO E ACABAMENTO
????????
Novembro 2022

DEPÓSITO LEGAL
???????

Biblioteca Nacional de Portugal – Catalogação na Publicação

REGO, Arménio, e outro

Liderança: a virtude está no meio / Arménio Rego,
Miguel Pina e Cunha. – 2.ª ed. – (Fora de coleção)
ISBN 978-989-694-708-8

I – CUNHA, Miguel Pina e

CDU 005

ARMÉNIO REGO
MIGUEL PINA E CUNHA

LIDERANÇA: A VIRTUDE ESTÁ NO MEIO

ACTUAL

Para o Tomás e a Janinha,
que sejam virtuosamente felizes.
AR

Aos meus virtuosos pais.
MPC

ÍNDICE

A QUEM SE DESTINA ESTE LIVRO

Este livro destina-se a líderes e chefias de todos os níveis hierárquicos, atuando em todos os tipos de organizações e sectores. Líderes de empresas, de organizações sem fins lucrativos, da administração pública, de clubes e organizações desportivas, de forças políticas e cívicas — todos poderão beneficiar com a leitura da obra.

O livro é igualmente útil para leitores e leitoras que estão a encetar a vida profissional e pretendem assumir funções de liderança. Lendo-o, poderão fazer uma autoanálise mais apurada de forças e fraquezas próprias. Poderão também compreender como podem desenvolver, através da prática e da experiência, as virtudes necessárias a uma liderança potencialmente eficaz a longo prazo.

Estudantes de gestão, de economia, de direito, de engenharia, ou estudantes com ambições de virem a exercer funções de liderança também poderão beneficiar com a leitura do livro. Naturalmente, as virtudes são cruciais em casa, na família, na sociedade, entre amigos e no trabalho. Por conseguinte, o livro pode ser lido com proveito por qualquer pessoa.

NOTA INTRODUTÓRIA À 2.ª EDIÇÃO

Algumas narrativas sobre a gestão continuam a encarar a «virtude» como o terreno da filosofia, da religião, da ética ou mesmo... da ingenuidade. Segundo essa perspetiva, a linguagem da gestão é a dos resultados, da eficácia e da competição. Lamentavelmente, esse discurso «puro e duro» tende a conduzir, mais cedo ou mais tarde, a escândalos empresariais, à destruição de organizações, ao descalabro das vidas dos empregados e ao descarrilamento das próprias lideranças — ainda que estas fiquem, por vezes, protegidas por «paraquedas dourados» e outros amortecedores. Os casos BES, PT, BPP e BPN, em terras lusas, são ilustrativos. Internacionalmente, bastaria prestar atenção a escândalos como os da Volkswagen (*dieselgate*), da Theranos, da WeWork, da Wells Fargo e da Nissan/Carlos Ghosn para compreender como é perigoso o desejo de transformar o vício — sobretudo o da ganância — em «virtude».

As virtudes são, todavia, muito mais do que antídotos contra o veneno. São, acima de tudo, potenciais alicerces de vidas mais dignas e nutridas por propósitos com significado. São colunas de edifícios organizacionais mais sustentáveis e contributivos do bem comum. Independentemente dos resultados, são intrinsecamente valiosas. Tal como o amor, não precisam de justificações «externas» para serem validadas. Por conseguinte, é pouco virtuosa a pretensão de ser virtuoso... porque dá dinheiro ou permite alcançar ganhos. Aplica-se, aqui, a leitura crítica que o arcebispo Whately fez, há dois séculos, sobre algumas crenças relativas à honestidade:

> A honestidade é a melhor política, mas um homem que é honesto por essa razão não é um homem honesto.

O economista John Kay explicou porque devemos ser cautos perante a pessoa que é honesta porque, para ela, «a honestidade é a melhor política». A certo momento, essa pessoa pode concluir que a honestidade deixou de ser «a melhor política» — e opta então por outra «política».

As virtudes têm, pois, valia intrínseca e intemporal. Alimentam forças de carácter que permitem fazer bem o bem. Por este segundo «bem» entenda-se o desenvolvimento das pessoas, das organizações e da comunidade. Desse ponto de vista, a segunda edição deste livro não difere da primeira. As diferenças residem na atualização dos «casos práticos» e da literatura que tem vindo a ser publicada. Mantivemos muitos exemplos discutidos na edição anterior porque o seu poder ilustrativo permanece. Mantém-se, pois, a essência dos argumentos. Continuaremos, como sempre, a precisar de lideranças que sejam humildes — mas também autoconfiantes e determinadas. Honestas — mas igualmente capazes de compromissos morais que permitam optar pelo «mal menor». Corajosas — mas também prudentes e sensatas.

INTRODUÇÃO

QUEBRANDO TABUS

APELOS DE LONGA DATA

Donald Keough, ex-CEO da Coca-Cola Company, no livro *Dez Mandamentos para o Insucesso dos Negócios*, escreveu que, «para preservar a confiança pública no nosso sistema capitalista, é necessário que seja gerido por homens e mulheres honrados e decentes». Warren Buffett afirmou algo semelhante quando defendeu que «podemos dar-nos ao luxo de perder dinheiro, mas não podemos perder a nossa reputação». Clive Boddy, num artigo publicado no *Journal of Business Ethics,* alertou que, «talvez mais agora do que nunca, o mundo precisa de líderes empresariais com consciência. Não necessita de psicopatas empresariais.» Bill George, ex-CEO da Medtronic e depois professor em Harvard, lamentou os efeitos perversos que a liderança desonesta gerou sobre as sociedades e o próprio capitalismo — e apontou a necessidade de se promover a liderança autêntica e virtuosa. Economistas como Martin Wolf, John Kay, Paul Collier e outros têm chamado a atenção para os perigos da ganância e da obsessão com a maximização do valor para o acionista. Peter Drucker escreveu, em *The Practice of Management*, um livro publicado em 1954:

> A gestão não deve nomear um indivíduo que considere a inteligência mais importante do que a integridade. Esta é uma atitude imatura. [...] [Se um gestor] for alguém sem carácter e sem integridade — por mais conhecedor, brilhante e bem-sucedido que possa ser —, acabará por se tornar um destruidor. Destrói as pessoas, o recurso mais valioso de qualquer organização. Destrói o espírito dessa organização. E destrói a sua

> capacidade de realização. [...] Um gestor que não possua estas qualidades de carácter — por mais simpático, prestável e amigável, por mais competente ou brilhante que possa ser — é um perigo e deve ser considerado indigno e incapaz de ser um gestor. Poderia argumentar-se que todas as ocupações — médico, advogado, merceeiro — exigem integridade. Mas há uma diferença. O gestor vive com as pessoas que dirige, decide qual é o seu trabalho, orienta-as para que possam executar os seus serviços, avalia-as e, frequentemente, decide sobre o seu futuro.

Por todo o lado se escutam apelos à prática da liderança honesta e virtuosa — que permita pôr cobro aos escândalos da vida económica, empresarial e política e gerar melhorias no bem comum. Frequentemente, estes apelos têm «caído em saco roto». Num mundo hipercompetitivo, quando a falta de escrúpulos vence, é difícil pregar as virtudes da liderança virtuosa. Acresce que a natureza humana é complexa. Os seres humanos são capazes do *melhor* e do *pior*. É mais fácil sucumbir às *tentações* inerentes à natureza humana do que praticar a virtude! E, no entanto, as virtudes são críticas para as empresas e para a sociedade. São essenciais à boa liderança e aos bons negócios. Como escreveu João Carlos Espada, da Universidade Católica Portuguesa:

> As virtudes morais são essenciais para a sustentação da liberdade. Sem autocontrolo, sem capacidade de diferir a gratificação, sem atenção à sorte do outro, a liberdade é ameaçada pela desconfiança mútua, pela indiferença, pela crueldade. A prazo, a anomia, ou ausência de regras de conduta partilhadas, dará lugar à insegurança coletiva e esta à descrença na liberdade.

Este livro pretende facultar um guia *realista* sobre como as virtudes podem ser colocadas ao serviço da liderança eficaz e do bem comum. Não é um *almanaque* de receitas, mas antes um compêndio de linhas de orientação e reflexões que podem ajudar as lideranças a serem mais bem-sucedidas e sentirem-se realizadas, as organizações a serem mais eficazes e a comunidade humana a experimentar um bem-estar mais elevado. Não promete facilidades — antes sugere que a prática das virtudes requer sacrifício, para que melhores resultados no longo prazo sejam alcançados.

A MÉDIA DOURADA

O que é a «virtude»? Qual o seu significado? O termo não tem sido muito *sexy* no terreno competitivo e *viril* das economias e das organizações. Durante os anos *loucos* que antecederam a crise financeira mundial, falar de virtudes no meio empresarial significava «pregar no deserto» — e levava a acusações de ingenuidade, irrealismo ou ilusão. É tempo de regressar ao essencial, sobretudo porque as lições do passado são frequentemente esquecidas. O termo latino *virtus* significa *força* ou *excelência*. As virtudes são *hábitos, desejos e ações que geram bem pessoal e social*. São disposições ou inclinações dos indivíduos, orientadas para fazer o *bem*, que se aperfeiçoam com o hábito. Declarações e boas intenções não bastam — as virtudes apenas existem se forem praticadas. Quem pretende desenvolver virtudes dispõe apenas de um caminho: começar a praticá-las, ser persistente, reerguer-se de eventuais quedas. As virtudes são constelações de músculos éticos que se desenvolvem com a prática constante.

A expressão «a virtude está no meio» é frequentemente mal interpretada, desconhecendo-se a sua génese em Aristóteles e a sua presença noutras correntes filosóficas. A conotação *filosófica* e *religiosa* do termo também tem gerado resistências. Infelizmente, quase nunca se reconhece a enorme valia *prática* das virtudes para o exercício eficaz da liderança. Este livro socorre-se de numerosos exemplos e argumentos para mostrar que a *média dourada* (uma expressão alternativa para representar a noção de virtude) é realmente crucial para lideranças que pretendem ser eficazes, bem-sucedidas, (mais) felizes, promotoras do desenvolvimento económico e construtoras do bem comum.

Sejamos claros: a virtude *está no meio*, não porque represente *mediania*, mas porque simboliza o ponto mais *alto* entre dois extremos *baixos* (veja a Figura 1). Por exemplo, a coragem representa o ponto alto entre o extremo da cobardia e o da audácia imprudente/louca. A «coragem» de Putin ao decidir invadir a Ucrânia não está no meio — não é coragem, é vaidade hubrística.

A cobardia é perversa para um líder. Mas o excesso de *coragem* não é uma virtude. É antes um vício que pode levar o líder a dar um passo adiante quando tem o precipício pela frente. A generosidade é o ponto alto entre ser avaro *versus* ser estroina ou perdulário. A perseverança representa o meio-termo entre a preguiça e a teimosia obstinada. A criatividade é a média dourada entre a obtusidade e a fantasia. A gentileza situa-se entre a indiferença fria e a sentimentalidade lamechas. A modéstia ou humildade representa o ponto alto entre os extremos baixos da arrogância pomposa e da automortificação inútil. A prudência emerge entre os extremos da imprudência irresponsável e da aversão ao risco paralisante.

A tese deste livro, fundamentada em numerosos exemplos, é a de que as lideranças que praticam a *média dourada* são mais eficazes e felizes e são melhores promotoras do desenvolvimento económico e social e do bem comum. Tal como uma boa alimentação, uma boa liderança não é insossa nem salgada. Tem sal q.b.! Também não é acre nem excessivamente doce. Tem açúcar q.b.! Tem vinagre q.b.!

Figura 1: **A virtude é o ponto mais alto entre dois extremos**

Vício	Virtude	Vício
Preguiça; indolência; desistência «à primeira»	**1. Perseverança**	Obstinação
Sentimento de inutilidade, «pequenez» ou incapacidade	**2. Autoconfiança**	Grandiosidade; arrogância; imodéstia
Cobardia	**3. Coragem**	Audácia imprudente/louca
«Tudo de mal me acontece»	**4. Otimismo**	«Tudo é um mar de rosas»
Inatividade; marasmo; lentidão de espírito	**5. Vitalidade**	Desassossego; agitação; irrequietude
«É só um emprego»	**6. Paixão/vocação**	Paixão cega; irrealista; obstinada
Desinteresse; apatia	**7. Curiosidade e amor pela aprendizagem**	Inconveniência; aventureirismo perigoso; ingenuidade
Ingratidão	**8. Gratidão**	Excessivo sentido de «dívida para com tudo e todos»
Vazio interior; desnorte	**9. Propósito e transcendência**	Proselitismo indevido; «estar fora deste mundo»; irrealismo

Vício		Virtude		Vício
Azedume; tédio; amargura	←	10. Humor	→	Inconveniência; bobice; «engraçadinho»
Imprudência; descuido; irresponsabilidade	←	11. Prudência	→	Timidez; aversão ao risco
Desonestidade; embuste; fraude	←	12. Integridade	→	Inflexibilidade; incapacidade para compromissos morais; «santinho»
Intemperança; impulsividade; libertinagem; luxúria	←	13. Temperança	→	Excessiva rigidez; incapacidade para fruir das coisas boas da vida
Espírito de vingança; crueldade; «olho por olho, dente por dente»	←	14. Perdão	→	Abusado por tudo e por todos (ou: hipócrita; beato; fingido)
Imodéstia; grandiosidade; arrogância; gabarolice; soberba	←	15. Humildade	→	Automortificação; apoucamento pessoal
Frieza; indiferença; despeito; ódio; egoísmo	←	16. Humanidade	→	Sentimentalidade lamechas; paternalismo; intrusividade
Injustiça; favoritismo; parcialidade; iniquidade	←	17. Justiça	→	Equidade excessiva; justiça irrealista
«Burrice» social e emocional; autoilusão	←	18. Inteligência social	→	Manipulação emocional; conduta camaleónica «escorregadia»
Falsidade; «camuflagem»; artificialidade	←	19. Autenticidade	→	Transparência insensata; franqueza imprudente

SEJA UM/A LÍDER REALISTA, SEJA VIRTUOSO/A

A quem tem dúvidas sobre a importância das virtudes para o eficaz exercício da liderança sugerimos que comece por pensar nas consequências adversas da sua ausência. Pense nos escândalos empresariais ocorridos nos últimos anos em várias empresas portuguesas e multinacionais. Reflita sobre os efeitos perversos que a ausência de virtudes acarretou para as empresas, as próprias lideranças, os clientes e a comunidade.

Se este livro tivesse sido publicado há um par de décadas, muitos leitores considerar-nos-iam, porventura, ingénuos. Acusar-nos-iam de sermos alienígenas num mundo competitivo. Algumas pessoas ainda pensarão o mesmo nos dias de hoje. Jeffrey Pfeffer, a quem aludiremos noutras partes do livro, defendeu em 2021 as vantagens de lideranças caracterizadas pelo narcisismo, pelo maquiavelismo e mesmo pela personalidade psicopata, alegando que esse perfil pode ser altamente eficaz. Ter-se-á esquecido de tudo aquilo que ele próprio escreveu ao longo de anos sobre a importância da sustentabilidade social das organizações, da preservação da saúde física e mental dos membros organizacionais e dos ensinamentos do papa Francisco. Pfeffer confunde sucesso pessoal com sucesso e sustentabilidade das organizações. Tecer encómios a um líder ou uma líder que alcance sucesso a expensas da dignidade das pessoas e da sustentabilidade da empresa é perigoso. Levada à letra, uma tal lição poderá conduzir a uma sociedade «belicista», repleta de desconfiança e tóxica para a vida humana. Numa sociedade onde impera a regra do «olho por olho» todos acabamos cegos — como bem avisou Ghandi.

Pfeffer parece também ter feito vista grossa às crises e escândalos económicos, financeiros e empresariais que, em várias partes do mundo, mostram como é pouco sensato arredar as virtudes da prática da liderança. Na aldeia global, com meios de comunicação social atentos, e com redes sociais vigorosamente sedentas de informação *quente*, as condutas viciosas podem gerar efeitos traumáticos sobre a reputação e o desempenho das lideranças e das suas organizações. Quantas organizações outrora lucrativas e divinizadas no altar da fama se afundaram num ápice? Quantas lideranças caíram em desgraça ao serem colhidas na malha dos vícios que foram tecendo ao longo de anos? Quantas lideranças se suicidaram ou sofreram problemas graves de saúde na sequência de condenações a que foram submetidas?

Pense o leitor em Bernard Madoff, condenado a 150 anos de prisão devido a um esquema Ponzi. Um dos seus filhos, Mark, suicidou-se. Antes disso, a esposa de Mark havia pedido à justiça para trocar o seu apelido e o dos seus filhos, alegando que a família sofria ameaças e humilhações pelo escândalo gerado pelo sogro. O leitor gostaria de estar na *pele* de Dominique Strauss-Kahn (DSK), mesmo depois de a justiça americana não ter avançado para a acusação contra a sua alegada intemperança? Terão *valido a pena* as alegadas intemperanças do ex-homem-forte do FMI? José António Saraiva escreveu, no *Sol*, que «o ex-diretor-geral do FMI era um homem poderoso, a quem se exigia uma conduta à altura da importância do cargo». E acrescentou que, se o episódio de Manhattan foi uma cilada, então DSK «caiu nela muito facilmente. E, ao fazê-lo, mostrou uma natureza volúvel, uma grande dificuldade de controlo, provavelmente uma mente doentia, incompatível com a mais alta magistratura do Estado.»

Os exemplos abundam. Jeffrey Skilling, antigo presidente executivo da Enron, foi condenado a 24 anos e quatro meses de prisão pelo seu envolvimento no colapso de uma das maiores empresas do sector energético dos EUA. Kenneth Lay, também CEO da Enron, igualmente considerado culpado, acabou por falecer de ataque cardíaco em 2006, três meses e meio antes da sentença. Bernard Ebbers, CEO da WorldCom, foi condenado a 25 anos de prisão por fraudes contabilísticas de milhares de milhões de dólares. O outrora invejado e elogiado presidente do Banesto, Mário Conde, foi condenado a 20 anos de prisão por fraude financeira. Carlos Ghosn, o outrora celebrado CEO da Renault Nissan, escapou do Japão dentro de uma caixa de instrumentos musicais.

O trágico caso de João Rendeiro é igualmente elucidativo. Outros casos portugueses não faltarão para demonstrar o efeito nocivo que a escassez de virtudes gera nas empresas, no país e nas próprias lideranças. Mas, como autores, precisamos de ser cautos ao apontar nomes e condutas! A justiça é lenta e a condenação de hoje pode redundar em perdão amanhã — uma demonstração clara de que os agentes do sistema judicial português também carecem de virtudes (veja o Capítulo 3).

O leitor mais avisado perguntar-se-á porque, até agora, nos temos limitado a exemplificar os efeitos perversos dos *vícios*, sem apresentar os efeitos positivos das *virtudes*. A questão é pertinente e virtuosa. Deixamos a resposta para os capítulos subsequentes. Naturalmente, os escândalos têm mais projeção mediática do que as práticas de liderança virtuosa. Um medicamento que salva a vida a uma centena de pessoas tem menos *pedigree mediático* do que outro que mata cinquenta. Todos conhecemos os efeitos perversos gerados pelos vícios das lideranças. Mas são escassas as parangonas sobre os efeitos positivos das virtudes. Este livro mostra que é necessário ir além da espuma diária da turbulência mediática. Por trás de grandes feitos, há frequentemente grandes virtudes — e não necessariamente grandes heróis. Na génese de grandes mudanças no percurso das organizações, das sociedades e das lideranças, estão frequentemente virtudes. Nem sempre são visíveis ou mediaticamente propaladas — mas existem! Somos frequentemente imersos na espuma mediática que nos dá conta de gente que, sendo pouco humilde, é bem-sucedida. Somos menos informados sobre lideranças que, sendo virtuosas, são também bem-sucedidas — precisamente porque essas lideranças, sendo virtuosas, não fazem alarde dos seus feitos. Esquecemo-nos, com alguma facilidade, de analisar o presente à luz do ensinamento histórico — gente que, após anos de fama mediática, caiu no precipício.

VIRTUDES, PODER, MERCADO E BEM COMUM

Feitas essas observações, importa clarificar o seguinte: as organizações são espaços de poder, e as lideranças que negligenciam essa realidade rapidamente verão o «chão a fugir-lhes debaixo dos pés». Ser virtuoso não significa ignorar essa realidade. Pelo contrário — ser virtuoso requer sabedoria prática e sagacidade para atuar devidamente nas redes de poder das organizações. As lideranças precisam de combinar a sagacidade das serpentes com a candura das pombas — porque a natureza humana é repleta de bondade e de maldade, de virtude e de vício. O poder é um *combustível* crucial das organizações e da liderança. Quem pretende fazer o bem — na política, nas empresas, nos serviços públicos, nas organizações sem fins lucrativos — necessita de ter poder, de ser capaz de exercer impacto e influência para vencer obstáculos, afastar adversários, cultivar apoios. Poucos duvidarão das pretensões virtuosas do papa Francisco — mas que ninguém subestime a sua sagacidade política, os seus desejos de influência e poder.

O poder das lideranças sem virtudes é frágil, pelo menos no longo prazo. As virtudes sem poder também são menos capazes de produzir o bem. Ser uma liderança virtuosa é usar devidamente o poder — e não cometer abusos de poder. Ademais, as ações virtuosas aumentam os *recursos* de poder, ao passo que as ações viciosas tendem a destruir o poder — como os exemplos antes expostos, e outros apresentados no resto do livro, demonstram. As virtudes de Mandela (como a coragem, a perseverança, a prudência e a humildade) constituíram os alicerces do seu poder. Sem virtudes como a coragem e a temperança, Anne Mulcahy não teria tido *poder* para salvar a Xerox e levar a cabo uma das mais extraordinárias recuperações da história empresarial. Contrariamente, a crise financeira global resultou, em medida considerável, de vícios como a ganância, a imprudência, a intemperança e a desonestidade. O excesso de otimismo também tem culpas no cartório. O poder que Jacinda Ardern, primeira-ministra da Nova Zelândia, revelou durante a crise pandémica e, antes, nos ataques terroristas de Christchurch, em 2019, resultou, em medida considerável, das suas virtudes — coragem, determinação, tenacidade, humildade, compaixão.

Importa acrescentar: as virtudes são importantes para o correto funcionamento do mercado e para a sobrevivência do capitalismo. Sem regras e sem virtudes dos seus agentes, o mercado transforma-se numa *selva*, com prejuízo para as lideranças, as organizações, a economia e o bem comum. Os negócios não florescem a menos que os participantes denotem qualidades como a honestidade, a diligência e a conscienciosidade perante os agentes desse mesmo mercado.

NUM MUNDO DE INCERTEZAS, AS VIRTUDES ATUAM COMO ÂNCORA

Compreende-se melhor a relevância das virtudes para a liderança quando se atenta num facto indesmentível, embora nem sempre consciencializado: as lideranças atuam num mundo recheado de incertezas. Não sabem com exatidão como reagirão os clientes, fornecedores, parceiros, financiadores, governos, comunidades e demais *stakeholders*. Frequentemente, deparam-se com problemas cuja natureza é ambígua e volátil. Não lhes é possível determinar, com precisão, o modo mais apropriado de resolver problemas e alcançar objetivos. Aliás, nem sempre esses objetivos são claros para as próprias lideranças. E os objetivos que são claros hoje podem ser alvo de reformulação amanhã. Em suma: liderar é uma aventura de destino incerto e caminho complexo. Contrariamente às promessas de *gurus encartados*, receita alguma permite determinar com clareza os melhores métodos de liderar. Todos os livros e profetas que apontam receitas infalíveis para o sucesso padecem de um *pecado original*: ignoram a realidade.

Naturalmente, todos gostamos de histórias bem contadas, ainda que falaciosas ou meras lendas. Muitas lideranças preferem acreditar em *varinhas de condão* ou em receitas milagrosas que alegadamente lhes permitem alcançar o sucesso, mas a realidade é mais mundana. Percy Barnevik, líder da ABB, foi considerado brilhante quando a empresa obteve bons resultados. Mas o mesmo Barnevik, adotando o mesmo estilo de sempre, foi considerado responsável pela crise que a empresa posteriormente enfrentou. John Sculley foi CEO da Apple, entre 1983 e 1993. Durante estes anos, a empresa experimentou um período de grande sucesso e um período de fracasso. A revista *Newsweek* colocou a questão: «De campeão a pateta?». John Kay, reputado economista e jornalista, comentou o caso do seguinte modo, no livro *Obliquity*:

> Como pôde um homem ter estado tão certo e tão errado? A análise da revista não notou a resposta óbvia — nem o sucesso nem o fracasso da Apple têm muito a ver com Sculley, um burocrata empresarial que subiu e desceu a montanha-russa da alta tecnologia.

Jack Welch, que foi alvo dos maiores encómios durante décadas, viu o seu brilho empalidecer quando se começou a compreender os efeitos perversos de algumas das suas atuações para a sustentabilidade da General Electric — um símbolo do capitalismo de acionista que tem vindo a cair do pedestal. Já Steve Jobs, em sentido inverso, passou de pateta a campeão. Tim Cook, o seu sucessor, de quem se disse que não conseguiria chegar aos calcanhares de Jobs, superou as expectativas (veja o Destaque 1).

Treinadores tidos como *fantásticos* acabam, pouco tempo depois, escorraçados quando os resultados são mais modestos. A explicação é simples: embora seja mais agradável e cómodo imaginar o líder como super-herói capaz de colocar a organização ou a equipa na senda do sucesso, as ações de liderança são fortalecidas ou enfraquecidas por inúmeros fatores que estão fora do seu alcance ou controlo.

Destaque 1: **Jobs e Cook: o mito e o seu sucessor**[1]

Steve Jobs é um dos grandes ícones da liderança empresarial dos tempos modernos. Integra o reino das figuras empresariais quase mitológicas. Quando Tim Cook lhe sucedeu, numerosos analistas, clientes e observadores vaticinaram que a Apple empalideceria, tanto no plano simbólico quanto no económico-financeiro. Jobs era narcisista, abrasivo, por vezes cruel, disruptivo e visionário — Cook é humilde, pronto a partilhar o palco e os louros com a sua equipa, capaz de pedir espontaneamente desculpas, diplomático (conseguiu insuflar o ego de Trump para lhe «dar a volta») e exímio em processos e eficiência. Como poderia um Cook circunspecto ombrear com um Jobs carismático?

Poucos terão respondido de modo tão cético a esta pergunta quanto Larry Ellison, então CEO da Oracle e seu cofundador. Ellison, amigo de Jobs e inebriado pela sua capacidade de liderança, apontou um facto: a Apple, que tinha decaído após a saída de Jobs em 1985, reerguera-se após o regresso do mito em 1997. Fazendo jus a essa observação, Ellison foi perentório numa entrevista à CBS, em agosto de 2013: «Bem, já sabemos. Já vimos. Já realizámos o experimento. Quer dizer, já foi feito. Vimos a Apple sem Steve Jobs, vimos a Apple com Steve Jobs. Vimos a Apple com Steve Jobs, agora vamos ver a Apple sem Steve Jobs. [...] Não estou a subestimar a Apple. Gosto de Tim Cook. Penso que lá há abundante talento. Mas Steve é insubstituível.»

A realidade tem desmentido todo este ceticismo. A Apple tem sido reconhecida pelo seu bom desempenho, e o seu valor de mercado tem atingido valores estratosféricos. Como encarar esta evidência? São várias as possibilidades interpretativas, que não se excluem mutuamente. Primeira: é possível que Cook seja realmente um bom líder, ou pelo menos um líder apropriado aos novos tempos, que não são os tempos de Jobs. O potencial de Cook é grande, mas foi, e continua a ser, toldado pelo mito do seu antecessor. A sombra é tal que alguns observadores creem, apesar do continuado sucesso da Apple, que o real valor de Cook só será mostrado

[1] Este texto foi adaptado de um artigo publicado pelo primeiro autor na revista *Líder*, em 20 de janeiro de 2022. Estamos gratos a Catarina Barosa por ter autorizado a sua inclusão neste livro.

se ele vier a ser bem-sucedido fora da Apple. Naturalmente, se este ceticismo não tiver fundamento, teremos de concluir: não existe um estilo universal para a boa liderança, e estilos distintos podem surtir efeitos igualmente bons.

Segunda explicação: Jobs não era tão excecional quanto se apregoava, e o desempenho da empresa resultava não apenas da sua visão e do seu talento, mas também da equipa que o rodeava. Foi a sua equipa que o persuadiu a enveredar pelo *iPhone* — ideia a que resistiu durante anos. Outros negócios bem-sucedidos foram inicialmente rejeitados por Jobs, tendo visto a luz do dia devido à persistência e à capacidade de persuasão da equipa. O próprio Tim Cook terá beneficiado com o talento da equipa de Jobs: dos 12 atuais executivos de topo da empresa, nove foram herdados da equipa do seu antecessor.

Uma terceira explicação é menos centrada na heroicidade de quem lidera. Segundo essa perspetiva, o desempenho de uma empresa deve-se a muitos fatores, alguns estando fora do controlo de quem a lidera. Todavia, como humanos, precisamos de formar sentido da realidade. É muito mais simples, e confortável, atribuir o desempenho das empresas à sua liderança do que à complexidade desses múltiplos fatores que nada devem à liderança. Ao acreditarmos que a liderança determina o desempenho de uma empresa, também experienciamos o conforto de supor que podemos mudar o rumo dos acontecimentos se substituirmos as pessoas que estão ao leme. Este fenómeno é igualmente verificável na vida política e no mundo desportivo, sobretudo o do futebol.

Não subestimemos o papel da liderança. As pessoas que exercem funções de liderança contam — mas não são os únicos construtores do sucesso de uma organização. Na nossa mente, uma liderança é boa quando os resultados são bons. Mas não temos garantias de que esses resultados radiquem no papel da liderança. Podem provir de outros fatores. O que fazemos, quando observamos bons resultados, é atribuí-los à pessoa que lidera — e subestimamos o papel do acaso, da economia, dos concorrentes e de outros fatores sobre os quais a liderança não tem qualquer intervenção. É isso que explica que um treinador seja idolatrado quanto os resultados da equipa são bons — mas destronado, poucas semanas ou meses depois, quando os resultados empalidecem. O mesmo pode ocorrer no mundo empresarial, embora de modo menos vincado. A razão desta diferença é simples: no futebol, os resultados são óbvios, indiscutíveis e imediatos. Essa limpidez não se observa na interpretação dos resultados das empresas, cujo desempenho medíocre pode, em certa medida, ser embelezado por uma boa gestão de impressões e pela sagacidade política e mediática.

Reiteremos: as lideranças contam, mas teríamos menos ilusões se não as idolatrássemos, ou diabolizássemos, tanto. E sublinhemos, para reforçar a mensagem deste livro: importa que avaliemos as lideranças, não apenas em função dos resultados, mas atendendo também ao modo como esses resultados são alcançados. O facto de uma liderança alcançar fama e proveitos pessoais não é suficiente para a considerarmos boa ou eficaz. Se não prestarmos atenção à honestidade dos meios usados, e nos bastarmos com os resultados — acabaremos a tecer loas a figuras sinistras e diabólicas... bem-sucedidas!

São as lideranças irrelevantes para o sucesso das equipas e das organizações? A resposta deste livro é: *Não, desde que dotadas de virtudes e forças psicológicas como a coragem, a humildade, a perseverança, a integridade, a prudência, a curiosidade, a vitalidade, a autoconfiança e a paixão.* Serão estas virtudes a via infalível para o sucesso? A resposta é: *Não. Estas virtudes e forças apenas aumentam a probabilidade de, no médio e longo prazo, as lideranças serem mais eficazes e obterem melhores resultados.* As virtudes e forças impedem o fracasso? *Não! Apenas diminuem os riscos de o fracasso ocorrer.* Quais as razões pelas quais algumas lideranças são bem-sucedidas? A resposta aponta para quatro fatores:

- Algumas lideranças atuam num contexto que lhes é favorável, obtendo assim bons resultados. Ao alcançarem bons resultados, adquirem uma aura de sucesso.
- Outras lideranças são suficientemente sagazes para procurarem contextos favoráveis e evitarem os problemáticos. Em vez de atuarem para criarem equipas bem-sucedidas, associam-se a equipas de mérito.

- Algumas lideranças denotam fortes competências de gestão de impressões, fazendo alarde do que lhes é mais conveniente para a sua imagem. Mesmo quando as suas empresas são malsucedidas e o seu mandato é pautado pelo fracasso, conseguem transmitir a ideia de que a responsabilidade não lhes cabe e que, sem a sua ação, os resultados seriam ainda mais negativos.
- Outras lideranças têm consciência das suas limitações. Têm a humildade de reconhecer os fatores que não conseguem controlar. Socorrem-se das suas forças para alcançar o sucesso. Atuam com perseverança e virtuosamente para, no médio e longo prazo, alcançarem o melhor resultado possível. Nem sempre são estrelas mediáticas — mas são pérolas de grande valia para as suas organizações.

Este livro não desconsidera os três primeiros fatores, mas concede prevalência ao último. Não promete *receitas*. Mas mostra como as lideranças dotadas de virtudes estão mais capacitadas para alcançar o sucesso (o seu e o das suas equipas e organizações) e gerar progresso económico e social. Considera, ainda, que lideranças virtuosas podem ter vidas de trabalho mais significativas para si próprias e para os outros — e que, desse modo, podem alcançar maior *felicidade* não apenas material, mas também emocional e social. Em suma: as lideranças virtuosas podem alcançar maior sentido de realização pessoal, promover a felicidade dos indivíduos e o progresso da sociedade, ao mesmo tempo que fomentam o desempenho das suas organizações.

EDIFICAR NEGÓCIOS POSITIVOS É DIFÍCIL

O capitalismo atual vive numa encruzilhada, necessitando de se reinventar, de tal modo que as organizações sustentáveis (tanto do ponto de vista ambiental como social) sejam a norma e não a exceção. É imperioso que o *norte* das organizações e da sua liderança seja o progresso dos indivíduos e das sociedades. Naturalmente, não advogamos que as organizações sejam geridas como *paraísos celestiais* dos quais a negatividade está ausente e para os quais os resultados económico-financeiros são secundários. É uma verdade indesmentível que, sem resultados e sem eficiência, a sobrevivência das organizações é colocada em risco — e a felicidade esvai-se! O que sugerimos, pois, é que as organizações sejam geridas e lideradas de modo *virtuoso*, tendo em vista a conciliação de três grandes desígnios: o desenvolvimento/realização dos indivíduos, o sucesso das organizações e o bem comum.

Martin Seligman, o «pai» da psicologia positiva, uma figura de prestígio mundial no domínio do *florescimento* dos indivíduos e das organizações, e inspirador do movimento dos estudos organizacionais positivos, preconizou a necessidade de as escolas de negócios promoverem cursos de *negócios positivos* — em vez de simplesmente ministrarem cursos de ética e responsabilidade social. Do seu ponto de vista, se pretendemos que os estudantes destas escolas (e as organizações que venham a liderar) floresçam, devemos ensinar-lhes não apenas a serem bem-sucedidos, mas também a fazerem algo com significado e entusiasmante, e a cultivarem relacionamentos interpessoais positivos e saudáveis. No livro *Flourishing*, escreveu:

> Se queremos que os nossos estudantes floresçam, devemos ensinar-lhes que as empresas positivas e os indivíduos que nelas trabalham devem cultivar o significado, o empenhamento, as emoções positivas, os relacionamentos positivos assim como a procura do lucro. Nesta perspetiva, o novo ponto de partida para a empresa positiva é o lucro mais o significado mais as emoções positivas mais o empenhamento mais os relacionamentos humanos positivos.

Também Csikszentmihalyi, professor na Claremont Graduate University, mundialmente reconhecido pelo estudo das razões que levam as pessoas a experimentar o *flow* (isto é, plenitude e total imersão na realização do trabalho), argumentou no livro *Good Business*:

- As organizações não têm de ser territórios de escravidão, antes podem ser espaços de respeito, dignidade e florescimento.
- Muitas empresas são bem-sucedidas na combinação do que é bom para os lucros, para os humanos e para a sociedade como um todo.
- Os negócios são pouco valiosos se não contribuírem para o bem comum e para a realização dos humanos.

Sejamos claros: ser virtuoso é difícil. É necessário estar preparado para fazer sacrifícios e lidar com adversidades. Frequentemente, é necessário tomar decisões impopulares e desagradáveis. Ignorar esta realidade é muito pouco virtuoso. A vida social e organizacional é composta de positividade e negatividade! É muito pouco *positivo* fechar os olhos ao que é *negativo*. O nosso argumento é: a liderança virtuosa está mais capacitada para fazer a gestão apropriada dessa realidade. É mais capaz de lidar com as inevitáveis adversidades, perversidades, erros e falhanços da vida.

OS QUATRO TIPOS DE VIRTUDES EM TORNO DOS QUAIS O LIVRO ESTÁ ORGANIZADO

É neste quadro que o livro se insere. Além deste capítulo introdutório, e das notas finais, integra quatro partes, cada uma contendo vários capítulos. Cada capítulo é um pequeno texto destinado a refletir sobre uma dada virtude ou força. Cada texto pode ser lido autonomamente, em cerca de 5–10 minutos. O leitor pode consultar o *menu* e escolher a virtude que pretende compreender, sem necessidade de se *servir* de outras virtudes. Naturalmente, todas as virtudes são relevantes. Mas isso não requer que sejam *digeridas* num mesmo momento ou com uma dada sequência.

Cada texto/capítulo discute o significado da virtude, apresenta exemplos de ações de líderes que revelaram essa virtude e discute os efeitos positivos dessa virtude e os efeitos negativos da sua ausência. Explica ainda como o excesso de uma dada força deixa de ser uma virtude, antes se transformando num *vício* ou *defeito*. Cada capítulo contempla ainda um questionário de autoavaliação que permite ao leitor/a compreender em que grau é dotado/a ou não da virtude em causa (veja a secção posterior deste texto introdutório).

Como foi referido, os capítulos estão organizados em quatro partes, cujo conteúdo está sumariado no quadro seguinte. A primeira parte debruça-se sobre as virtudes que representam o *Eu, vigoroso*: perseverança, autoconfiança, coragem, otimismo e vitalidade. Estas virtudes são forças interiores que facultam a estamina e a *garra* necessárias para enfrentar adversidades, desafios e oportunidades. A segunda parte engloba as virtudes do *Eu, apaixonado*: vocação e paixão, curiosidade e amor pela aprendizagem, gratidão, propósito e transcendência e humor. Estas virtudes representam a energia emocional dedicada a algo que transcende as lideranças. A terceira parte (*Eu, temperado*) abarca forças que permitem à pessoa que lidera controlar sensata e devidamente os seus impulsos: prudência, honestidade e integridade, temperança, perdão e humildade. A quarta parte sublinha a relevância das virtudes que refletem o *Eu, ser social e cidadão*: humanidade, justiça, inteligência social e autenticidade. Estas forças refletem o grau em que a pessoa com funções de liderança atua como *cidadão* da comunidade humana e demonstra capacidade de compreender e respeitar os outros — como seres humanos e não apenas como meros recursos.

Quadro 1: **As quatro partes que compõem o livro**

Partes	Virtudes/forças	Significado
Parte I – Eu, vigoroso/a	1. Perseverança	«Sou persistente na prossecução dos meus objetivos.»
	2. Autoconfiança	«Acredito que sou capaz de alcançar os meus objetivos.»
	3. Coragem	«Não esmoreço nem me deixo acobardar perante os obstáculos e adversidades. Faço o que tem de ser feito.»
	4. Otimismo	«Espero o melhor da vida, considerando que por trás das nuvens há sempre sol.»
	5. Vitalidade	«Sou ativo e vivo a vida com entusiasmo.»
Parte II – Eu, apaixonado/a	6. Vocação e paixão	«Sou apaixonado pelo que faço. Esta é a minha vocação.»
	7. Curiosidade e amor pela aprendizagem	«Sou curioso e apaixonado pelo conhecimento.»
	8. Gratidão	«Sou apaixonado pelas *graças* da vida, mesmo quando as coisas não me correm de feição.»
	9. Propósito e transcendência	«Sou apaixonado pela minha missão.»
	10. Humor	«Sou apaixonado pelo lado divertido da vida, apesar das adversidades.»
Parte III – Eu, temperado/a	11. Prudência	«Prezo a sensatez, pondero as consequências das minhas ações e palavras.»

	12. Integridade	«Sou honesto, apesar das tentações.»
	13. Temperança	«Controlo os meus apetites e impulsos.»
	14. Perdão	«Controlo os meus desejos de vingança.»
	15. Humildade	«Tenho consciência das minhas limitações e evito alardear os meus êxitos, reais ou fantasiosos.»
Parte IV – Eu, ser social e cidadão/ã	16. Humanidade	«Prezo os meus semelhantes como seres social e emocionalmente válidos. *Amo* os outros, designadamente os meus colaboradores.»
	17. Justiça	«Respeito os outros, procuro ser justo com todas as pessoas.»
	18. Inteligência social	«Compreendo e sei gerir as minhas emoções e as dos outros, assim como os relacionamentos interpessoais. Possuo empatia.»
	19. Autenticidade	«Sou transparente e autêntico, comigo próprio e na relação com os outros.»

CLARIFICANDO A CLASSIFICAÇÃO DAS VIRTUDES

A classificação referida não é *canónica*. Destina-se a facilitar a compreensão pelas pessoas que têm este livro em mãos. Por exemplo, a paixão/ /vocação e a autoconfiança não costumam ser inseridas em classificações de virtudes. Todavia, são *forças psicológicas* que, se moderadas, poderão ajudar as lideranças a exercerem mais eficazmente a sua função e a realizarem trabalho com mais significado para as suas vidas. A autenticidade é uma característica que engloba diversas forças ou virtudes (*e.g.*, integridade, bravura, inteligência social, sabedoria), pelo que poderia ser removida de uma análise autónoma. Todavia, a sua inclusão permite explicar o seu valor de um modo que não seria possível se considerássemos as suas componentes separadamente.

Algumas virtudes poderiam caber noutras categorias. Por exemplo, a vocação/paixão poderia ser englobada na categoria *Eu, vigoroso*. A gratidão poderia ser inserida na categoria *Eu, ser social e cidadão*. Outras arrumações também seriam aceitáveis, como poderá ser constatado no livro que é complementar deste: *The Virtues of Leadership: Contemporary Challenge for Global Managers* (em coautoria com Stewart Clegg). Em qualquer caso, a estrutura aqui apresentada ajuda leitores e leitoras a organizarem a sua compreensão da matéria de modo simples e claro.

Acrescente-se que usamos persistentemente o termo *virtude* por razões de simplificação. Em bom rigor, poderíamos distinguir os termos *virtude* e *força do carácter*. As virtudes são, segundo Peterson e Seligman, «características nucleares valorizadas pelos filósofos morais e pelos pensadores religiosos: sabedoria/discernimento, coragem, humanidade, justiça, temperança e transcendência». As forças do carácter são as vias distintivas através das quais as virtudes se manifestam. Por exemplo, segundo esses autores, a virtude da coragem manifesta-se através de forças como a integridade, a persistência, a bravura e a vitalidade.

Cremos, todavia, que o recurso sistemático ao termo *virtude* não fere o rigor da análise e compagina-se melhor com os propósitos deste livro. Os leitores que pretendam aprofundar o tema podem consultar o livro de Peterson e Seligman, intitulado *Character Strengths and Virtues: A Handbook and Classification*. O nosso livro *The Virtues of Leadership: Contemporary Challenge for Global Managers*, já referido, é também uma ajuda para quem pretende aplicar essa precisão terminológica ao contexto da liderança. O livro *Liderança: Humildade e Soberba* ajuda a compreender as vantagens da humildade e os riscos da arrogância e da soberba. O nosso livro *Paradoxos da Liderança* permite compreender como o poder regenerador das virtudes nunca é o fruto de uma só virtude — é o resultado da combinação complexa de forças que, frequentemente, parecem antagónicas. Por exemplo, para ser realmente virtuosa, a humildade requer a companhia da determinação e da autoconfiança. Paradoxalmente, a valia da coragem depende da prudência, e vice-versa. O humor requer seriedade — e esta requer aquele.

VIRTUDES E VÍCIOS EM TODAS AS LIDERANÇAS

Ao longo do livro, recorremos a inúmeros exemplos de ações e omissões adotadas por diversas lideranças. Duas notas clarificadoras são necessárias.

Primeira: de quando em vez, baseamo-nos em declarações dos próprios líderes. Naturalmente, é preciso interpretar as declarações dos humanos com precaução. Entre as prédicas e as ações, a distância pode ser substancial. Por vezes, as *belas* declarações são pouco mais do que atos de *gestão de impressões* destinados a seduzir destinatários. Kenneth Lay havia declarado, antes do colapso da Enron:

> Eu era e sou um crente convicto de que uma das coisas mais satisfatórias da vida é criar um ambiente organizacional fortemente ético e moral, no qual todos os indivíduos tenham possibilidade e sejam encorajados a realizar o potencial que Deus lhes concedeu.

Richard Fuld, o soberbo «gorila de Wall Street» que muitos consideram ter contribuído para o descalabro do Lehman Brothers, também pronunciava belas palavras. Rotulado pela revista *Time* como uma das 25 pessoas responsáveis pela crise financeira de 2008, afirmou, cerca de dois antes do colapso, em discurso proferido na Universidade do Colorado:

> Crescemos num ambiente com [escândalos como] a Worldcom, a Tyco e a Enron. O mundo de hoje está desesperado por pessoas com integridade. [...] A chave consiste sempre em fazer o que é correto. Na dúvida, façam o que é correto fazer. No final, isso é sempre compensador.

Já em julho de 2005 havia afirmado:

> Preocupa-me que possamos ficar arrogantes. Quando nos tornamos arrogantes, perdemos o nosso caminho e começamos a cometer erros.

Outras vezes, genuínas declarações são contrariadas pela dura realidade dos negócios — ou pelas tentações que os negócios permitem concretizar. Nada impede, finalmente, que declarações bem-intencionadas sejam meros exercícios de autoengano ou autoilusão. Quem mente a si próprio talvez não compreenda que está a faltar à verdade! Estariam Kenneth Lay e Richard Fuld em processo de autoengano? Talvez! É precisamente nesse domínio que radica uma das mais importantes virtudes de qualquer líder: a autoconsciência, a autocompreensão, o autoconhecimento.

Liderança alguma progride na senda das virtudes se não tiver consciência das suas forças e fraquezas. Daí o célebre e clássico aforismo: «conhece-te a ti mesmo/a».

Segunda nota: não pretendemos significar que as lideranças referidas neste livro são virtuosas ou viciosas. Apenas sugerimos que essas pessoas fizeram demonstrações de uma virtude ou de um vício. O facto de uma liderança ter cometido um *pecado* ou *pecadilho* não significa que seja desprovida de virtuosidade. E o facto de alguém ter praticado uma virtude não significa que seja globalmente virtuoso. Lideranças virtuosas cometem erros. E lideranças pouco virtuosas podem adotar práticas virtuosas.

As pessoas que exercem funções de liderança, como todos os humanos, são seres imperfeitos. Não é possível ser-se excelente em todas as virtudes, todo o tempo. Afirmar o contrário pode satisfazer o desejo de quem pretende cultivar uma imagem de *santinho*, mas não é nada virtuoso! É antes sinal de uma enorme fraqueza. Na imperfeição, também há beleza e virtude. O que aqui se preconiza é, pois, uma caminhada na senda da excelência, uma aproximação virtuosa ao que é desejável dentro das fronteiras do que é possível.

A VIRTUDE PRATICA-SE E PODE DESENVOLVER-SE

As virtudes praticam-se e podem ser desenvolvidas. Para se ser virtuoso, é preciso praticar — não apenas revelar boas intenções, fazer grandes preleções ou *pregar bonitos sermões*. Se o leitor, ou a leitora, pretende desenvolver virtudes, o único caminho é adotar as condutas apropriadas. O percurso não está facilitado. O contexto organizacional é pejado de dificuldades, de competição, de jogo mais ou menos limpo ou sujo. Liderar requer, frequentemente, compromissos morais. É com a prática, recorrente e persistente, que se pode aprender a ser virtuoso. É-se corajoso mostrando coragem. É-se prudente adotando ações e decisões prudentes. É-se curioso, sendo-o! É-se íntegro dando mostras de integridade nos momentos em que seria mais cómodo «fechar os olhos». A pessoa genuinamente virtuosa é aquela cujas virtudes se tornam a sua *segunda natureza*. Essa pessoa adota atos virtuosos porque o seu desejo de praticar as virtudes integra o seu *software* mental, emocional e relacional.

COMPREENDA-SE A SI PRÓPRIO/A

Começar uma caminhada de desenvolvimento pessoal requer, antes de mais, a compreensão de si próprio/a. Para estimular esse autoconhecimento, inserimos um questionário de autoavaliação no final de cada capítulo. Cada questionário contém três tipos de afirmações/perguntas. O primeiro tipo procura representar a virtude/força. O segundo reflete a carência da mesma. O terceiro representa o seu *excesso*. Desejavelmente, o leitor ou a leitora deverá responder afirmativamente às perguntas do primeiro tipo e negativamente às do segundo e terceiro tipos.

Para uma melhor autocompreensão de si próprio/a, sugerimos ao leitor/a que convide outras pessoas (*e.g.*, colaboradores, colegas, superiores, familiares, amigos) a descreverem a sua pessoa. Para o efeito, socorra-se dos questionários apresentados na *Dropbox*, através do *link* http://bitly.ws/vW4o ou do código QR abaixo. Compare a sua autodescrição com a descrição que as pessoas fazem de si.

PARTE I

EU, VIGOROSO/A

CAPÍTULO 1

PERSEVERANÇA: ENERGIA DE MARATONISTA

A ENERGIA QUE SUPERA A INTELIGÊNCIA OU O *PEDIGREE* ACADÉMICO

François Miterrand foi eleito Presidente de França, em 1981, após ter sido derrotado em 1965 e 1974. Abraham Lincoln, 16.º Presidente dos EUA, deveu parte substancial do seu sucesso à determinação e à ambição. Nelson Mandela dedicou toda a vida à *sua* causa, o que lhe custou quase três décadas na prisão, mas não o impediu de ser eleito Presidente da África do Sul. Durão Barroso disse, enquanto líder do PSD: «Sei que vou ser primeiro-ministro, só não sei quando.» Sá Carneiro, Amaro da Costa e Álvaro Cunhal foram igualmente reconhecidos pela sua determinação e perseverança.

Mário Soares é outro dos epítomes da determinação e perseverança (assim como da vitalidade; veja o Capítulo 5), tendo ganho as eleições para a Presidência da República (1986) com sondagens que, no início da campanha, lhe atribuíam 8% dos votos. Assim fez jus ao discurso proferido por Thomas Edison (1847–1931), o *génio* inventor e empresário: «A nossa maior fraqueza reside na desistência. O modo mais seguro de alcançar o sucesso consiste em tentar sempre uma vez mais.» Atribui-se a Edison o célebre aforismo segundo o qual «o génio consiste em um por cento de inspiração e noventa e nove por cento de transpiração» (*Harper's Magazine*, setembro de 1932).

Sir Alex Fergusson, treinador do Manchester United, é hoje um líder de valia incontestável. Ao serviço do clube inglês, alcançou um palmarés invejável, tanto ao nível desportivo como financeiro. Todavia, o início de carreira no clube foi muito modesto. Decorreram quatro anos até à conquista do primeiro troféu (Taça de Inglaterra, 1990). E, nesse período, teve de resistir às críticas da imprensa, aos apupos do público e à vontade do presidente do clube, «que já pusera uma cruz sobre o seu nome», segundo o *Expresso* de 12 de fevereiro de 2011. Foi a perseverança e a resiliência que o capacitaram para vencer as adversidades e prosseguir na senda dos bons resultados. Naturalmente, a sua perseverança só deu frutos porque lhe foi concedida a oportunidade de pô-la em prática — lição que pode ser útil para o mundo empresarial.

A perseverança é, porém, uma virtude com potencial de perigosidade. Eis o que na primeira edição deste livro escrevemos sobre Lula da Silva, que reemergiu das cinzas depois da experiência prisional durante quase 600 dias:

> Lula da Silva, metalúrgico, trigésimo quinto Presidente da República do Brasil, foi considerado uma das pessoas mais influentes do mundo (por publicações como *Newsweek*, *Forbes*, *Financial Times*, *Le Monde*, *El Pais*, *Time*). No Fórum Económico Global de 2010, foi galardoado como Estadista Global. Contrariamente a muitos líderes que alegam ter realizado sacrifícios para exercer a função, afirmou, uma semana antes de deixar o cargo, que fora «gostoso de mais» governar o Brasil. O *gosto* não surpreende se atendermos à determinação e perseverança que marcam toda a sua vida pessoal, sindical e política. Eis uma marca de água da sua perseverança: foi eleito Presidente após ter sido derrotado em 1989, 1994 e 1998. O próprio referiu, no início do mandato, em preleção feita e aplaudida na London School of Economics, a sua «determinação em mudar o Brasil», segundo a revista *The Economist* (julho de 2003).

Pelo que nos é dado hoje a conhecer, a virtude da perseverança de Lula parece não ter sido acompanhada de outras. Essa aparente fragilidade, que conduz Lula a tecer encómios ao seu amigo José Sócrates, terá sido tão marcante que chegamos a receber mensagens de cidadãos brasileiros incomodados com a inclusão de Lula, no livro, como epítome da perseverança. Mantemos a nossa tese: a perseverança é uma força *potencialmente* virtuosa, mas esse potencial *virtuoso* é realizado apenas quando é acompanhada de outras virtudes como a honestidade, a integridade e a prudência. Paula Brito e Costa, fundadora e ex-líder da Raríssimas, era dotada de uma enorme determinação, por todos reconhecida. Mas o poder e o prestígio subiram-lhe à cabeça e fizeram-na perder discernimento. Elizabeth Holmes, que fundou a Theranos e, então multimilionária, chegou a ser equiparada a Steve Jobs, era profundamente determinada — mas usou esse atributo de modo desonesto, o que conduziu à sua queda e à destruição da empresa. Desprovida da companhia de outras virtudes, a perseverança pode ser usada para prosseguir as finalidades mais diabólicas. As lideranças mais sinistras da história humana eram perseverantes.

PERSEVERANÇA = PERSISTÊNCIA × RESILIÊNCIA

A perseverança representa um misto de persistência e resiliência. É a capacidade de manter a determinação em prol de objetivos, durante longos períodos, mesmo quando os reveses e obstáculos são significativos. É tão ou mais importante do que a inteligência ou o *pedigree* académico. Indivíduos com elevadas inteligência e habilitações podem ser malsucedidos se não forem perseverantes e resilientes. E indivíduos com inteligência e habilitações *normais* podem ser muito bem-sucedidos se forem perseverantes, determinados e resilientes.

Malcolm Gladwell, no livro *Outliers*, mostra enfaticamente porque, em comparações internacionais, alguns países (asiáticos) obtêm melhores pontuações nas competências de matemática dos estudantes. Eis a razão: nesses países existe uma cultura de perseverança, que leva os seus estudantes a persistirem, trabalhando incessantemente longas horas na aprendizagem da disciplina. Num país em que a matemática emerge com um *papão*, e no qual muitos pais e alunos consideram que a raiz do mal está na escassez de vocação dos alunos, seria conveniente atender aos resultados destas investigações. Naturalmente, é necessário que as lideranças políticas (e, claro, as lideranças parentais/maternais) sejam, elas próprias, mais perseverantes na divulgação da mensagem: *é necessário esforço continuado e perseverança na prossecução do sucesso.*

LÍDERES PERSISTENTEMENTE TENAZES

A perseverança não é apenas crucial na liderança política e desportiva. É-o, também, na liderança empresarial. Alguns autores sugerem que esta qualidade é partilhada pelos líderes mais proeminentes em todos os domínios. Jill Barad, ex-CEO da Mattel (empresa reconhecida pelo seu produto mais emblemático, a boneca *Barbie*), usava de quando em vez um *pin* com um abelhão, alegando inspirar-se nesse animal para *procurar o impossível.* Howard Schultz, líder da Starbucks, confirma a tese. Aos sete anos, foi confrontado com um acidente do pai e a consequente perda do emprego e dos benefícios de saúde para a família. As dificuldades marcaram-no profundamente. A vontade de escapar a um destino de fracasso e os sonhos então formados haveriam de conduzi-lo à edificação de uma multinacional reputada. Antes da Starbucks, Schultz trabalhara em várias organizações, incluindo a Xerox, que abandonou porque desejava encontrar um lugar «onde pudesse ser ele próprio». As marcas da sua experiência levaram-no a criar uma «empresa com alma», tendo-se empenhado em construir o género de empresa em que o seu pai jamais tivera a oportunidade de trabalhar, na qual as pessoas fossem respeitadas.

O exemplo de Daniel Vasella, ex-CEO da Novartis, é igualmente paradigmático. O seu vigor emergiu de circunstâncias vividas desde tenra idade, incluindo várias doenças (asma, tuberculose, meningite), o afastamento dos pais e a morte prematura de familiares. Quando tinha 20 anos, cursou medicina. Após concluir o curso, foi rejeitado para um lugar na Universidade de Zurique, devido à sua juventude. Abordou um responsável da divisão farmacêutica da Sandoz, que lhe facultou a oportunidade de trabalhar na filial norte-americana. Poucos anos depois, quando a Sandoz se fundiu com a Ciba-Geigy (dando origem à Novartis), foi nomeado CEO, apesar da sua idade e pouca experiência.

O bem-sucedido Toby Cosgrove, que liderou a famosa Cleveland Clinic, foi assim descrito num artigo publicado na *Harvard Business Review*:

> Era um estudante diligente, mas, porque tinha dislexia [...], o seu desempenho académico era medíocre. [...] Candidatou-se a 13 faculdades de medicina. Apenas uma o aceitou [...]. Em retrospetiva, «a dislexia reforçou a minha determinação e persistência», afirmou Cosgrove, «porque eu tinha

de trabalhar mais horas do que os outros para obter o mesmo resultado». [...] O desenvolvimento de Cosgrove como um cirurgião de classe mundial é um estudo de caso sobre *grit*. «Fui informado de que era o indivíduo menos talentoso no meu curso. Mas o fracasso é um grande professor. Trabalhei, trabalhei e trabalhei a aperfeiçoar o ofício», disse-nos ele.

Para onde quer que viremos o nosso olhar, damo-nos conta de que as lideranças bem-sucedidas nos mundos empresarial, social e político devem uma parcela significativa desse sucesso à determinação, à perseverança e à garra. Naturalmente, pelas razões já antes aventadas, a perseverança pode ser usada para prosseguir os objetivos mais perversos. Daí a ilação: a perseverança é condição necessária, mas não suficiente, da boa liderança.

PORQUE A PERSEVERANÇA RELEVA NA LIDERANÇA

As lideranças perseverantes prosseguem objetivos ambiciosos e não desistem de fazer o que tem de ser feito. Esforçam-se para acabar o que iniciaram. São diligentes e trabalham seriamente em prol de objetivos de longo prazo. Não procrastinam. Procuram caminhos alternativos para resolver problemas e aproveitar oportunidades, quando os anteriores se revelam inacessíveis. Não se satisfazem com os sucessos e os louros de hoje e de ontem — antes continuam a esforçar-se para ganhar a *maratona*, mudando as práticas e adaptando-se quando necessário. Sabem que os sucessos de outrora não garantem o sucesso futuro. Tadashi Yanai, CEO da Fast Retailing, avisou a sua equipa de que fazer a mesma coisa ano após ano é sinónimo de ficar para trás. *Deite Fora o Seu Sucesso Num Dia* — eis o título de um livro seu, sugerindo a necessidade de as empresas se reinventarem constantemente.

As lideranças perseverantes são tenazes em situações de crise e/ou quando é necessário levar a cabo processos de mudança. Adotam a perspetiva segundo a qual «o que não me mata torna-me mais forte». Em momentos problemáticos, conseguem *transformar o veneno em remédio*, isto é, as crises em oportunidades. Algumas lideranças militares transformaram traumas medonhos em fatores estimuladores do crescimento individual. Rhonda Cornum, brigadeiro-general das forças armadas americanas, prisioneira de guerra do exército de Sadam Hussein, sexualmente agredida e brutalmente tratada, caracterizou do seguinte modo a experiência de vida posterior ao trauma:

- Sentiu-se mais preparada para atuar como médica e cirurgiã.
- Sentiu-me mais capaz de atuar como líder e comandante.
- Passou a apreciar mais a família, tornando-se melhor mãe e esposa.
- Descobriu a vertente espiritual da vida.
- Aprendeu a definir mais proficuamente as prioridades na sua vida, designadamente no que concerne à vida familiar.

As lideranças perseverantes veiculam determinação e alento aos liderados e desenvolvem-lhes a autoconfiança. Orientados por lideranças perseverantes, os colaboradores sentem-se mais capazes de alcançar objetivos. Desenvolvem mais confiança na liderança, empenham-se mais no trabalho e são mais produtivos. Do mesmo modo, as pessoas podem baixar os braços se sentem que a liderança não é capaz de trabalhar arduamente e com determinação.

ENTRE A INDOLÊNCIA E A OBSTINAÇÃO

A perseverança representa o meio-termo entre dois extremos. Num extremo, estão a indolência, a preguiça e a hesitação. No outro extremo, situam-se a obstinação e a teimosia. Naturalmente, a indolência e a hesitação tornam a pessoa do líder incapaz de prosseguir metas ambiciosas, levando-a a desistir facilmente perante adversidades e obstáculos. Mas o *excesso* de perseverança também é perverso para quem lidera e para os seus interlocutores. A perseverança pode tornar-se compulsiva e transformar a pessoa que lidera numa *workaholic* inveterada, que não dispõe de tempo para a vida pessoal e familiar, prejudicando a sua saúde física e mental.

Uma liderança obstinada não pondera devidamente os obstáculos que podem opor-se às suas pretensões. Pode pressionar a equipa para prosseguir objetivos inviáveis. Pode tornar-se incapaz de reconhecer o fracasso, acabando por reincidir em más decisões, prejudicando assim os interesses e a reputação da organização. Pode tornar-se inflexível, persistindo em receitas que funcionaram bem no passado, mas não se adequam às circunstâncias atuais. Bennis, Goleman e Biederman referiram que «a teimosia e a estupidez são gémeas».

A Digital Equipment Corporation (DEC) padeceu de *excesso* de perseverança quando era a segunda maior empresa do mundo no sector dos computadores. Segundo Donald Keough, ex-CEO da Coca-Cola Company, o que derrubou a empresa foi a convicção dos seus responsáveis de que estavam na posse da abordagem correta e a recusa em adaptarem-se à nova estrutura do sector. Algo similar terá ocorrido com a General Electric e a Boeing.

A PERSEVERANÇA PRECISA DA COMPANHIA DE OUTRAS VIRTUDES

O exposto ajuda a explicar porque a perseverança necessita da companhia de outras virtudes, como a prudência, a integridade, a coragem e a humildade. A prudência ajuda o líder a compreender as consequências das ações e decisões, permitindo-lhe abandonar um rumo de ação que se revela inviável. A integridade ajuda a persistir em objetivos eticamente aceitáveis e a adotar procedimentos honestos para alcançá-los, rejeitando finalidades e meios moralmente inadequados. Sem ética, as energias da perseverança podem ser colocadas ao serviço de finalidades e processos moralmente questionáveis. Quantas lideranças são *perseverantemente* desonestas e nefastas para as suas organizações?

A coragem também é necessária para abandonar projetos inviáveis. É difícil a quem lidera abandonar um projeto com o qual se comprometeu publicamente e para o qual canalizou amplos recursos e arregimentou outras pessoas e entidades. É precisamente nessas circunstâncias que a coragem para assumir o fracasso e abandonar o projeto é crucial. A coragem e a perseverança denotam características comuns, mas não são a mesma virtude. Embora a coragem possa tornar uma liderança mais perseverante, a perseverança pode existir sem coragem. Por exemplo, uma liderança pode ser perseverante num dado curso de ação ou decisão, não porque seja especialmente corajosa, mas porque é obstinada na defesa da sua imagem e dos seus autointeresses. Ademais, em determinados casos, é preciso ser corajoso e humilde para reconhecer o fracasso e abandonar um dado projeto ou decisão — sem receio de «perder a face» ou de ser penalizado.

A paixão pode também ser um importante carburante da perseverança. As pessoas apaixonadas pelo que fazem tendem a ser mais persistentes. Donald Keough exprimiu-se do seguinte modo:

> O velho provérbio «Diz-me o que amas e dir-te-ei quem és» é verdadeiro. [...] Um componente essencial da felicidade no mundo dos negócios é a capacidade de encontrar algo de que se goste, e então encontrar modo de levá-lo a cabo. Para se ter sucesso, é necessário ter uma vontade fortemente autêntica de se levantar da cama e ir trabalhar.

A vitalidade (veja o Capítulo 5) é outra força crucial, podendo nutrir a perseverança. Uma liderança sem vitalidade pode sentir-se incapaz de colocar em ação a sua perseverança e força de vontade. Por exemplo, o CEO da Pfizer, Jeffrey Kindler, demitiu-se em dezembro de 2010, citando a fadiga como razão. A vitalidade permite ao líder fazer longas viagens e trabalhar durante longas horas. Ajuda a comunicar com entusiasmo e a fomentar a perseverança entre os colaboradores. Anne Mulcahy deve à sua vitalidade parte do seu sucesso na recuperação perseverante da então moribunda Xerox.

Paradoxalmente, o perdão (veja o Capítulo 14) pode também ser um facilitador da perseverança *positiva*. Rob Summers era uma estrela do basebol americano. Em 2006, semanas após ajudar a sua equipa a ganhar um campeonato universitário, foi apanhado por um carro desgovernado que lhe esmagou a parte inferior do corpo e o deixou paraplégico. Sobreviveu, mas os médicos disseram-lhe que jamais poderia voltar a andar. Com uma enorme força de vontade e resiliência, resolveu mostrar que o prognóstico era *errado*. E, com a ajuda da ciência, deu em 2011 os primeiros passos. Em entrevista concedida ao *Expresso*, o jornalista perguntou-lhe se gostava de saber quem fora o condutor (ainda foragido) que o atropelou. Respondeu: «Sem dúvida, mas não por uma questão de raiva. Com o tempo, percebi que para melhorar teria de adotar uma atitude mais positiva. Tinha de aprender a desculpar e a esquecer.» Pense o leitor, ou a leitora, numa liderança, um líder pode aplicar positivamente a sua perseverança se souber perdoar — em vez de ficar a ruminar no passado e a procurar *vingança* sobre os *ofensores*.

DEZ MIL HORAS

A perseverança é uma qualidade crucial nas lideranças — e nas pessoas em geral que pretendem singrar. Sem ela, a inteligência e as qualificações académicas podem ser subaproveitadas. Indivíduos moderadamente inteligentes e com modestas qualificações podem ser bem-sucedidos se estiverem dotados dessa estamina que lhes permite trabalhar com persistente tenacidade, ao longo de anos, apesar das adversidades e obstáculos. Em grande medida, esta é a tese subjacente à regra das *dez mil horas*, popularizada pelo famigerado Malcolm Gladwell. A regra sugere que, para se ser bem-sucedido, é necessário despender pelo menos três horas por dia, durante uma década, numa dada atividade. É isso que caracteriza os mais destacados atletas, empreendedores, músicos e cientistas. O multimedalhado Fernando Pimenta começou por ser um péssimo canoísta. Passava a vida a virar o barco. Foram a garra e a energia que lhe permitiram desenvolver o enorme talento que lhe tem vindo a ser reconhecido. Proeminências como Bill Gates, Steve Jobs e os Beatles destacaram-se porque trabalharam incessantemente na atividade pela qual se deixaram inebriar. Naturalmente, o seu sucesso foi facilitado pelas condições e oportunidades com que se depararam. Mas numerosos *competidores* fruíram das mesmas oportunidades sem terem obtido o mesmo sucesso. O leitor, ou leitora, é perseverante? Ou considera que dez mil horas representam excessivo tempo para se receber louros?

AUTOAVALIAÇÃO
Questionário de perseverança

Perguntas que merecem resposta afirmativa	S/N
• Sou capaz de me dedicar intensamente a objetivos cujo alcance pode demorar anos?	☐
• Sou persistente na prossecução dos objetivos (meus e da equipa), mesmo perante obstáculos e adversidades?	☐
• Acabo o que começo?	☐
• Sou corajoso/a perante as adversidades?	☐
• Tenho alcançado metas que demoraram anos a prosseguir?	☐
• Para alcançar objetivos, procuro caminhos alternativos quando os anteriores se revelam inacessíveis?	☐
• Raramente baixo os braços?	☐
Perguntas que merecem resposta negativa	**S/N**
• Se não alcanço um objetivo rapidamente, desisto e oriento-me para outro?	☐
• Mudo, regularmente, os meus objetivos?	☐
• Começo com entusiasmo as minhas atividades, mas rapidamente perco interesse nas mesmas?	☐
• Tenho dificuldade em manter o foco em projetos que demoram muito tempo?	☐
• Deito-me à sombra dos sucessos passados?	☐
• Deixo-me abalar pelos fracassos?	☐
• Por vezes, baixo os braços?	☐
• Sou uma pessoa hesitante?	☐
Perguntas que também merecem resposta negativa	**S/N**
• Sou incapaz de desistir de um projeto com o qual me comprometi, mesmo quando tudo indica que posso fracassar?	☐
• Sou de tal modo obstinado/a nos meus objetivos que não disponho de tempo para a vida pessoal e familiar?	☐
• A minha determinação leva-me a subvalorizar os obstáculos que podem opor-se às minhas pretensões?	☐
• Sou excessivamente teimoso/a?	☐

CAPÍTULO 2

AUTOCONFIANÇA: UM CARBURANTE DA EFICÁCIA

HOMENS COM TRÊS METROS DE ALTURA

Apreciem ou não José Mourinho, poucas pessoas duvidarão de que o *Special One* tem uma autoconfiança a toda a prova — ou, pelo menos, assim parece demonstrá-lo. Esse é, porventura, um dos seus principais atributos, que contagia os jogadores. Num documentário televisivo, eis o que Frank Lampard descreveu quando Mourinho se abeirou dele no balneário e lhe afirmou que ele era o melhor jogador do mundo:

> Eu não era o melhor jogador do mundo, nessa altura, mas disse: «A sério?». «Acho que és o melhor jogador do mundo», disse ele. «Mas precisas de ganhar medalhas, tens de ter troféus como o Zidane e os outros.» Saí do balneário e senti-me com três metros de altura. Senti-me uma pessoa muito diferente e acho que foi muito Eu não era o melhor, foi um momento psicológico, mas ele fez com que me sentisse especial, instantaneamente, e esse foi o momento preciso em que pensei: «Este homem vai levar-me onde eu quero chegar.»

Mais: Mourinho escolhe alguns colaboradores igualmente autoconfiantes. André Villas-Boas terá um dia dito a Mourinho, então seu chefe no Chelsea: «Quando eu for treinador principal, vou ser melhor que vocês todos juntos.» Aparentemente, a afirmação terá deixado alguns membros da equipa técnica com os nervos em franja, mas não Mourinho.

Jan Carlzon, ex-CEO da Scandinavian Airline Systems, referiu, a propósito da autoconfiança dos líderes:

> As pessoas não nascem autoconfiantes. [...] A autoconfiança vem do sucesso da experiência e do ambiente organizacional. O papel mais importante dos líderes é instilar confiança nas pessoas. Devem desafiá-los a tomar riscos e responsabilidade. Devem apoiá-los quando cometem erros.

Ed Pilkington, jornalista do *The Guardian*, pronunciou-se do seguinte modo acerca de Steve Jobs, fundador e ex-CEO da Apple:

> Milhões de palavras e uma biblioteca repleta de livros têm sido dedicadas a tentar compreender como Steve Jobs conseguiu isso [transformar uma empresa de garagem num gigante tecnológico internacional]. Mas duas características prevalecem sobre todas as outras. Primeiro [...], tudo o que Jobs faz está imbuído de absoluta autoconfiança. Segundo, é obsessivo com a Apple e os seus produtos, nos quais se envolve com um nível de detalhe virtualmente inaudito entre outros CEO.

O Dalai Lama afirmou que, dotada da consciência de que tem potencial e da autoconfiança nas capacidades próprias, a pessoa é capaz de construir um mundo melhor. Naturalmente, importa reiterar o que já antes foi referido a propósito de outras forças: a autoconfiança é necessária, mas não suficiente para o exercício da boa liderança. A autoconfiança desacompanhada da humildade pode redundar em decisões precipitadas. Pode também conduzir à inação ou a escassos esforços — porquê despender energias em algo que se acredita estar garantido?

Clarifique-se ainda que a autoconfiança não deve ser confundida com autoestima. A autoconfiança baseia-se no julgamento das *capacidades* próprias, enquanto a autoestima assenta na noção do *valor* próprio. Uma liderança autoconfiante acredita nas suas capacidades de alcançar os objetivos, enquanto uma liderança com elevada autoestima gosta de si própria. Naturalmente, os dois atributos podem estar associados, mas não devem ser equiparados. Para se ser autoconfiante, não basta gostar de si próprio. E, para deter elevada autoestima, não basta possuir elevada autoconfiança. Uma liderança pode estar absolutamente convicta das suas capacidades de levar a equipa a alcançar objetivos ambiciosos — e, apesar disso, não gostar de si própria. Por conseguinte, pode necessitar de psicoterapia, mas não precisa de *coaching* que lhe permita desenvolver autoconfiança.

SOU CAPAZ — LOGO, TU TAMBÉM ÉS?

A autoconfiança pode ser descrita, simplesmente, como a convicção de que *sou capaz*. É a crença das pessoas na sua capacidade de organizarem e levarem a cabo as atividades necessárias para alcançarem objetivos. O *slogan* de Obama, «Yes, we can», é elucidativo — veiculava a mensagem de que, com esforços coletivos denodados, era possível vencer as adversidades e conquistar a eleição presidencial. As pessoas mais autoconfiantes acreditam nas suas capacidades de ação e intervenção, tomam iniciativa, escolhem objetivos desafiantes, desenvolvem elevada motivação e esforços para serem bem-sucedidas no alcance desses objetivos e são perseverantes perante os obstáculos. As investigações são claras: as pessoas com maior autoconfiança (mas não excessivamente autoconfiantes!) são mais felizes no trabalho, são mais criativas e alcançam níveis mais elevados de desempenho.

Destaque 2: **Fórmula da autoconfiança**

O nível de autoconfiança de uma liderança resulta da diferença entre (1) as capacidades que a mesma perceciona deter e (2) os requisitos da tarefa ou desafio que tem em mãos. Ou seja:

Autoconfiança

=

Capacidade percecionada (*as minhas capacidades*)

–

Requisitos da tarefa ou desafio (*o que esta atividade exige de mim*)

As lideranças autoconfiantes podem desenvolver a autoconfiança dos liderados, promovendo assim o desempenho individual e a eficácia da equipa. Ao observarem a autoconfiança das suas lideranças, os liderados ficam também mais confiantes. Ao sentirem que a liderança acredita neles, os desafia e lhes transmite elevadas expectativas de desempenho, os liderados empenham-se e tentam corresponder às expectativas. Este efeito pode ser especialmente relevante em momentos críticos para a organização. Em tais ocasiões, é frequentemente necessário que a liderança faça sacrifícios em prol da organização, cativando assim os liderados para também realizarem esforços adicionais. Se a liderança for desprovida de autoconfiança, é provável que os liderados não acreditem na possibilidade de os sacrifícios virem a surtir bons efeitos. Do mesmo modo, se os liderados percecionarem que a liderança acredita nas suas capacidades para «levar o barco a bom porto», é mais provável que se dediquem ao árduo empreendimento.

Sublinhe-se, porém, que nem todas as lideranças autoconfiantes desenvolvem a autoconfiança dos liderados. Algumas lideranças narcisistas, com ego especialmente insuflado, fazem questão de *apequenar* os liderados, incluindo (ou sobretudo!) os mais competentes e empenhados. Com o decurso do tempo, os liderados acabam por se empenhar menos no trabalho ou abandonar a organização. Da mesma forma, as lideranças autoconfiantes virtuosas suscitam maior autoconfiança entre os membros das suas equipas. Esta autoconfiança impele os liderados a envidarem esforços para serem mais bem-sucedidos. Ao obterem sucesso, tornam-se mais autoconfiantes e, por essa via, nutrem a própria autoconfiança das lideranças (pergunta de *Monsieur* de La Palice: Mourinho fica mais confiante depois de ver a sua equipa vencer ou perder?). E assim sucessivamente, numa espiral de positividade benéfica para os liderados, as lideranças e a equipa ou organização. Parafraseando o adágio: *o sucesso gera sucesso.*

PROMOVENDO A AUTOCONFIANÇA DOS LIDERADOS

Lideranças autoconfiantes virtuosas podem desenvolver a autoconfiança dos liderados através de vários modos:

- Em primeiro lugar, através do exemplo. Ao observarem como uma liderança autoconfiante atua e obtém bons resultados, os liderados compreendem que as suas próprias ambições também são concretizáveis.
- A liderança deve conceder oportunidades aos liderados para que exerçam atividades em que sejam bem-sucedidos. Ao serem eficazes, os liderados desenvolvem maior autoconfiança.
- A liderança deve criar condições para que os liderados trabalhem em prol de objetivos *ambiciosos*, mas igualmente alcançáveis, realistas, específicos e calendarizados. Caso contrário, esses objetivos não são mobilizadores. Por exemplo, indivíduo algum fica entusiasmado com a procura de um objetivo longínquo que toma como inalcançável.
- A liderança pode atuar como *coach* e/ou mentor dos liderados. Pode também disponibilizar-lhes mentoria e *coaching* levados a cabo por outras pessoas da organização ou especialistas externos. Pode ainda criar condições para que a formação e o desenvolvimento sejam um *modo de vida* da organização. Quando isso acontece, os liderados sentem-se mais capacitados para lidar com os obstáculos, os desafios e as oportunidades.
- No quotidiano organizacional, a liderança pode facultar *feedback* positivo aos liderados, proporcionando-lhes elogios e outras recompensas (simbólicas e/ou materiais) quando apresentam bons desempenhos. Um simples, mas genuíno *obrigado* (veja o Capítulo 8) pode ser um poderoso motivador, com a vantagem adicional de o seu custo material ser nulo!
- A liderança pode ajudar um membro da sua equipa a medir o respetivo sucesso em termos de automelhoria, mais do que em termos absolutos. Deste modo, essa pessoa vai adquirindo consciência de que tem potencial de melhoria — em vez de simplesmente esmorecer por verificar que se encontra em posição inferior a outros. Eis a lição: ajude os membros da sua equipa a melhorarem o respetivo potencial, em vez de os *massacrar* com comparações que os deixam desmotivados.

- A liderança pode ajudar os liderados a prestarem atenção a outras pessoas que foram bem-sucedidas. Uma das mensagens que Mourinho acabou por transmitir a Lampard foi a de que poderia seguir o exemplo de Zidane e outros jogadores premiados!
- A liderança pode ajudar os membros da equipa a explorarem as respetivas áreas de paixão ou vocação. É mais provável que, trabalhando com propósito, se sintam capazes de prosseguir a paixão.

PROMOVENDO A AUTOCONFIANÇA PRÓPRIA

Naturalmente, uma líder pode ver a sua autoconfiança reforçada se os seus próprios líderes atuarem devidamente para com ele. Todavia, esperar por ações superiores para desenvolver a autoconfiança pode não ser o caminho mais recomendável para um líder proativo e enérgico. Eis algumas sugestões mais apropriadas:

- Aponte para metas ambiciosas, mas realistas. A prossecução de objetivos irrealistas produz fracassos — e estes ferem a autoconfiança, pelo menos se começarem a ser frequentes.
- Não tema os riscos e coloque-se em situações que lhe permitam desafiar as suas capacidades. Não esqueça: a ameaça está nos olhos do observador — ou seja, nos seus.
- Observe como procedem as lideranças exemplares, autoconfiantes e bem-sucedidas. Aprenda com elas.
- Procure constantemente desenvolver as suas competências e capacidades, incluindo através de *coaching* e mentoria. Se não fizer do seu desenvolvimento pessoal um lema de ação, está condenado a fracassar.
- Alguns contextos organizacionais são perniciosos para o desenvolvimento de competências de liderança. E vencer o *statu quo* pode ser inviável. Se for esse o seu caso, pode ser mais apropriado demandar outras organizações. Um treinador vencedor também precisa de equipas vencedoras!

ENTRE O SENTIDO DE FRAQUEZA E O EXCESSO DE AUTOCONFIANÇA

A autoconfiança não costuma ser considerada uma *virtude*. Em bom rigor filosófico, não o é. Mas não pode deixar de ser considerada uma qualidade que, se bem gerida e aplicada, pode surtir efeitos extraordinários no próprio e nos outros. Tal como ocorre com os restantes atributos abordados neste livro, a autoconfiança virtuosa é a que *está no meio*. Uma liderança pouco autoconfiante desenvolve objetivos modestos e pouco ambiciosos e tende a fracassar. Mas o excesso de autoconfiança também pode ser fortemente perverso, podendo conduzir a decisões imprudentemente arriscadas (veja o Capítulo 11). Quando uma liderança propõe e prossegue objetivos ambiciosos pouco razoáveis, há riscos de canalizar recursos excessivos para tais objetivos. Consequentemente, a saúde económico-financeira da organização pode ser lesada. Ademais, os empregados esmorecem e formam imagens menos positivas acerca da liderança. Como resultado, a credibilidade da liderança decai — gerando quebra de relações de confiança e menor empenhamento dos liderados no trabalho.

O excesso de autoconfiança pode também destruir a perseverança. Convicto de que os seus elevados atributos se refletirão em sucesso, um líder pode baixar o nível de esforço e, assim, fracassar. Pense o leitor, ou a leitora, no que sucede frequentemente às equipas que entram no terreno de jogo já convictas de que a vitória está garantida! Excessiva autoconfiança poderá ainda conduzir a liderança a enveredar por atividades excessivamente arriscadas, a subestimar os riscos dessas ações e a negligenciar o potencial de contra-ataque dos seus inimigos e adversários. Algo desse teor terá ocorrido com Rupert Murdoch, descrito como um «grande mau homem» pela revista *The Economist* e pelo *Financial Times*. O excesso de autoconfiança poderá tê-lo conduzido a um certo sentido de impunidade relativamente a práticas jornalísticas menos recomendáveis em alguns periódicos do seu império. Os resultados desta combinação explosiva de excesso de autoconfiança com imprudência são conhecidos: encerramento de jornais, perda de reputação empresarial e individual e problemas de natureza política, policial e judicial.

Para ser virtuosa, a autoconfiança não deve ser excessiva e deve ser complementada com humildade, prudência e integridade. Sem estas outras virtudes, as lideranças serão menos capazes de aprender com os erros, poderão enveredar por empreendimentos fantasistas ou megalómanos, subestimarão os *inimigos* e os adversários e resistirão a abandonar projetos inviáveis com os quais se comprometeram. Quando é excessiva e não contrabalançada com humildade e prudência, a confiança conduz à arrogância e à soberba — a «doença do poder» denominada húbris. As lideranças hubrísticas fazem aquisições milionárias arriscadas, porque sobrestimam as suas capacidades de avaliação. Descuram os impactos negativos das suas decisões. Tornam-se cegas e surdas a conselhos e avisos. Iludem-se com fantasias de sucesso, mesmo quando o fracasso cai sobre as suas cabeças. Incapazes de assumirem responsabilidades pelos seus erros, apontam o dedo aos liderados, à economia, aos reguladores, aos governantes — ou mesmo às intempéries! Estas pessoas perdem a noção de si próprias, das suas capacidades e dos seus limites — sobretudo quando foram bem-sucedidas e o seu enorme poder não é domesticado por sistemas organizacionais de freios e contrapesos.

QUATRO NOTAS FINAIS

Quatro últimas notas de precisão são necessárias. Primeira: a autoconfiança é um atributo multifacetado. Quando nos referimos a uma liderança autoconfiante, designamos alguém que, nas várias facetas da sua atividade como líder, tem confiança nas suas capacidades. Todavia, uma pessoa pode ser autoconfiante em determinadas matérias e não noutras. Por exemplo, algumas pessoas são autoconfiantes para exercer a generalidade das funções de liderança, mas não o são relativamente à comunicação em público ou à negociação com interlocutores *problemáticos*. Nestes casos, convirá desenvolver essas competências (*e.g.*, através de *coaching* ou outras ações de desenvolvimento) para que a autoconfiança seja incrementada. Se, porém, a pessoa sentir que não tem real talento para algumas dessas atividades, pode ser mais conveniente delegar a incumbência em pessoas mais eficazes. As lideranças são, como todos os humanos, seres incompletos. As lideranças mais eficazes não são necessariamente as que possuem mais forças, mas antes as que complementam as suas forças e fraquezas com as forças dos outros (incluindo dos membros das suas equipas). São incompletos e sabem que o são!

Segunda nota: o facto de uma liderança denotar fraca autoconfiança numa dada matéria não é necessariamente um obstáculo à sua eficácia. Problemático é ser desprovido de uma competência, atributo ou força *realmente pertinente para o desempenho.* Se uma pessoa detém pouca autoconfiança em matéria secundária para o seu desempenho, porquê preocupar-se? O facto de Mourinho ter sido um jogador mediano não o impediu de ser considerado o melhor treinador do mundo. O facto de Richard Branson ser disléxico e de ter abandonado os estudos (desistiu da escola aos 16 anos) não o impediu de fundar e liderar a bem-sucedida Virgin.

Terceira: o desenvolvimento da autoconfiança virtuosa recomenda capacidade de autocompreensão, incluindo a capacidade para compreender as próprias limitações. O ex-CEO da Adobe, Bruce Chizen, experimentou insegurança por não ser engenheiro, algo aparentemente crucial para liderar uma empresa tecnológica. Todavia, quando reconheceu os seus talentos empresariais e de *marketing*, e quando compreendeu que poderia aprender engenharia, a sua *alma* mudou:

> Compreendi-me suficientemente bem para saber o que não sabia, mas também percebi que sabia o suficiente para me sentir confortável. Esta consciência ajudou-me a encontrar uma efetiva autoconfiança.

Quarta nota: o desenvolvimento da autoconfiança pode requerer esforços de *representação*. Quando indagado sobre como se deve liderar quando não se está seguro do caminho que a empresa deve tomar, Andy Grove, ex-CEO da Intel, respondeu:

> Bem, parte disso é autodisciplina e parte é aparência. E a aparência torna-se realidade. Aparência no sentido em que nos enchemos a nós próprios e fazemos melhor cara em coisas que começamos a sentir. Após algum tempo, se agirmos com confiança, tornamo-nos mais autoconfiantes. Deste modo, a aparência torna-se menos aparência.

Ou seja, quando atuamos como se estivéssemos autoconfiantes, os nossos interlocutores convencem-se de que somos autoconfiantes. Ao captarmos esse sinal provindo dos interlocutores, acabamos por ficar efetivamente mais autoconfiantes. A representação pode ainda surtir um efeito adicional, eventualmente perverso — ou não! Alguém que diz disparates de modo erudito e com grande convicção pode levar os interlocutores a sentirem-se ignorantes! O comediante Charlie Varon foi uma vez convidado pela California Medical Association para fazer uma intervenção humorística num seminário para médicos e juristas. Reinventou-se como Albin Avgher, doutorado e especialista no genoma humano, e fez uma exposição apoiada em brilhante parafernália estatística. Muitos membros da audiência consideraram alguns factos desprovidos de sentido — mas a representação foi de tal modo eficaz que atribuíram essa interpretação à própria ignorância e não aos erros do comediante. Ou seja: o que mais convence é a convicção.

Como se sente o/a leitor/a? A sua autoconfiança está debilitada? Se for o caso, lembre-se de que as pessoas podem desenvolver autoconfiança. A sua autoconfiança não tem limites? Bem, nesse caso, convirá colocar os pés na terra. Caso contrário, quanto maior a escalada, maior a queda. Recorde: a virtude está no meio. E tome cuidado: se baseia a sua autoconfiança em mero teatro e não faz esforços denodados para aprender e se desenvolver, é muito provável que a sua fragilidade venha a ser descoberta e a sua credibilidade destruída.

AUTOAVALIAÇÃO
Questionário de autoconfiança

Perguntas que merecem resposta afirmativa	S/N
• Acredito que posso ser um/a líder eficaz na maioria das equipas com que trabalho?	☐
• Acredito na minha capacidade de influenciar um grupo?	☐
• Sinto-me capaz de mobilizar outras pessoas para trabalharem em prol dos objetivos do grupo?	☐
• Acredito na minha capacidade de tomar decisões que afetam a vida de outras pessoas?	☐
• Acredito que sou capaz de levar a minha equipa (e outras pessoas com as quais me relaciono como líder) a trabalhar para ultrapassar obstáculos e adversidades?	☐
• Acredito que sou capaz de definir uma direção energizadora para a minha equipa?	☐
• Acredito que sou capaz de obter o apoio genuíno da minha equipa para levar a cabo iniciativas?	☐
• Acredito sou capaz de levar a minha equipa a fazer o que tem de ser feito?	☐
• Acredito que sou capaz de encontrar soluções para os problemas?	☐
• Acredito que sou capaz de aproveitar as oportunidades que permitam à equipa ser bem-sucedida?	☐
• Acredito que sou credível junto dos meus colaboradores (e outras pessoas com as quais me relaciono como líder)?	☐
• Sou convincente no modo como comunico com os meus colaboradores (e outras pessoas com as quais me relaciono como líder)?	☐
Perguntas que merecem resposta negativa	**S/N**
• Tenho pouca confiança nas minhas capacidades como líder?	☐
• Escolho e defino objetivos modestos porque receio fracassar?	☐
• Quando começo a enfrentar alguns obstáculos, desisto de prosseguir os objetivos a que me propus?	☐
• Sinto que os meus colaboradores não acreditam nas minhas capacidades como líder, e isso deixa-me desmotivado/a?	☐
• Vejo problemas e ameaças onde outros líderes veem oportunidades?	☐
• Sinto que não sou capaz de mobilizar a minha equipa para a prossecução dos objetivos?	☐

Perguntas que também merecem resposta negativa	S/N
• Tenho uma imagem de mim como líder quase inabalável (*i.e.*, positiva e imbatível)?	☐
• Habitualmente, sinto que tenho razão nas minhas decisões de liderança? Portanto, quando os resultados não são bons à primeira, repito a decisão?	☐
• Acredito que o meu sucesso como líder apenas pode ser impedido por circunstâncias fortuitas ou por maldades de outras pessoas?	☐
• Sou de tal modo convicto/a nas minhas capacidades que negligencio os obstáculos e riscos?	☐
• A minha autoconfiança como líder não tem limites?	☐

CAPÍTULO 3

CORAGEM: A VIRTUDE DIFÍCIL ENERGIZANDO A AÇÃO SENSATA

A CORAGEM NÃO É A AUSÊNCIA DE MEDO — NEM OBSTINAÇÃO

Decorria a campanha para as eleições presidenciais, em 1994. Nelson Mandela viajava, num pequeno avião, para KwaZulu/Natal. Quando um motor da aeronave avariou, Mandela continuou a ler calmamente o seu jornal, contribuindo assim para tranquilizar os passageiros que tinham ficado em pânico. Todavia, já em terra firme, confidenciou: «Que medo que eu tive lá em cima.» Durante toda a sua vida, especialmente nos momentos que antecederam a sua prisão e durante o tempo de cárcere em Robben Island, Mandela experimentou medo. Tal como o próprio afirmou, a ausência de medo seria irracional — ou, mesmo, soberba ou altivez. Mas o medo jamais o impediu de prosseguir o seu meritório desígnio de libertar a África do Sul do jugo do *apartheid* e aí instituir um regime democrático e civilizado.

A coragem, ou bravura, não representa a ausência de medo, mas a capacidade de superá-lo e inspirar outros a superá-lo. Não requer a habilidade para esconder ignorância ou fragilidades — em muitas circunstâncias, é preciso ter coragem para assumir que não se sabe, para pedir ajuda e para mostrar vulnerabilidades. Tal como Plutarco afirmou, «a coragem consiste não em correr riscos sem medo, mas em atuar resolutamente em prol de uma causa justa». Mark Twain afinou pelo mesmo diapasão: «A coragem é a resistência perante o medo, o domínio sobre o medo, não a ausência do medo.» Martin Luther King também afirmou (em *Strength to Love*):

> A coragem enfrenta o medo e, dessa forma, domina-o. A cobardia reprime o medo e, desse modo, é dominada por ele. [...] Devemos construir diques de coragem para conter as correntes do medo.

A coragem é uma virtude crucial em qualquer indivíduo. Mas ocupa lugar especial no âmago de uma boa liderança. Não podemos antecipar o desenlace da guerra na Ucrânia, nem o lugar que a história concederá a Zelensky, mas a sua coragem é indesmentível — e terá contribuído fortemente para o carisma que conquistou e a coragem que instilou no povo ucraniano. Quando os Estados Unidos lhe ofereceram asilo, Zelensky respondeu que precisava de munições, não de boleia. Poderia ter abandonado o país e continuado a lutar pelo seu povo. Mas, como alguém diria, «não seria a mesma coisa!». Não seria, de todo. O seu carisma teria muito menos brilho, se é que teria algum.

Uma cuidadosa análise da ação de Mandela mostra que a prossecução da sua *missão* requereu uma espécie muito particular de coragem. Os seus atos de valentia foram acompanhados de integridade, sensatez, capacidade de perdoar, disciplina férrea (física, mental e emocional) e disponibilidade para fazer compromissos com os adversários, em prol do desígnio maior. Alguns compromissos impeliram correligionários seus a acusarem-no de traição. Mas Mandela não se deixou manietar por essas acusações e prosseguiu corajosamente o seu desígnio libertador.

Diferentemente — porventura por temperamento pessoal, ou pelas circunstâncias trágicas da vida —, Winnie Mandela revelou uma coragem *problemática*. Ao contrário de Nelson Mandela (que deu a James Gregory, seu guarda prisional ao longo de anos, um lugar na tribuna de honra aquando da tomada de posse como Presidente), Winnie desenvolveu uma amargura que haveria de contribuir para o divórcio do casal. Eis como Hagemann, biógrafo de Nelson Mandela, se referiu à mulher do (então) prisioneiro mais famoso do mundo:

Os líderes do ANC no exílio tinham noção das suas fraquezas. Era conhecida por ser extremamente obstinada, recusar-se-ia a aceitar ordens e só o faria se as considerasse boas e corretas. Era inquestionavelmente corajosa, mas não raras vezes a sua coragem mostrou-se ilimitadamente provocadora. Não recusava qualquer combate com as autoridades e as oportunidades para tal eram muitas. Gostava de manifestar a sua vontade de resistir, mesmo em situações em que uma maior contenção poderia ter mais sucesso. Com os seus modos provocadores, ela poder-se-ia tornar igualmente um risco para os outros.

A CORAGEM REQUER DISCERNIMENTO

Por conseguinte, importa entender a coragem à luz de uma perspetiva ponderada — nem sempre presente quando o tema é abordado a propósito das lideranças. Um indivíduo corajoso dispõe-se a tomar riscos, mas com discernimento, e não irrefletidamente. A coragem também requer que o objetivo prosseguido seja valoroso (*e.g.*, um homicida não pode ser considerado *corajoso*). Quando uma liderança tem a *coragem* de avançar intrepidamente para uma fusão ou aquisição, ou para a destruição de milhares de postos de trabalho, sem avaliar sensatamente as consequências para a empresa e para os restantes *stakeholders*, não é verdadeira coragem que está a revelar — o que mostra é imprudência, insensatez, obstinação ou teimosia. A *coragem* que aparentemente suportou muitas decisões conducentes à crise financeira global não pode ser considerada virtuosa. A «coragem» de Trump não é coragem — é desplante, desvergonha, mentira descarada e desprezo pela verdade e pela decência.

A coragem é uma força moral ou mental que permite perseverar defronte dos perigos e da adversidade, tendo em vista fins meritórios. É a tendência para prosseguir voluntariamente finalidades valorosas, apesar do medo ou risco. Implica a consideração dos riscos. Caso contrário, não estamos perante alguém corajoso, mas antes inconsciente, irresponsável ou néscio. A coragem não requer, necessariamente, atos de grande impacto social ou mediático. De facto, muitas lideranças corajosas atuam calma e discretamente, nos bastidores, em prol de objetivos valiosos. Para ser genuinamente virtuosa e gerar bons resultados, a bravura necessita de ser complementada com prudência, sensatez e integridade. Paradoxalmente, a humildade pode também ser um grande facilitador da coragem virtuosa, como revela a vida de Mandela. Coragem, humildade e sensatez foram as qualidades que escassearam nas lideranças que rodearam o dono-disto-tudo e foram incapazes de o contrariar. Essas pessoas escudaram-se na sua (delas) alegada ignorância sobre as ocorrências então em curso — ou apontaram o dedo aos reguladores. Melhor fora que dessem mostras de coragem e fizessem jus à remuneração de que fruíam para cumprir o seu papel de vigilância.

A CORAGEM TAMBÉM REQUER VITALIDADE, HUMILDADE E INTEGRIDADE

Coragem e vitalidade (assim como humildade para assumir desconhecimento de algumas matérias e pedir ajuda; veja os Capítulos 3, 5 e 15) também marcaram o mandato de Anne Mulcahy ao leme da Xerox. Herdando o comando de uma empresa moribunda, trabalhou incansavelmente para salvá-la, viajando por todo o mundo para transmitir a verdade (incluindo a desagradável, como o fecho de unidades) aos empregados e enfrentando os conselhos de quem lhe sugeria recorrer às leis da insolvência para reorganizar a empresa. Em 2006, os lucros da Xerox excederam mil milhões de dólares. Em 2008, Mulcahy foi eleita, pela revista *Chief Executive Magazine*, CEO do ano.

Foi também a coragem que permitiu a James Burke, CEO da Johnson & Johnson, lidar com a contaminação criminosa do *Tylenol* com cianeto, em 1982. Várias pessoas morreram, e o incidente afetou seriamente a reputação da empresa, cuja quota de mercado decaiu de 35% para 6%. Embora a empresa não fosse responsável pela ocorrência, e o envenenamento estivesse circunscrito a uma área restrita, Burke disponibilizou-se para atender os meios de comunicação social, revelou honestidade perante todos os *stakeholders* e decidiu retirar do mercado 31 milhões de frascos, incorrendo a empresa em prejuízos de mais de 100 milhões de dólares. É provável que as decisões de Burke tenham sido também alimentadas pela sua *astúcia* social, ao compreender que as perdas resultantes da retirada do produto do mercado seriam inferiores às geradas pela perda de reputação da empresa no longo prazo. Mas diversos investigadores argumentam que a sua coragem e integridade desempenharam um papel importante.

Exemplo de coragem foi, também, Darwin Smith. Dois meses após ter assumido as funções de CEO da Kimberley-Clark, foi-lhe diagnosticado cancro. Os médicos não lhe auguravam mais do que um ano de vida. Quando informou o conselho de administração, disse-lhes que não planeava morrer cedo. Viveu mais 25 anos, 20 dos quais como CEO. Vida mais curta teve Sá Carneiro, um político reconhecidamente (por seguidores e adversários) corajoso, tanto física como moralmente.

Se as lideranças tivessem sido corajosamente éticas, muitos escândalos empresariais ocorridos nos últimos anos não teriam, porventura, ocorrido. Sem coragem, quebra-se a confiança. Sem confiança, desmoronam-se os negócios. Como se pode confiar numa empresa cujas lideranças não são corajosamente honestas? A coragem é a virtude que possibilita e fortalece todas as outras virtudes. Como pode uma liderança ser íntegra se não for corajosa? Como pode alguém com funções de CEO persistir na tentativa de realizar um negócio difícil se não estiver munido de bravura? Como pode essa pessoa manter energias próprias e mobilizar as dos seus liderados, em tempos críticos, se for vacilante, cobarde ou *mole*?

OS BENEFÍCIOS DA CORAGEM

As lideranças corajosas fazem o que é necessário e correto fazer, apesar dos custos, perigos e ameaças. Respeitam o medo, mas não se deixam manietar pelo mesmo. Confrontam o *statu quo* quando tal é necessário para restaurar a justiça e outros valores relevantes. Desafiam a autoridade (*e.g.*, denunciando atos corruptos) quando necessário para proteger a organização, os seus colaboradores, ou mesmo clientes. Perseveram perante obstáculos, fracassos e adversidades, em prol de objetivos valiosos. Não procrastinam. Assumem a responsabilidade pelos seus erros e aprendem com eles. Não negam os problemas — antes os encaram com vigor e focalizam-se na sua raiz. Promovem o conflito construtivo que permite enfrentar problemas e encontrar melhores soluções para enfrentá-los. Adotam compromissos morais quando enfrentam dilemas que requerem a procura do «menor dos males». As lideranças corajosas são íntegras e honestas, mesmo quando lhes seria mais cómodo ou benéfico atuar de modo distinto. São prudentemente valentes. Prezam a dignidade. Revelam vitalidade física e mental.

Daqui decorrem diversos potenciais efeitos positivos. As lideranças corajosas promovem a coragem dos liderados e de outros observadores. Protegem a organização de potenciais fraudes/ilicitudes e de consequentes danos sobre a sua reputação. Elevam a consciência moral e a conduta ética da organização, tornando os empregados mais propensos a recusarem condutas eticamente inaceitáveis. Previnem problemas éticos com clientes e criam condições para a satisfação dos mesmos. Rodeiam-se de quem lhes diz a verdade, mesmo a desconfortável — o que lhes permite tomarem melhores decisões. Acolhem com valentia as manifestações de discordância provindas dos seus interlocutores, em vez de «matarem o mensageiro da má notícia» e de enveredarem por decisões precipitadas ou pobremente informadas. Honram compromissos. Promovem a confiança no interior da organização. Consequentemente, os liderados (a) experimentam sentimentos de maior segurança psicológica para inovar e correr riscos e (b) desenvolvem maior empenhamento no trabalho e na organização. Lideranças corajosas também reforçam os laços de confiança entre a organização e os seus interlocutores externos (*e.g.*, clientes, fornecedores, financiadores, autoridades governamentais).

«NEM TUDO AO MAR, NEM TUDO À TERRA»

A coragem é uma virtude *difícil*. Contrariar interesses ilegítimos pode acarretar dissabores. Honrar compromissos pode gerar perdas pessoais. Atos corajosos tendem a colidir com o *statu quo*, com as *ditaduras* da maioria ou com orientações hierárquicas superiores — daqui podendo resultar prejuízos pessoais e *insónias*. Atos de coragem podem suscitar a admiração de muitos, mas o ódio de muitos mais. Podem quebrar relacionamentos interpessoais que geram sofrimento pessoal e danos nos fluxos de comunicação e coordenação.

Em contextos corruptos e/ou onde o Estado de Direito é periclitante, a coragem pode mesmo fazer perigar a vida do próprio líder. Maria José

Morgado, ex-procuradora-geral adjunta do Ministério Público e agora magistrada jubilada, deu conta desse risco a propósito do assassinato da juíza brasileira Patrícia Acioli. A sua crónica no *Expresso* intitulava-se «O coeficiente de coragem» e sublinhava a importância da coragem dos juízes, indubitavelmente líderes nos seus tribunais, mas também na comunidade. Maria José Morgado aludia, além da coragem, às virtudes da paixão/vocação, do propósito (o sentido de missão) e da integridade. Eis uma súmula da sua tese:

> O coeficiente de coragem inclui: sentido de proteção da liberdade e da segurança alheia ainda que com prejuízo da nossa. Liberdade moral para decidir por causa das pessoas e em função das pessoas, sem as temer e sem temer o poder de estruturas externas, sejam elas quais e quem forem. Conhecer a vida e o mundo e saber que a justiça não é de papel, mas de sangue, suor e lágrimas. Proteger os fracos e não vacilar perante os mais fortes. Nunca temer as consequências pessoais de uma decisão ou sentença.

Naturalmente, a coragem deve ser exercida com ponderação. Tal como ocorre com as restantes virtudes, está situada entre dois extremos: a cobardia e a imprudência intrépida. Excessos de *coragem* podem levar uma liderança a negligenciar os riscos de uma decisão. Podem conduzi-la a desvalorizar sinais que recomendam prudência. Podem torná-la obstinada e incapaz de aprender com o erro cometido. Podem impeli-la a persistir em investimentos e ações inviáveis, prejudicando assim os interesses e a reputação da organização. O excesso de vitalidade pode levar uma liderança corajosa a envolver-se numa quantidade excessiva de projetos e a trabalhar excessivamente, assim causando danos na sua vida pessoal e/ou familiar.

MAIS CORAGEM, MENOS IMAGEM

A coragem não é uma virtude apenas relevante para momentos heroicos. Atos de coragem são necessários, quotidianamente, nas organizações. Caso contrário, emerge um clima de *paz podre* que afetará negativamente a empresa, pelo menos no médio ou longo prazo. Se os *pequenos* atos de coragem não forem diariamente promovidos, o que ocorrerá quando for necessário enfrentar corajosamente grandes e complexas empreitadas (sejam elas morais ou estritamente empresariais)? As lideranças, através do seu exemplo, são figuras especialmente relevantes na promoção da coragem e dos climas organizacionais corajosos. A coragem representa o *músculo* emocional e moral que permite enfrentar dificuldades e prosseguir novas e ambiciosas missões. Sendo contagiosa, a coragem de quem lidera pode exercer enorme impacto na vida organizacional.

Não terá sido por acaso que J. F. Kennedy, com grandes e sérias maleitas na sua saúde, escreveu *Profiles of Courage*. Não terão sido também inocentes os seus esforços de campanha sistematicamente alicerçados numa imagem de (pelo menos, pretensa) coragem. Naturalmente, a coragem não se alardeia. Pratica-se! Quando Kennedy recusou distanciar-se publicamente de McCarthy (o pai da *caça às bruxas*, ou *terror vermelho*, ocorrida entre 1950 e 1956), os seus detratores não deixaram de sugerir que Kennedy deveria ter mostrado *menos imagem e mais coragem*.

E o/a leitor/a: como interpreta a sua organização? Os atos de coragem imperam, ou prevalece o medo de colidir com o *statu quo*, de contrariar a opinião dominante, de assumir riscos e erros e de encarar e afirmar a verdade? Considera-se corajoso/a? Não fique preocupado/a se não tiver essa autoimagem. A maior parte das pessoas corajosas não se encara como tal, antes vê os seus atos de coragem como normais e inerentes à sua função. O que sentiria se a pessoa que lidera a sua organização se vangloriasse de atos corajosos?

AUTOAVALIAÇÃO
Questionário de coragem

Perguntas que merecem resposta afirmativa	S/N
• Decido de acordo com o que considero correto, lícito e justo?	☐
• Afirmo e defendo corajosamente os melhores interesses da organização, mesmo quando enfrento discordâncias?	☐
• Desafio o modo habitual de fazer as coisas, quando sinto que há modos mais eficazes de levá-las a cabo?	☐
• Defendo os meus pontos de vista, mesmo que contrários aos dos meus amigos?	☐
• Tenho alguém a quem confidencio os meus dilemas éticos e junto de quem procuro ajuda para tomar decisões corretas?	☐
• Disponho de tempo para refletir?	☐
• Sou prudente, mas não medroso/a?	☐
• Sou determinado/a em fazer o que tem de ser feito, mesmo quando tenho medo?	☐
• Sou determinado/a, mas não imprudente?	☐
• Quando falho, tento uma e outra vez?	☐
• Sou persistente na procura de objetivos de longo prazo?	☐
• Sou o/a primeiro/a a «dar o corpo ao manifesto» para prosseguir objetivos valorosos e moralmente corretos?	☐
Perguntas que merecem resposta negativa	**S/N**
• Sou vulnerável às pressões e opiniões de pessoas mais poderosas?	☐
• Receio ser impopular por tomar decisões difíceis?	☐
• Costumo adiar a tomada de decisões difíceis?	☐
• Desisto quando não sou bem-sucedido/a?	☐
• Por regra, estou satisfeito/a com o *statu quo* e nada faço para mudá-lo?	☐
• Não gosto de sair da minha zona de conforto?	☐
• Evito expor as minhas opiniões e convicções se sinto que isso me pode prejudicar?	☐

Perguntas que também merecem resposta negativa	S/N
• Sou obstinado/a e, por vezes, menosprezo as consequências das decisões?	☐
• Adiro facilmente a *modas de gestão*, sem ponderar o seu real valor e as suas consequências éticas?	☐
• Sou excessivamente arrojado/a?	☐
• As pessoas consideram que sou excessivamente atrevido/a?	☐
• Nunca tenho medo?	☐

CAPÍTULO 4

OTIMISMO: POR TRÁS DAS NUVENS, HÁ SEMPRE SOL

LIDERANÇA QUE SUSCITA ENERGIA E ENTUSIASMO

QUANDO STEVE JOBS RENUNCIOU ao lugar de CEO da Apple, o seu sucessor, Tim Cook, terá afirmado que partilhava do otimismo de Jobs quanto ao futuro brilhante da empresa. Jobs foi descrito como um otimista crente na capacidade de cumprir os seus sonhos. Mário Soares era considerado, e considerava-se, um otimista. Winston Churchill afirmou que a grande diferença entre os otimistas e os pessimistas é que enquanto os pessimistas veem dificuldades em toda a oportunidade, os otimistas veem oportunidades nas dificuldades. E alegou que a sua opção recaía sobre o otimismo, pois de nada valeria ser pessimista.

Bill Gates é também reconhecido pelo seu otimismo. A agência noticiosa *Reuters* referia que o multimilionário (agora sobretudo dedicado à Fundação Gates) estava *otimista* acerca do futuro, embora temperasse esse otimismo com um catálogo de obstáculos às melhorias na educação, nos cuidados de saúde e na política energética — o que sugere um nível de otimismo *realista*, uma postura seguramente mais recomendável do que o otimismo quixotesco e irrealista. O seu otimismo não o impediu de alertar para os riscos de uma pandemia. Quando um líder sénior da Microsoft foi indagado acerca do modo como reter talentos, retorquiu (segundo um artigo de Suzanne Peterson e seus colaboradores, publicado na revista *Organizational Dynamics*):

> É realmente simples. Se mantemos as pessoas entusiasmadas acerca do futuro e não permitimos que os desafios as deitem abaixo, temos boas possibilidades de mantê-las como parte da nossa família para a vida.

Warren Bennis, um pioneiro e reputado estudioso e consultor no domínio da liderança, num artigo intitulado «The leadership advantage», afirmou que todas as lideranças exemplares que conhecera denotavam um elevado nível de otimismo, o qual as ajudava a gerar a energia e o entusiasmo necessários para alcançar resultados. Numa intervenção realizada perante o Planning Forum's International, afirmou:

> Senti que os líderes que entrevistei tinham um forte sentido de otimismo. Por mais assustador ou improvável que a tarefa fosse, pareciam sempre capazes de facultar às pessoas esse [...] sentido de que seriam capazes. Eram fornecedores de esperança.

Também Mahatma Gandhi sugeriu:

> Mantenha positivos os seus pensamentos, porque os seus pensamentos tornam-se as suas palavras. Mantenha positivas as suas palavras, porque as suas palavras tornam-se os seus comportamentos. Mantenha positivos os seus comportamentos, porque os seus comportamentos tornam-se os seus hábitos. Mantenha positivos os seus hábitos, porque os seus hábitos tornam-se os seus valores. Mantenha positivos os seus valores, porque os seus valores tornam-se o seu destino.

O OTIMISMO E OS SEUS EFEITOS

O otimismo é a tendência para ver o lado positivo da vida, confiar no futuro e esperar o melhor das situações. Os otimistas trabalham com a convicção de que os contratempos contêm potencial positivo. Consideram que «depois da tempestade vem a bonança» e que por trás das *nuvens* há sempre *sol*. Ao contrário, os pessimistas entendem que as coisas nunca ocorrem como eles gostariam e que «um mal nunca vem só».

Uma definição mais precisa toma em atenção três aspectos: (1) *Os sucessos/fracassos devem-se a mim ou a fatores externos?* (2) *Voltarão a ocorrer ou não?* (3) *Repetir-se-ão ou não noutras situações?* As pessoas mais otimistas atribuem os fracassos a fatores externos (não a elas próprias), temporários («o facto de ter sido malsucedido hoje não me impede de ser bem-sucedido amanhã») e situacionais («aconteceu-me nesta situação, mas não tem de ocorrer noutras»). E atribuem os eventos positivos a fatores internos (as suas próprias capacidades e recursos), permanentes («sou capaz de repetir os meus sucessos») e recorrentes («serei bem-sucedido também noutras situações»).

Por conseguinte, as pessoas otimistas creditam os sucessos a si próprias, distanciam-se psicologicamente de eventos negativos, nutrindo-se assim de autoestima e entusiasmo. Ao atribuírem os sucessos a si próprias, acreditam que podem continuar a obter sucessos se aplicarem devidamente as suas energias na prossecução de objetivos. As pessoas otimistas são também menos propensas à depressão, à autoculpabilização e ao desespero. Estabelecem melhores relacionamentos interpessoais e obtêm maior apoio social. Experimentam mais emoções positivas, são mais felizes, perseveram perante as dificuldades e obstáculos, lidam melhor com situações stressantes e procuram vias criativas de resolução de problemas e aproveitamento de oportunidades. Adotam estilos de vida mais saudáveis, revelam melhores níveis de saúde e têm vidas mais longas. São mais bem-sucedidos no trabalho, nas atividades desportivas e na vida académica. Um trabalho clássico levado a cabo por Martin Seligman em meados dos anos 1980, na Metropolitan Life Insurance, mostrou que os otimistas eram melhores vendedores. Com base neste e noutros resultados, a empresa passou a integrar o otimismo nos seus critérios de seleção.

Os indivíduos pessimistas adotam uma postura simétrica da seguida pelos otimistas. Atribuem os fracassos a si próprios («não sou realmente capaz de motivar as minhas equipas») e consideram que eles se repetirão futuramente («voltarei a fracassar nas minhas funções de chefia»), inclusive noutras situações («qualquer que seja a empresa ou a minha equipa, os meus liderados não se deixarão entusiasmar pela minha ação»). E atribuem os êxitos a fatores externos, considerando que o sucesso não se repetirá nessa nem noutras situações. Por conseguinte, os pessimistas tendem a ruminar sobre os fracassos e a vertente negativa da vida, perdendo estímulo para lidar com a adversidade e buscar o sucesso. Ao considerarem que os sucessos se devem a fatores externos, é pouco provável que desenvolvam esforços para serem bem-sucedidos. Sofrem de mais problemas de saúde, recuperam mais dificilmente da doença e vivem menos tempo.

A IMPORTÂNCIA DO OTIMISMO DAS LIDERANÇAS

O exposto seria suficiente para se compreender a importância do otimismo das lideranças. Mas alguns argumentos adicionais ajudam a compreender porque as lideranças otimistas estão mais capacitadas para influenciar positivamente os liderados e obter melhores resultados das suas equipas. Sendo otimistas, contagiam e promovem o otimismo dos liderados — com todas as consequências positivas antes referidas. As emoções positivas das lideranças otimistas também contagiam as emoções dos liderados, tornando-os mais resilientes, autoconfiantes, persistentes e criativos. Este contágio fomenta a qualidade dos relacionamentos no seio das equipas, tornando os seus membros mais cooperativos e capazes de lidarem com obstáculos e oportunidades. Líderes otimistas encorajam os liderados a prosseguirem na busca de soluções para os problemas e o aproveitamento das oportunidades. Ajudam-nos também a verem oportunidades onde outros identificam problemas e obstáculos.

Em tempo de adversidade e crise, o otimismo (que importa que seja realista, como adiante se discutirá) pode ser uma arma importante para apontar possíveis caminhos de saída. David Noer, autor, professor e membro do Center for Creative Leadership, considerou o otimismo realista como uma competência crucial da liderança em tempos críticos, chamando a atenção para o quanto ele pode criar energias positivas em momentos de *downsizing*:

> Os empregados saudáveis não são apenas consumidores do otimismo realista dos seus líderes. O otimismo realista não é uma bazófia barata que desvaloriza a seriedade da crise económica e da insegurança no emprego.

O otimismo realista implica segurar uma lanterna que ilumina a possibilidade de a organização, através do foco no cliente e do trabalho sério, sobreviver e mesmo prosperar.

John W. Gardner, ex-secretário de Estado dos EUA, num artigo publicado em 1990 na *Futurist*, escreveu:

> As lideranças devem ajudar as pessoas a acreditar que podem ser eficazes, que os seus objetivos podem ser realizados, que existe um futuro melhor que pode ser alcançado através dos seus esforços. [...] Naturalmente [...], não basta que os gestores empresariais advoguem atitudes positivas; é também necessário que corrijam as condições no ambiente de trabalho que fazem os trabalhadores sentirem-se desesperadamente frustrados. É difícil [aos trabalhadores] terem sentido de responsabilidade se se sentirem totalmente sem poder e desligados dos eventos.

PROMOVENDO O OTIMISMO

Alguns indivíduos são naturalmente mais *predispostos* para o otimismo do que outros. Essa boa fortuna não é, todavia, inacessível à generalidade das pessoas. De facto, o otimismo pode ser aprendido e praticado. Isso significa que as lideranças podem desenvolver o seu próprio nível de otimismo e o dos liderados. Se pretende desenvolver o seu otimismo, proceda do seguinte modo:

- Dentro do possível, evite ambientes negativos. Procure a companhia de otimistas e evite os *queixosos* crónicos. Mas não seja tão pessimista ao ponto de temer que a relação com pessoas pessimistas deixe a sua pessoa contagiada por essa negatividade. A capacidade de lidar com pessoas pessimistas pode ser uma demonstração de otimismo.
- Evite «chorar sobre leite derramado». Aprenda a reenquadrar e a aceitar os insucessos passados, conceda a si próprio/a o benefício da dúvida e esqueça erros que, de modo algum, podem ser minorados ou apagados. Perante fracassos, identifique o que pode mudar e atue proativamente. Ignore o que não pode mudar.

- Aprecie o presente, desenvolva a gratidão (veja o Capítulo 8) e a alegria com os aspectos positivos da vida (veja o Capítulo 10).
- Procure celebrar as suas forças e os seus sucessos — tanto ou mais do que tentar corrigir as suas fraquezas.
- Veja o lado positivo das coisas, mesmo das mais adversas. Quando o copo está meio vazio, está também meio cheio!
- Um erro pode ser um excelente modo de se aprender a melhorar, aumentando as possibilidades de se ser bem-sucedido no futuro. Um erro cometido não pode ser apagado — mas aprender com ele pode ser um excelente modo de progredir. Aprenda com os erros, em vez de ficar *prostrado*!
- Focalize-se no exterior de si próprio/a, naquilo que verdadeiramente ama e gosta de fazer. Procure fazer algo com significado, com impacto positivo sobre outras pessoas.
- Procure o seu bem-estar emocional. Cultive bons relacionamentos interpessoais, no trabalho, entre amigos e no seio da sua família. Divirta-se.

Como líder, procure também criar uma cultura de otimismo no seio das suas equipas. Evite que se «chore sobre leite derramado». Transmita a convicção de que o futuro é repleto de oportunidades que podem ajudar os indivíduos a desenvolverem-se. Naturalmente, importa que fomente o otimismo *realista* — e não o que simplesmente descarta todo o tipo de responsabilidades pessoais por erros cometidos. Para o efeito, ajude os membros das suas equipas a desenvolverem abordagens flexíveis, conciliando o otimismo com o necessário *pessimismo realista*.

Suponha que um membro da sua equipa fracassou na tentativa de venda de um serviço de elevado montante a um potencial cliente. Na verdade, essa pessoa tem grande potencial e gabarito. E as razões pelas quais o cliente declinou a proposta resultam de diversos fatores. Infelizmente, esse membro da equipa é pessimista — estando desolado com o desfecho do processo e tomando-se como um vendedor fracassado. Uma maneira de enfrentar o problema pode passar pelas seguintes ações:

- Mostre à pessoa que diversos fatores externos estão na origem do comportamento do cliente. Por exemplo, mostre-lhe que os concorrentes são comercialmente muito agressivos e têm produtos que, eventualmente, satisfazem melhor a necessidade do cliente.

- Chame a atenção da pessoa para eventos passados em que ela foi muito bem-sucedida, tendo conseguido vendas de elevado montante com cliente difíceis.
- Ajude a pessoa a compreender que os seus (dele) talentos são cruciais para que tentativas de venda futuras sejam bem-sucedidas.

ABCDE

Uma boa maneira de desenvolver o otimismo consiste em adotar a abordagem ABCDE, sugerida por Seligman. ABCDE é um acrónimo derivado das palavras *Adversity, Belief, Consequence, Disputation, and Energise*, que pode ajudar a enfrentar pensamentos e condutas pessimistas. A lógica subjacente é a seguinte:

- *Adversity*. Quando enfrentamos uma adversidade, formamos pensamentos.
- *Belief*. Esses pensamentos dão origem a crenças sobre as causas dessa adversidade, podendo levar-nos a atribuir as causas a nós próprios ou a outros fatores.
- *Consequence*. Essas crenças têm consequências no modo como lidamos com a matéria, podendo deixar-nos prostrados ou, em alternativa, proativos.
- *Disputation*. Importa que debatamos, discutamos e reflitamos sobre o rigor e o realismo dos nossos pensamentos e crenças, de modo a formarmos entendimentos mais realistas sobre a matéria.
- *Energise*. Após reflexão e análise mais realista, importa que desenvolvamos planos de ação que nos tornem menos pessimistas e catastrofistas.

O processo de intervenção funciona da seguinte maneira, podendo ser usado em nós próprios ou na atuação para com os nossos liderados:

- *Adversidade*. Podemos ver uma contrariedade como um *problema* ou como uma oportunidade. Ajude os membros da sua equipa (ou a sua pessoa) a compreender a natureza da adversidade e a encará-la de um modo construtivo e como uma oportunidade.
- *Crenças*. Os eventos adversos suscitam crenças sobre as razões da sua ocorrência. Podemos *culpar-nos* a nós próprios/as ou, alternativamente,

compreender que outros fatores estão na origem do problema. Ajude o colaborador (ou a sua pessoa) a compreender as *crenças* que a adversidade gerou e a refletir sobre se essas crenças têm ou não correspondência com a realidade dos factos.

- *Consequências*. As crenças sobre os factos ocorridos (não os factos em si) têm consequências no modo como lidamos com a adversidade. Se nos culpabilizamos indevidamente, acabamos por minar a nossa autoestima, sofremos inutilmente e poderemos esmorecer. Diferentemente, se fazemos uma avaliação mais realista do problema, então os nossos planos de ação serão mais realistas e apropriados. Ajude os seus liderados (ou a sua pessoa) a compreender que são os pensamentos (não os factos) que originam as crenças e que diferentes crenças terão diferentes consequências na conduta posterior.
- *Disputa/debate*. Importa debater, pensar, discutir e refletir sobre se os pensamentos negativos acerca do evento aderem à realidade. Procure, ou ajude a outra pessoa a encontrar, evidência factual sobre o ocorrido. Identifique, ou auxilie a outra pessoa a identificar, as diferentes causas que geraram o fracasso. Compreenda, ou ajude a outra pessoa a compreender, que, mesmo que a crença seja correta («sou o responsável pelo fracasso»), é conveniente remover a carga catastrofista da ocorrência e prosseguir na senda das soluções.
- *Energização*. Após reflexão, importa agir. Depois de encarar (ou de ajudar a outra pessoa a encarar) o problema de modo mais realista, importa definir um plano de ação.

Suponha o leitor ou leitora que, como líder, está a ajudar um membro da sua equipa, também ele líder de uma equipa, a vencer o pessimismo e a tornar-se mais otimista. Uma das adversidades provém do facto de essa pessoa ter dificuldade em conduzir reuniões eficazmente. O processo ABCDE conducente à melhoria do otimismo decorre do seguinte modo:

- «As reuniões que conduzo funcionam mal.»
- «Por regra, considero que isso se deve ao facto de os meus colaboradores não me respeitarem.»
- «Consequentemente, fico emocionalmente tenso/a e não consigo gerir devidamente as reuniões.»

- «Pode, todavia, haver outras razões para o fraco funcionamento das reuniões. É possível, por exemplo, que as pessoas se sintam amarguradas e receosas de despedimento. É igualmente possível que a anterior liderança, bastante autocrática e abrasiva, tenha deixado marcas na equipa — pelo que esta (ainda) não acredita nas minhas boas intenções.»
- «Pensando assim, consigo ver maneiras de lidar com o assunto. Preciso de compreender o que efetivamente ocorre e atuar em conformidade, em vez de me sentir impotente para lidar com o problema e continuar de braços cruzados.»

O EFEITO POLLYANNA — E O RISCO DE O ELIXIR SE TORNAR TÓXICO

Tim Harford escreveu no *Financial Times*:

> Nós, os humanos, prosperamos com o otimismo. Sem a capacidade de banir os piores cenários das nossas mentes, dificilmente conseguiríamos viver. Quem poderia casar, tentar ter uma criança, lançar um negócio ou fazer qualquer outra coisa que realmente importa se estivéssemos obcecados com o poderia correr mal? É mais prazeroso e mais natural esperar o melhor.

Todavia, como ele próprio argumentou, essa dificuldade em pensar no pior não nos deve fazer esmorecer! Ou seja: devemos prestar atenção aos perigos do otimismo, que não é necessariamente vantajoso em todas as circunstâncias. Como escreveu Bent Flyvbjerg, queremos que o/a comissário de bordo seja otimista — mas não desejamos o mesmo perfil no piloto e no copiloto. Em determinados tipos de organizações (*e.g.*, centrais nucleares, porta-aviões em contexto de guerra, quebra acentuada e abrupta das vendas, uma pandemia), uma dose apropriada de pessimismo pode ajudar a enfrentar mais realisticamente os riscos e a desenvolver linhas de ação mais apropriadas. Pense o/a leitor/a no que pode ocorrer se o responsável por uma central nuclear for de tal modo otimista que negligencia os potenciais efeitos perversos de um *tsunami* sobre os reatores!

Consequências perversas podem também emergir como resultado do denominado efeito Pollyanna, uma síndrome caracterizada pelo otimismo inveterado e, naturalmente, ingénuo. *Pollyanna* é o título de um romance de Eleanor Porter, publicado em 1913, um clássico da literatura infantojuvenil. A protagonista, Pollyanna Whittier, é uma jovem órfã cuja filosofia de vida é centrada no «Jogo do Contente», uma atitude otimista que aprendeu com o pai. O jogo consiste em encontrar algo para se estar feliz, qualquer que seja a situação, por mais dramática que seja.

Na vida *real*, o efeito Pollyanna pode conduzir à ilusão e negação da realidade, gerar uma atitude displicente ou desleixada e suscitar consequências nocivas. Desvalorizar o pensamento crítico não é uma boa maneira de tomar decisões em contextos complexos e problemáticos. Líderes excessivamente otimistas podem negligenciar os riscos inerentes a uma dada adversidade (*e.g.*, perda de um grande cliente, falência de um fornecedor importante) e, assim, responder com atraso ou displicência. Podem ainda negligenciar as manobras competitivas dos concorrentes. Podem «matar o mensageiro da má notícia» e, desta forma, persistir no erro ou numa estratégia errada. O *deslumbramento* com a positividade não é bom conselheiro.

Mesmo ao nível estritamente individual, o excesso de otimismo pode ser altamente nocivo. Por exemplo, alguns indivíduos são de tal modo otimistas que descuram os efeitos perversos dos seus hábitos (*e.g.*, sedentarismo, alimentação) para a saúde. Um otimista inveterado *não adoece* — porquê, então, consultar o médico? Uma liderança inebriada pelo otimismo *não fracassa*, apenas lida com oportunidades — porquê, então, preocupar-se com a realidade? Pense o/a leitor/a nas consequências adversas que o país e a Europa sofreram com leituras e previsões político-económicas excessivamente otimistas acerca da dependência energética face à Rússia. Pense em como os comportamentos de Putin foram subestimados — e na torrente de destruição que daí jorrou.

O exposto ajuda a compreender que a atitude mais apropriada na vida e na liderança é, porventura, o otimismo *realista*. Susan Webber, consultora, escreveu num artigo intitulado «The dark side of optimism»:

> As organizações com uma perspetiva baseada no realismo têm uma visão apurada dos problemas e, quando os encontram, atacam-nos com uma perseverança quase compulsiva. Todavia, tendemos a não reconhecer este

> realismo porque colide com a visão romântica que temos da liderança. É muito mais interessante para um CEO ver-se — e o público vê-lo — como um moderno protagonista de uma jornada heroica do que como um executivo que leva a cabo a mundana e ingrata tarefa de tornar uma grande empresa mais eficaz.
>
> Em jeito de mensagem final, alertou:
>
> Embora o elixir do otimismo possa ajudar-nos a passar o dia, é tóxico para as empresas se for tomado em excesso.

Também John W. Gardner, já anteriormente citado, argumentou que uma civilização alcança grandeza quando algo acontece nas mentes humanas, devendo as lideranças políticas (e os cidadãos) combinar o otimismo com o realismo *maduro* para que os ambiciosos desígnios sejam alcançados. Eis o seu ponto de vista:

> No cerne da motivação e moral sustentáveis estão dois ingredientes que parecem algo contraditórios: por um lado, atitudes positivas perante o futuro e perante o que cada pessoa pode alcançar através dos seus atos; por outro lado, o reconhecimento de que a vida não é fácil e que nada é seguro.

Seligman também chamou a atenção para a importância do otimismo *flexível*. Desse ponto de vista, importa que as lideranças aprendam a interpretar a natureza das situações e a identificar as que requerem uma abordagem otimista e as que recomendam uma postura pessimista. Por vezes, é necessário ser otimista e positivo, noutras é recomendável ser mais cético.

Em suma: tal como é referido a propósito das outras qualidades de liderança abordadas neste livro, «a virtude está no meio». Pelo exposto também se compreende que o otimismo necessita da companhia de outras virtudes — como a autoconfiança, a perseverança, a paixão/vocação, a coragem e a vitalidade. A prudência, a temperança e a humildade são também ingredientes cruciais para conferir realismo ao otimismo. O otimista irrealista desvaloriza um pequeno *foco de incêndio* — e prossegue com negligência. O pessimista irrealista vê grandes *incêndios* por trás de cada *fósforo*. O otimista realista usa da prudência, da temperança e da humildade para prestar atenção ao foco de *incêndio*, manter-se atento e atuar em conformidade.

AUTOAVALIAÇÃO
Questionário de otimismo

Perguntas que merecem resposta afirmativa	S/N
• Perante as adversidades, tenho a tendência para ver o copo meio cheio, e não meio vazio?	
• Quando as coisas estão incertas para mim, habitualmente espero o melhor?	
• Procuro olhar sempre para o lado positivo das coisas?	
• Sou otimista acerca do que me acontecerá no futuro?	
• Atuo no pressuposto de que, por trás de cada contratempo, há sempre algo positivo?	
• Um dos lemas da minha vida é: «depois da tempestade, vem a bonança»?	
• Acredito que, com *garra* e esforço, serei capaz de ser bem-sucedido/a?	
• Em situações difíceis, espero sempre o melhor?	
Perguntas que merecem resposta negativa	**S/N**
• Normalmente, em ambientes de incerteza, espero o pior?	
• As coisas nunca me correm como eu gostaria?	
• Considero que é melhor não criar grandes expectativas, para não sofrer desilusões?	
• Acredito muito pouco na bondade da natureza humana?	
• Um dos lemas da minha vida é: *depois da bonança, vem sempre a tempestade*?	
• Raramente espero que boas coisas me aconteçam?	
• Normalmente, se algo de mau tem de acontecer, é a mim que acontece?	
Perguntas que também merecem resposta negativa	**S/N**
• Sou tão otimista acerca do futuro que, por vezes, subestimo os riscos das minhas decisões?	
• Mesmo quando o copo está *completamente* vazio, prefiro pensar que está meio cheio?	
• Acredito de tal maneira num futuro positivo que «cruzo os braços» esperando que coisas boas aconteçam?	
• Acredito que muitas coisas boas na vida me acontecerão, independentemente do que eu fizer?	
• Sou de tal modo otimista que a maior parte das pessoas que me conhecem diz que eu sou irrealista?	

CAPÍTULO 5

VITALIDADE: *MENS SANA IN CORPORE SANO*

O VIGOR DEFRONTE DOS DESAFIOS

Belmiro de Azevedo era reconhecido por, entre outras idiossincrasias, ter *obrigado* deputados a levantarem-se cedo. A revista *Health & Wellness*, em abril de 2008, dava conta de que o empresário se mantinha ativo cerca de 14 horas por dia, dessa atividade fazendo parte o exercício físico:

> O relógio marca as oito da manhã. Ao jeito de uma pontualidade britânica, Belmiro de Azevedo surge, invariavelmente, a esta mesma hora nos ginásios Solinca — propriedade da Sonae — para mais um treino matinal de squash: um dos seus desportos de predileção. [...] Nem mesmo os 70 anos, que completou recentemente, interrompem a vontade de manter o corpo cem por cento ativo. Com uma forma física invejável, Belmiro de Azevedo acredita que o exercício lhe dá «maior disponibilidade intelectual». Por isso, de segunda a sexta, antes das audiências de trabalho e de enfrentar as difíceis decisões dentro do império Sonae, o empresário dedica, religiosamente, cerca de hora e meia ao exercício físico: um compromisso diário que assume com a sua agenda.

Na mesma revista, em março de 2008, Artur Santos Silva, então líder do BPI, afirmava:

Três dias por semana, entre as 7h30 e as 8h30, faço ginástica de manutenção e circuito de máquinas. Duas a três vezes por semana, jogo ténis com um excelente professor, José Vilela, que, na década de 70, foi campeão de Portugal durante cinco anos consecutivos e, entre 1993 e 2004, selecionador nacional da nossa equipa principal.

António Bernardo, responsável da Roland Berger, referiu em tempos, à revista *Exame*, que despendia 40% do seu tempo em Madrid, o mesmo em Portugal, e que se deslocava a Milão ou Roma a cada duas semanas, e a São Paulo de seis em seis. Acrescentou que nunca trabalha, por norma, menos de 14 horas por dia. À mesma revista, Cláudia Goya, ex-diretora-geral da Microsoft em Portugal, mãe de três filhos, afirmava que a componente física é crucial na vida de um líder, não dispensando ela própria o exercício físico todas as manhãs.

Estamos, pois, perante a enorme relevância da vitalidade para a eficácia dos líderes, que são confrontados com numerosas horas de trabalho, a necessidade de viajar regularmente e desafios stressantes permanentes. O ex-CEO da Pfizer, Jeffrey Kindler, resignou em dezembro de 2010, argumentando sentir-se fatigado. António Horta Osório sofreu um esgotamento, tornando-se depois um defensor público da necessidade de equilíbrio. John Ivancevich, professor da Universidade de Houston, num simpósio patrocinado pelo Banco Mundial sobre o stresse das viagens, relatou a história de um executivo a quem a Delta Airlines agraciou por ser cliente há cerca de 15 anos. Na realidade, porém, o executivo encetara as viagens 20 anos antes. Nesta *carreira* de 35 anos, presume-se que tenha percorrido aproximadamente 26 milhões de quilómetros.

Algumas lideranças ficam desvitalizadas perante os desafios, as exigências e as dificuldades. Outras respondem com vitalidade e grande energia. E outras ainda, mesmo desprovidas de condições de saúde objetivas, procuram irradiar vitalidade para os seus interlocutores. O ex-Presidente norte-americano John Kennedy padeceu de enormes problemas de saúde, desde jovem, ficando por vezes incapacitado de trabalhar. David Owen, médico e antigo ministro do Reino Unido, explica o caso de forma detalhada, na obra *Na Doença e no Poder: Os Problemas de Saúde dos Grandes Estadistas nos Últimos Cem Anos*. Foi a resiliência que permitiu a Kennedy lidar com a adversidade. E foi a boa gestão da sua imagem que lhe permitiu veicular a ideia de alguém corajoso e vital para enfrentar os desafios dos EUA. A vitalidade é contagiante, tornando os liderados mais vitalizados. Pode atuar como fonte ou facilitador de outra virtude: a perseverança e a determinação.

ENERGIA VIRTUOSA

A vitalidade, como virtude e força do carácter, envolve entusiasmo, gosto, vigor e energia. As pessoas vitalizadas tendem a ser vivazes e animadas por um sentido de bem-estar, prazer e alegria que contagia os outros. As desvitalizadas revelam regularmente fadiga, experimentam níveis superiores de stresse e ansiedade, padecem de insónias, têm dificuldade em desenvolver relacionamentos interpessoais positivos, sentem-se física e emocionalmente tensas e podem viver insatisfeitas com o modo como (não) conseguem equilibrar as facetas pessoal, profissional, familiar e social das suas vidas. Tanto a vitalidade como a letargia podem ser características das equipas e das organizações, para elas podendo contribuir a vitalidade ou a letargia das suas lideranças. O leitor, ou a leitora, conhecerá, provavelmente, equipas e organizações vitalizadas, e outras letárgicas e debilitadas!

Lideranças vitalizadas revelam enorme energia e *garra* para lidar e vencer os desafios constantes. Denotam elevado vigor físico e mental. Nutridas por essa energia, contagiam as outras pessoas, levando-as a abraçar desafios exigentes e mantendo-as focalizadas no alcance dos objetivos. Contagiam clientes, fornecedores, a comunidade e os parceiros. Comunicando com entusiasmo, tornam as suas mensagens mais apelativas e mobilizadoras. Produzem a energia mental e emocional agregadora que permite às equipas manterem-se coesas em momentos críticos e frustrantes.

Lideranças dotadas de vitalidade e energia enfrentam proativamente a grande quantidade de informação que necessitam de processar. Encaram as viagens, o *jet lag* e as longas horas de trabalho como desafios e oportunidades, mais do que como problemas. São mais aptas a lidar eficazmente com crises organizacionais, tenham elas origem interna ou externa. Foi esta força vital que, em grande medida, permitiu a Anne Mulcahy salvar a Xerox do descalabro e restaurá-la com galhardia e sucesso. Não se resignou, trabalhou incessantemente, visitou empregados em todo o mundo, resistiu a declarar a falência da empresa e não se tolheu perante a necessidade de transmitir más notícias e de tomar decisões difíceis como o encerramento de negócios.

A vitalidade ajuda ainda as lideranças a enfrentarem corajosamente dilemas éticos e diferenças culturais — atributos especialmente relevantes em empresas com operações internacionais. Ajuda-as também a gerirem mais apropriadamente o equilíbrio trabalho-família. Sem esse equilíbrio, a qualidade da vida familiar pode ficar hipotecada e, em consequência, prejudicar a função profissional, dando origem a espirais de negatividade, em que os efeitos se reforçam mutuamente. Lideranças desvitalizadas são também mais propensas a experimentar problemas de saúde física e mental, a empenhar-se menos no trabalho e a tomar decisões mais pobres ou emocionalmente irracionais. A relação com os liderados também tende a ser de pior qualidade, o que pode ferir relações de confiança e cooperação.

Lideranças vitalizadas e energizadas são também mais aptas a resistir aos ataques dos oponentes. Jeffrey Pfeffer, professor em Stanford, especialista em matéria de poder na liderança e nas organizações, argumentou:

> Se se sente cansado ou esgotado e detém uma posição de poder substancial, é melhor sair. Há outros dispostos a lutar para ocupar a sua posição. Com energia e vigilância diminuídas, não será capaz de resistir.

NUTRINDO A VITALIDADE

A vitalidade depende, em medida considerável, de aspectos que estão fora do controlo das lideranças. Depende, também, do modo como se formam espirais positivas ou negativas nas pessoas. Por exemplo, problemas graves de saúde são desvitalizantes. Mas a vitalidade ajuda a recuperar a saúde. Climas organizacionais paranoicos e/ou tóxicos (venha a toxicidade da poluição do ar, de ruídos sonoros ou dos relacionamentos interpessoais) também podem ser debilitantes. Mas a vitalidade de uma liderança pode ajudar a vencer essa toxicidade.

As condutas preventivas e proativas que podem contribuir para manter e desenvolver a vitalidade situam-se em vários planos da vida. Eis algumas sugestões:

- Procure realizar trabalho com significado, que seja útil para outras pessoas, a comunidade e a sociedade. Motivações exclusivamente focadas no enriquecimento material tendem a não ser suficientes para manter e desenvolver a vitalidade durante muito tempo.
- Desenvolva relações de trabalho positivas (cultivando as boas relações e evitando as más). Desenvolva e alimente também relacionamentos interpessoais positivos fora do trabalho.
- Sem ser hipocondríaco/a, cuide da sua saúde.
- Descanse devidamente.
- Pratique exercício físico regular.
- Não fume.
- Alimente-se corretamente.
- Não se automedique.
- Encontre tempo para ler, refletir e passear.
- Faça pausas no trabalho ao longo do dia.
- Caminhe sempre que puder.
- Evite o excesso de cafeína.
- Tome contacto com a natureza.
- Oiça música.
- Mantenha um sensato equilíbrio entre a vida profissional e a familiar.
- Procure autodisciplinar-se.

Eis a lição paradoxal: as lideranças que são extraordinariamente energizadas e repletas de vitalidade podem entrar em processo de desvitalização e esgotamento. Para se ter vitalidade, é necessário descansar e baixar o dispêndio de energias vitais. Para manter a vitalidade e a energia, as lideranças devem, de quando em vez, baixar os seus níveis de dispêndio dessas energias, para «recarregar as baterias» — uma expressão tão comum que nem sempre nos damos conta da sabedoria nela contida.

EVITANDO EXTREMOS

A vitalidade deixa de ser uma virtude essencial ao bem-estar e ao desenvolvimento pessoal quando se torna excessivamente frenética. Lideranças *excessivamente* vitalizadas podem tornar-se irrequietas e *insuportáveis* na relação com os outros, inclusive os liderados. Podem envolver-se numa quantidade excessiva de projetos e investimentos, perdendo foco e capacidade de concentração, daí advindo decisões de menor qualidade. Podem, mesmo, transformar-se em *workaholics*, negligenciado a saúde e o equilíbrio trabalho-família. Ao usarem excessivos recursos mentais, físicos, psicológicos e emocionais na prossecução dos seus ímpetos enérgicos, essas pessoas incorrem no risco de ficar... desvitalizadas. William C. Taylor, cofundador e editor da revista *Fast Company*, descreveu assim a agenda diária de um executivo, tal como relatada pelo respetivo *coach*:

> Não tinha qualquer intervalo nos sete dias da semana, nem mesmo aos sábados e domingos. [...] Ia a todo o lado no seu jato privado. Poderia ir a nove cidades num período de vinte e quatro horas. Era obsceno! Não há qualquer possibilidade de esta pessoa ter capacidade para processar o que está a fazer.

Segundo Taylor, para lidar com esta atividade frenética, é necessário que as lideranças pratiquem o que denominou *humbição* — a combinação de humildade com ambição (veja o Capítulo 15). Em suma: é necessário que atuem com equilíbrio, combinando vigor com contenção, força com descanso, entusiasmo com serenidade. Por conseguinte, importa que combinem a vitalidade com outras virtudes como a prudência, a humildade, a temperança, a humanidade e a inteligência emocional.

AUTOAVALIAÇÃO

Questionário de vitalidade

Perguntas que merecem resposta afirmativa	S/N
• Sinto-me vivo/a e cheio/a de energia?	☐
• Raramente me sinto fatigado/a?	☐
• Tenho forças «para dar e vender»?	☐
• Contagio com entusiasmo as pessoas em meu redor?	☐
• Pela manhã, levanto-me com energia e vontade de trabalhar?	☐

• Faço exercício físico regular, sem excessos?	☐
• Sou cuidadoso/a no modo como me alimento?	☐
• Tomo contacto com a natureza?	☐
• Tenho bons relacionamentos interpessoais?	☐
• Sinto-me apaixonado/a pelo que faço?	☐
• Quando me levanto, encaro cada dia com prazer?	☐
Perguntas que merecem resposta negativa	**S/N**
• Durmo mal?	☐
• Sinto-me frequentemente cansado/a?	☐
• Custa-me levantar da cama, pela manhã?	☐
• Alimento-me indevidamente?	☐
• Fumo?	☐
• Sinto-me frequentemente com pouca energia?	☐
• Mesmo quando posso caminhar, uso o elevador?	☐
• Sinto desprazer no trabalho?	☐
• Os meus relacionamentos interpessoais são, em geral, escassos ou pobres?	☐
Perguntas que também merecem resposta negativa	**S/N**
O excesso de energia leva-me a aplicar esforços numa quantidade excessiva de projetos?	☐
Sou viciado/a em trabalho?	☐
A minha vitalidade torna-me excessivamente exigente com as pessoas que me rodeiam?	☐
Sou frequentemente irrequieto/a ou impaciente, criando desconforto nos meus colaboradores?	☐
Deveria descansar mais?	☐
As pessoas que me são mais próximas dizem-me que, se continuar com o mesmo ímpeto dos últimos tempos, acabarei por ter problemas de saúde?	☐

PARTE II

EU, APAIXONADO/A

CAPÍTULO 6

VOCAÇÃO E PAIXÃO: ENERGIAS POSITIVAS QUE MOBILIZAM O ENTUSIASMO

UMA PODEROSA FORÇA MOTRIZ

Emprego, carreira, ou vocação — cada um de nós tende a trabalhar por uma destas razões. Trabalhar por vocação é um privilégio para o próprio — mas também para os colegas e outros interlocutores. Quão agradável é ser cliente de um/a funcionário/a apaixonado/a pelo que faz? Quão gratificante é assistir a aulas de um/a docente ou formador/a com vocação? Quanta paixão existe no trabalho de Cristiano Ronaldo, Messi, Pelé ou Maradona?

Algo do mesmo teor ocorre com as lideranças, cuja paixão é uma espécie de *software* da sua capacidade mobilizadora. Alguém duvida da energia de Elon Musk, o líder de potentados como a Tesla e a SpaceX? Ou do «combustível» que mobiliza a ação de Mourinho ou Villas-Boas? Villas-Boas emergiu como um apaixonado pelo futebol ainda adolescente. Foi essa paixão que o levou a meter conversa com Bobby Robson — e que este mentor o tenha ajudado a aprofundar o caminho da vocação futebolística. Alguém terá dúvidas da vocação e da paixão que mobilizaram Nelson Mandela na sua luta contra o *apartheid* e no seu afã de construção de uma África do Sul pacífica, civilizada e respeitadora?

Veja como Mafalda Anjos, no *Expresso Única*, descreveu a *vocação e a paixão* precoces do multimilionário Warren Buffett. Além de ser um dos homens mais ricos do mundo, Buffett foi descrito como «um homem simples», «nascido para amealhar», «caçador de pechinchas» e um «Tio Patinhas filantropo»:

> No Natal de 1937, os Buffetts decidiram tirar uma fotografia de família com os três filhos. Sugeriram que cada criança pegasse no seu brinquedo favorito. Bertie, a mais nova, correu para a boneca de trapos. Doris, a mais velha, optou pela boneca de caracóis. Warren, o filho do meio, nem parou para pensar: foi imediatamente buscar o seu mealheiro, uma velha caixa de trocos banhada a prata oferecida pela tia Alice. Aos sete anos, era este o seu objeto favorito, e já nesta altura o dinheiro era para ele o bem mais precioso, e amealhá-lo o passatempo predileto. A vontade de ser rico — muito rico — vinha inscrita nos genes de Warren Buffett. Olhando para trás, parece que seria impossível que ele escapasse a este mais do que provável destino. Não foi, pois, com estranheza que todos ouviram a declaração do rapaz. Aos 10 anos, sentado no degrau da casa de um amigo, Warren anunciou ao mundo com convicção que quando chegasse aos 35 anos seria milionário. [...] Aos 32 anos, Warren Buffett já era milionário.

A paixão (acompanhada de perseverança e outras qualidades) foi um energizador crucial de outras personalidades empresariais renomadas. O que impeliu Bill Gates a abandonar os estudos superiores para edificar a Microsoft? Como se compreende o percurso e o sucesso de Steve Jobs ao leme da Apple — a cuja *paixão* o *The New York Times* aludiu em artigo publicado em 15 de janeiro de 2008. Sabia o leitor, ou a leitora, que o sucesso do Cirque du Soleil se explica, em grande medida, pela *louca* paixão do seu fundador, Guy Laliberté? Que é a paixão dos seus artistas que suscita a paixão dos espectadores? Que esta paixão levou uma espectadora a afirmar que ficaria feliz se assistisse a um espetáculo do Cirque antes de falecer? Sabia que Fujio Nishida, presidente da Sony Europa, foi descrito como um líder emocionalmente inteligente que acredita *apaixonadamente* que o seu papel é deixar um legado empresarial de que os filhos e netos dos empregados da Sony tenham orgulho? Sabia que uma das razões pelas quais Lou Gerstner salvou a IBM foi a sua paixão pela empresa?

ENAMORAMENTO, ENTUSIASMO, PERSEVERANÇA E PROPÓSITO

A vocação gera paixão e ambas geram perseverança (veja o Capítulo 1). Líderes com vocação tendem a enamorar-se da atividade que realizam. Entusiasmam-se com a prossecução dos objetivos. Perseveram perante os obstáculos. Dispõem-se a fazer sacrifícios quando necessário para prosseguir a paixão. Essas lideranças são mobilizadas por uma energia interior que as focaliza nos objetivos e as capacita para lidarem com reveses e adversidades. Empenham-se na excelência. São mais criativas. Procuram constantemente o desenvolvimento pessoal. Revelam uma curiosidade insaciável.

Esta energia contagia e galvaniza os seus interlocutores — incluindo membros da equipa, clientes e outros *stakeholders*. A paixão, quando harmoniosa e não obsessiva, gera níveis superiores de saúde física e psicológica, maior satisfação com a vida, emoções mais positivas, maior vitalidade, maior concentração no trabalho e desempenho mais elevado.

A vocação e a paixão podem também estar na base de visões e missões organizacionais inovadoras. Anita Roddick (1942–2007), fundadora da The Body Shop, é um exemplo ilustrativo, pelo menos a acreditar no modo como se exprimiu. A paixão pelas práticas de culturas nativas tê-la-á levado a criar e desenvolver apaixonadamente uma empresa ambientalmente responsável, com uma visão focalizada em matérias ambientais e sociais, opondo-se aos testes de cosméticos em animais, às embalagens desnecessárias e ao comércio injusto. Eis como se expressou acerca da matéria, segundo texto publicado no *website* com o seu nome:

> Os negócios têm o poder de fazer o bem. É por isso que a declaração de missão da The Body Shop abre com um lema primordial, «Dedicar o nosso negócio à prossecução da mudança social e ambiental.» Usamos as nossas lojas e os nossos produtos para comunicar direitos humanos e assuntos ambientais.

Esta paixão revelava-se no modo como comunicava a missão da empresa. Eis um excerto de um discurso seu, descrito num artigo de Den Hartog e Verburg:

> O que fazemos bem na The Body Shop é comunicar com paixão, dado que a paixão persuade. Também sabemos que [...] para educar e comunicar é necessário ser ousado, alegre e diferente. Vamos para a estrada com as nossas mensagens; os nossos camiões são como painéis publicitários em movimento. Acredito na promoção dos nossos produtos através da cultura global e ligando-os a mensagens políticas e sociais. [...] Vemos qualquer espaço livre como uma oportunidade para criar uma atmosfera, transmitir uma mensagem, sublinhar um ponto. Permitam-me deixar-vos com uma mensagem favorita impressa numa *t-shirt* oferecida aos membros da organização: «cabeça nas nuvens, pés no chão, coração no negócio».

Como é referido noutras partes deste livro, os críticos da fundadora da The Body Shop traçam-lhe uma imagem menos elogiosa. Mas o facto de a líder ter feito questão de se apresentar como *apaixonada* pela empresa é revelador da importância desta *virtude*, tanto aos olhos dos líderes como dos liderados e dos clientes.

PAIXÃO FRIA

Liderar com paixão pode, em certas condições, ser uma via para o insucesso e um fator perturbador das boas decisões e do bom funcionamento das organizações. Lideranças apaixonadas podem fazer exigências irrealistas aos liderados, ou desvalorizar as respetivas ideias. Podem ficar de tal modo deslumbradas com as suas paixões que perdem realismo e se tornam imprudentes. Incorrem no risco de persistirem num curso de ação quando uma réstia de razoabilidade exigiria mudar de rumo. Podem tornar-se doentiamente obsessivas, prejudicando assim outras facetas da sua vida, designadamente a familiar. Essas lideranças, encantadas pela nobreza dos seus objetivos, podem *pisar* injustamente quem se lhes opõe, mesmo quando a oposição é honesta e inteligente.

A paixão de Lee Kun-Hee, presidente da Samsung, por automóveis impeliu-o a investir numa construtora, esperando produzir um milhão e meio de viaturas em 2010. Mas a escassez de prudência para prestar atenção à realidade do mercado e ao parecer dos analistas gerou enormes perdas (para si próprio e para a empresa) e provocou o abandono do negócio.

A Intel demorou anos até compreender a necessidade de abandonar o negócio das memórias para enveredar pelo dos microprocessadores. O envolvimento emocional com o negócio outrora bem-sucedido impedia a empresa de mudar de paradigma.

É por estes motivos que a paixão das lideranças deve ser, paradoxalmente, racional. Ferran Adrià, eleito o melhor *chef* do mundo diversas vezes, e indubitavelmente um líder na matéria, expressou-se do seguinte modo acerca da sua paixão pela cozinha:

> Não sei porque amo a cozinha. Pergunto-me todos os dias porque faço o que faço. Sou cozinheiro porque gosto. Mas sem entrar em obsessões. Isso já é entrar na paixão como doença. E eu gosto de ser pragmático, frio — embora me agrade trabalhar com paixão.

Mandela foi profundamente apaixonado pela sua missão humanista, mas nunca perdeu a racionalidade que lhe permitia ponderar as ações, compreender *friamente* os adversários, ignorar o acessório para ganhar o essencial, abraçar os carcereiros e adversários para alcançar a paixão da sua vida — uma África do Sul humanizada. Entre as suas lições de liderança, referidas por Stengel na revista *Time*, contam-se:

- Conheça o seu inimigo e aprenda acerca do seu desporto favorito.
- Mantenha os seus amigos por perto e os seus rivais ainda mais perto.
- As aparências contam — não se esqueça de sorrir.
- Nada é preto ou branco.
- Desistir e assumir a derrota com humildade também é liderar.

«A VIRTUDE ESTÁ NO MEIO»

A paixão é uma fonte de energia mobilizadora das lideranças e das suas equipas. Dinamiza o entusiasmo da pessoa que lidera e dos liderados e confere sentido ao trabalho. Mas nem toda a paixão é virtuosa. A liderança *apaixonada*, para ser virtuosa, precisa da companhia de outras virtudes. Sem integridade, humanidade e justiça, a paixão de uma liderança pode conduzir a atropelos desumanos, injustos, desrespeitadores ou desonestos sobre os empregados e outros *stakeholders*. Sem temperança, a paixão pode também dar origem ao que Robert Sutton denomima de *assholes*. Sobre o então líder da Apple, argumentou:

> Steve Jobs é famoso por afirmar que «a viagem é a recompensa». Todavia, para os meus gostos, por mais que eu admire os seus feitos, parece que ele tem ignorado o essencial da questão. Todos morremos, e, apesar de todas as virtudes «racionais» que os imbecis possam apreciar, eu prefiro evitar passar os meus dias a trabalhar com idiotas malvados e continuar a questionar-me sobre as razões pelas quais muitos de nós toleram, justificam e glorificam tanto o comportamento degradante de tantas pessoas.

O excesso de paixão pode gerar decisões insensatas, perda de realismo e obsessão — gerando emoções negativas e descrença no seio das equipas. Por conseguinte, a lição é: desenvolva paixão pelo que faz, mas use da razão que lhe permita manter uma paixão saudável. Não seja obsessivo/a nem perca o controlo da sua paixão. Faça regularmente um autoexame para verificar se o seu trabalho tem significado para a sua vida, se é consistente com os seus valores e convicções. Pergunte-se: é esta a minha vocação?

Finalmente, distinga a paixão harmoniosa da obsessiva. A primeira conduz ao empenhamento virtuoso no trabalho, a segunda pode desembocar em excesso de trabalho, esgotamento e menor bem-estar psicológico. Preste atenção aos seguintes indicadores:

1. Trabalha intensamente por escolha sua, mais do que por necessidade ou pressão social?
2. Gosta realmente do que faz?
3. O seu trabalho está em harmonia com outras facetas importantes da sua vida?
4. Encara o seu trabalho como uma faceta da sua pessoa?
5. O seu trabalho é parte importante da sua identidade?
6. Experiencia emoções positivas quando trabalha?
7. O seu trabalho permite-lhe fruir experiências memoráveis?
8. Sente-se pressionado/a a trabalhar intensamente para conquistar o reconhecimento das outras pessoas?
9. Sente-se incapaz de controlar a sua obsessão com o trabalho?

10. Sente que o seu trabalho e os seus deveres profissionais o/a controlam?
11. O seu trabalho impede-o/a de realizar outras atividades que considera importantes para a sua vida?
12. Trabalha intensamente para alimentar a sua autoestima?
13. Está emocionalmente dependente do seu trabalho?
14. Tem dificuldade em controlar o seu foco no trabalho?

Se respondeu afirmativamente às sete primeiras questões, a sua paixão é harmoniosa. Se o fez para as últimas sete, convém que desenvolva alguma cautela: a sua paixão é mais do género obsessivo e pode surtir efeitos negativos sobre o seu bem-estar e a sua saúde — assim como para o bem-estar e a saúde dos membros da sua família.

AUTOAVALIAÇÃO
Questionário de paixão

Perguntas que merecem resposta afirmativa	S/N
• Sou apaixonado/a pelo que faço?	☐
• Não me imagino a fazer outra coisa?	☐
• Por regra, sinto alegria no que faço?	☐
• Sou apaixonado/a pela minha equipa e empresa?	☐
• Crio condições (*e.g.*, de liberdade, partilha, aprendizagem mútua) para que as pessoas sintam paixão pelo trabalho que realizam?	☐
• Sinto-me energizado/a quando trabalho? A minha energia é vitalizadora para o trabalho e a vida dos outros?	☐
• As pessoas sentem-se apaixonadas pela minha visão?	☐
• Aprecio e reconheço o trabalho dos outros?	☐
Perguntas que merecem resposta negativa	**S/N**
• Frequentemente, sinto aborrecimento naquilo que faço?	☐
• Quando me levanto, penso no desconforto do trabalho que tenho a realizar durante o dia?	☐
• A visão que articulo para a minha equipa ou organização é apenas focalizada no dinheiro, não tendo significado para a vida das pessoas?	☐
• Seria mais feliz se realizasse outra atividade?	☐

Perguntas que também merecem resposta negativa	S/N
• Quando decido com paixão, por vezes, perco a cabeça? Deixo-me encantar pelo entusiasmo dos meus colaboradores? Faço investimentos sem ter «os pés assentes na terra»?	☐
• A paixão faz-me perder a prudência?	☐
• Tenho dificuldade em libertar-me de investimentos pelos quais me apaixonei?	☐
• Deslumbro-me com o que tenho a fazer, perdendo, por vezes, realismo?	☐

CAPÍTULO 7

CURIOSIDADE E AMOR PELA APRENDIZAGEM: ENERGIZADORES DA DESCOBERTA E DA SABEDORIA

UM CARBURANTE DA MENTE, DA CRIATIVIDADE E DA CAPACIDADE DECISÓRIA

IMAGINE QUE É DIRETOR/A de uma empresa farmacêutica. Um dia, a secretária responsável pelo registo de doentes que se voluntariam para testes abeira-se de si e diz-lhe: «tenho notado que alguns doentes apresentam uma inusitada boa-disposição». O que faria o/a leitor/a? Quando os gestores da farmacêutica holandesa Organon Internacional foram confrontados com tal *informação*, não se limitaram a ser simpáticos com a referida colaboradora. Vigilantes, tomaram a deixa a peito. Vieram a descobrir que os referidos doentes estavam a ser testados com um medicamento *pretensamente* anti-histamínico (destinado a aliviar sintomas de manifestações alérgicas). O medicamento revelou-se incapaz de lidar com alergias — mas a vigilância e a curiosidade das lideranças da empresa permitiram-lhes transformar esse fracasso num eficaz e muito bem-sucedido antidepressivo. Não fora a curiosidade da secretária e dos gestores da empresa, nutrida por um clima organizacional apropriado, e o pretenso anti-histamínico teria sido abandonado.

A curiosidade é o desejo de saber, ver e experimentar — dando origem a comportamentos exploradores do mundo em redor e das suas potencialidades e mistérios. A história da ciência desenrolou-se, fundamentalmente, sob o comando desta virtude. Entre os atributos partilhados pelos grandes génios como Einstein, Madame Curie, Pasteur, Freud, Piaget e Feinman está a curiosidade — o desejo indómito de saber mais, a disponibilidade para desaprender o que deixa de ser válido e aprender o que novas descobertas sugerem. Leonardo da Vinci é um epítome dessa curiosidade, prestando atenção a pormenores do mundo pelos quais a maior parte dos humanos não revelaria qualquer interesse. Kenneth Clark denominou-o como «o homem mais implacavelmente curioso da história» — e bastaria ler a biografia que Isaacson escreveu sobre o génio para compreender como essa descrição é apropriada. Daniel Kahneman, Prémio Nobel da Economia, fica alegre quando descobre, ou alguém lhe mostra, que está errado. Descobrir que se está errado é um excelente ponto de partida para nova aprendizagem.

A curiosidade estimula o amor pela aprendizagem, conduz a níveis superiores de bem-estar e inteligência emocional e gera experiências de crescimento pessoal e satisfação com a vida. Pode estar na origem de um desempenho criativo mais elevado e de maiores empenhamento e satisfação com o trabalho. Torna-nos mais propensos a escutar, com interesse e respeito, as outras pessoas. Esta é uma postura crucial para líderes que pretendem aprender com as suas equipas e criar-lhes condições para que elas se exprimam livremente e coloquem o seu potencial ao serviço de melhores decisões. Quanto mais uma liderança mostra curiosidade pelas opiniões e ideias dos outros, mais os outros se abrem e expressam livremente. Esta abertura reforça o interesse da liderança — assim se gerando uma espiral virtuosa de mútuos respeito, curiosidade, interesse e aprendizagem.

As pessoas curiosas são incansáveis na descoberta de soluções. Despendem horas, dias, semanas ou meses para compreenderem a natureza de um problema e a forma de geri-lo. É por isso que a curiosidade encoraja a descoberta de soluções para problemas e *puzzles* da vida organizacional. É um estímulo à descoberta e pode estar na base de importante inovação organizacional. A IDEO, empresa de *design* industrial, atenta neste atributo quando seleciona futuros empregados. Através de efeitos contagiosos, a curiosidade de uns pode suscitar a de outros, originando espirais positivas que transformam a curiosidade num atributo de uma equipa ou de toda a organização. A Toyota estimula/institucionaliza a curiosidade dos seus empregados através da técnica dos *cinco porquês*: «nunca deixe de perguntar porquê?».

LIDERANÇAS CURIOSAS E AMANTES DA APRENDIZAGEM

A curiosidade é um atributo importante nas lideranças. Orit Gadiesh, presidente da Bain & Company, revelou vigorosa curiosidade e forte amor pela aprendizagem quando confessou:

> Leio história, biografias, história militar. [...] Leio livros acerca de matemática e ciência. Leio filosofia. Sempre que viajo para um dado país, especialmente quando estou de férias, compro livros de autores locais — que me facultam uma perspetiva rica acerca do modo como os habitantes realmente sentem. Adoro teatro, adoro viajar. Sou curiosa acerca de tudo [...]. Uma das coisas que mais alegria me dá é a constante aprendizagem.

É provável que tamanha curiosidade de Gadiesh tenha sido facilitada por experiências apoiantes vividas na escola — facto que ajuda a compreender como as lideranças podem desempenhar um papel crucial nas práticas de curiosidade dos membros das suas equipas. Eis como Gadiesh se referiu ao seu professor exemplar:

> O nosso professor responsável, que todos adorávamos, escreveu [no meu caderno], «Orit, coloca sempre estas duas questões, depois a terceira e a quarta. Nunca deixes de ser curiosa — e nunca desistas enquanto não encontrares as respostas.» Ainda que eu já fosse curiosa, o conselho cimentou o meu espírito criativo.

Steen Riisgaard, presidente e CEO da Novozymes (uma empresa dinamarquesa, líder mundial em enzimas industriais), foi descrito deste modo:

> Transpira uma curiosidade eclética, o que reflete o seu *background* como investigador em biologia, e viaja frequentemente para fora da Dinamarca

— seja para recolher amostras de porcelanas de antigas casas de chá na China, estudar os últimos micróbios da Amazónia, ou viajar através de locais remotos da Índia. [...] É um ouvinte paciente, penetra profundamente e sente-se confortável com a ambiguidade, encorajando as pessoas a colocarem ideias divergentes em cima da mesa.

Num debate na RTP1 sobre os problemas da economia portuguesa e as exportações como via resolutiva, o presidente do conselho de administração da Frezite, José Manuel Fernandes, fez uma *preleção* entusiástica sobre como os portugueses dobraram o cabo da Boa Esperança e aí deixaram marcas indeléveis. Referiu-se às forças dos Portugueses — e fê-lo com tal entusiasmo e sabedoria que encantou a assistência e os restantes participantes no debate. Aparentemente, a sabedoria sobre aquele episódio da história portuguesa nada releva para o sucesso no mundo dos negócios. Todavia, a entusiasmante curiosidade subjacente revela uma virtude que pode ajudar a explicar o sucesso da empresa no desafio da internacionalização.

POR QUE RAZÃO A CURIOSIDADE E O AMOR PELA APRENDIZAGEM NUTREM A EFICÁCIA DOS LÍDERES

Boas lideranças denotam curiosidade pelo mundo em redor, mente aberta às ideias e opiniões dos outros e amor pela aprendizagem. Estes atributos são excelentes carburantes da mente, da reflexão e da ação. Permitem fazer uso do potencial contidos nos liderados, nos pares e nas pessoas em geral. Naturalmente, a posse de tais atributos não é condição suficiente (muitos indivíduos com estas qualidades jamais serão bons líderes, ou sequer líderes) — mas é necessária. Lideranças curiosas e apaixonadas pela aprendizagem tendem a ser mais eficazes, por várias razões:

- Mantêm-se vigilantes a grandes e pequenos sinais sobre mudanças, problemas e oportunidades.
- Sabem escutar quem lhes alimenta esse espírito vigilante, inclusive os liderados.
- Colocam questões que lhes permitem compreender como nova informação afeta a empresa, os clientes e os empregados.
- São abertas a perspetivas novas e antagónicas.

- Criando climas organizacionais psicologicamente seguros, tornam os membros da equipa mais propensos a explorarem e refinarem novas ideias.
- São mais criativas quando refletem sobre cenários com que a empresa pode confrontar-se.
- Adquirem sabedoria que as torna mais credíveis e respeitadas.
- Tomam decisões mais sábias e fomentam nas suas equipas a sabedoria que lhes permite tomarem melhores decisões e desempenharem mais eficazmente o trabalho.
- Revelam maior inclinação para a internacionalização e para a atuação em contextos culturais diferentes — ou seja, desenvolvem maior propensão para se tornarem *cidadãs do mundo.*
- Estão mais aptas a lidar eficazmente com pessoas de diferentes culturas — atributo crucial para a internacionalização dos negócios.
- Podem tornar-se melhores negociadoras, conhecendo melhor os interlocutores e adotando estratégias persuasivas mais eficazes.
- Aprendem mais facilmente com os erros, especialmente se também forem suficientemente humildes e prudentes.
- Encaram a vida com mais entusiasmo, o que as torna mais vitalizadas (veja o Capítulo 5) e, desse modo, melhores energizadoras das suas equipas.

A PAIXÃO PELA APRENDIZAGEM, NA PRÁTICA

A curiosidade e o amor pela aprendizagem foram, pelo menos aparentemente, pilares da capacidade de Anita Roddick para edificar e desenvolver a The Body Shop, tendo-se inspirado nas lições aprendidas através do contacto com mulheres de países pobres. Segundo Bill Damon, professor em Stanford, «o que começou por ser uma curiosidade e um entusiasmo jovem pelas práticas de culturas nativas acabou por se transformar num método sistemático de examinar tais práticas e adaptá-las para usos universais [...]. O talento criativo de Roddick residiu na sua capacidade para [...] prestar atenção ao que os povos indígenas faziam e aprender com tal sabedoria.» Algumas inovações da Procter & Gamble também se deveram à curiosidade sábia de John Pepper, ex-CEO da empresa. Pepper tinha por hábito visitar famílias nas suas casas quando fazia viagens ao estrangeiro. Assim compreendia melhor os gostos e hábitos de consumo das gentes locais.

A transformação da Norske Skog de empresa doméstica em empresa global deveu-se, em medida considerável, à abertura de espírito das suas lideranças. De modo a criarem uma cultura organizacional global, sensível às diferenças culturais entre os vários países e capaz de aprender constantemente à escala mundial, as lideranças da Norske Skog não se limitaram a imitar as boas práticas de outras empresas — antes adotaram uma abordagem heterodoxa. Por exemplo, convidaram os filhos dos seus empregados, em todo o mundo, para ajudarem a empresa a compreender a importância da cooperação global para a sociedade, as empresas e os indivíduos.

O amor pela aprendizagem ajuda as lideranças a desenvolverem inteligência cultural. Lideranças com inteligência cultural esforçam-se por compreender as especificidades culturais de cada povo e adotam os comportamentos apropriados. Adotam o lema «Em Roma, sê Romano». Não são preconceituosas perante modos de vida e hábitos distintos dos seus. Deste modo, são mais bem-sucedidas nas missões internacionais, suscitam maior respeitabilidade entre os seus interlocutores com hábitos *estranhos* e capacitam as suas empresas para enfrentar com sucesso os desafios da internacionalização e da globalização. A inteligência cultural é especialmente crucial para lidar com eventos aparentemente exóticos como os relatados por Roger Axtell em *Gestures: The Do's and Taboos of Body Language Around the World:*

> [Em determinado momento], o meu amigo tomou a minha mão e continuamos a caminhar, a sua mão segurando a minha. Não demorou muito tempo para eu supor que algo estranho estava a ocorrer, que alguma forma de comunicação estava a ser transmitida [...], mas não tive a mais vaga ideia sobre qual era essa mensagem. Senti-me, repentinamente, ainda mais longe de casa. Provavelmente porque eu estava tão atónito, a única coisa que não fiz foi retirar a minha mão da dele. Aprendi mais tarde que, se o tivesse feito, teria metido o pé numa poça do tamanho do deserto do Saara. Neste país, o ato de dar a mão a outra pessoa é um sinal de grande amizade e respeito.

Mente aberta e perspicácia foram também qualidades reveladas por Liang Qingde, cofundador da Galanz, uma empresa chinesa então do sector têxtil e do vestuário. Em 1992, após uma viagem de negócios ao Japão, Liang Qingde decidiu ingressar no negócio dos fornos micro-ondas — um mercado já saturado e no qual era difícil criar diferenciação. Na época, devido aos baixos custos laborais, a China era sobretudo um fabricante do produto, mais do que consumidor (apenas 2% das habitações chinesas dispunham de fornos micro-ondas). Ademais, muitas famílias chinesas não tinham casas com dimensão suficiente para acomodar os modelos existentes (desenhados para casas ocidentais). Em vez de aproveitar os baixos custos laborais chineses para exportar, Liang Qingde empreendeu esforços para conquistar consumidores locais, tendo lançado um modelo barato, simples e de pequenas dimensões. À medida que o mercado se foi expandindo, e as economias de escala foram sendo alcançadas, o mercado de fornos de micro-ondas explodiu. Munida de um modelo de negócio bem-sucedido, a empresa lançou-se com sucesso no mercado internacional de outros produtos. Em 2000, replicou o processo na indústria do ar condicionado doméstico — com enorme sucesso. A mesma curiosidade pode ter ajudado a Haier, outra empresa chinesa, a tornar-se uma nascente de inovações na sua área de negócio.

«A CURIOSIDADE MATOU O GATO»

Do exposto não deve concluir-se pela absolutização desta virtude. Como afirmam os ingleses, «a curiosidade matou o gato». Nem toda a curiosidade é virtuosa. Por exemplo, a curiosidade que nutre as ações de muitos *hackers* informáticos não pode ser considerada uma virtude. Ademais, tal como ocorre com todas as virtudes, a curiosidade genuinamente virtuosa evita extremos. Lideranças excessivamente curiosas podem dirigir perguntas inconvenientes aos seus interlocutores e violar direitos de privacidade e reserva pessoal. Podem ficar de tal modo fascinadas com a novidade, a excentricidade e a singularidade que negligenciam a necessidade de agir. Podem incorrer em aventuras desnecessárias e inconvenientes (*e.g.*, aceitando missões no estrangeiro em ambientes perigosos). O excesso de abertura de espírito pode impelir essas lideranças a aceitarem acriticamente práticas de gestão pouco recomendáveis em determinados contextos culturais. Em missões internacionais, essas lideranças podem ser de tal modo adaptativas e *camaleónicas* que os seus interlocutores as consideram desprovidas de autenticidade. O excessivo amor pela aprendizagem pode incapacitá-las de saber quando devem parar de *aprender* para começarem a *decidir* e *atuar*.

Quando os excessos de curiosidade, de abertura de espírito e de amor pela aprendizagem se combinam, o resultado pode ser o envolvimento em inúmeros empreendimentos e desafios, gerando dispersão de esforços e dispêndio de tempo em atividades menos relevantes. O decisivo envolvimento no trabalho de descoberta pode impelir as lideranças a negligenciarem atividades vitais. Por exemplo, lideranças que atuam num país estrangeiro com uma cultura aparentemente exótica podem ficar de tal modo fascinadas e absortas pelas idiossincrasias da nova cultura que perdem a noção dos *reais* deveres e objetivos da sua missão empresarial.

CONTA, PESO E MEDIDA

Em suma: a curiosidade e o amor pela aprendizagem são cruciais para alimentar o relacionamento interpessoal frutuoso, o conhecimento, a criatividade, a inovação, a competitividade. Todavia, para surtirem bons efeitos, estas qualidades necessitam da companhia de outras virtudes como a prudência, a humildade, a sensatez e a inteligência emocional. E, para que tragam proveitos à organização, aos *stakeholders* e às próprias lideranças, tais atributos devem cumprir uma regra sensata: conta, peso e medida.

AUTOAVALIAÇÃO

Questionário de curiosidade e amor pela aprendizagem

Perguntas que merecem resposta afirmativa	S/N
• Tenho forte interesse por novos eventos, situações e pessoas?	☐
• Gosto de aprender? Aprendo com os outros?	☐
• Consigo recomendar, com entusiasmo, um livro sobre liderança?	☐
• Gosto de estimular e de ser estimulado/a por ideias novas e desafiantes?	☐
• Estou aberto/a a escutar ideias que colidem com as minhas convicções? Revejo as minhas ideias quando sinto que não funcionam?	☐
• Fico feliz quando adquiro novos conhecimentos, competências e experiências?	☐
• Agrada-me aprender coisas completamente novas?	☐
• Gosto de visitar museus ou apreciar obras de arte?	☐
• Seria capaz de patrocinar uma visita dos meus colaboradores ao museu do Louvre?	☐
Perguntas que merecem resposta negativa	**S/N**
• Entre a novidade e a permanência, prefiro a segunda?	☐
• Não disponho de tempo para ler nada?	☐
• Não tenho tempo para formação?	☐
• Considero que o meu tempo livre não deve ser despendido a ler livros de gestão?	☐
• Considero que a liderança se aprende apenas com a prática e não também com o pensamento?	☐
• Não tenho tempo para discutir ideias que colidem com as minhas convicções?	☐
• Prefiro saber que as minhas ideias estavam corretas a aprender constantemente novas formas de encarar a realidade que me rodeia?	☐
• Ver obras de arte não me entusiasma?	☐
• Considero que a formação cultural e a gestão das empresas são domínios separados?	☐
Perguntas que também merecem resposta negativa	**S/N**
• A minha curiosidade leva-me a ser indiscreto/a nas perguntas que dirijo a outras pessoas?	☐
• Deslumbro-me de tal modo com a novidade e a aprendizagem que, por vezes, negligencio a necessidade de agir?	☐
• A minha curiosidade leva-me, por vezes, a aventuras inconvenientes e/ou perigosas?	☐
• Sou de tal modo curioso/a que «meto o nariz onde não sou chamado/a»?	☐
• A minha curiosidade leva-me a dispersar esforços por uma exagerada quantidade de ideias e projetos?	☐

CAPÍTULO 8

GRATIDÃO: O INVESTIMENTO QUE NÃO CUSTA DINHEIRO E GERA BEM-ESTAR

CONTAR CARNEIROS OU PENSAR NAS *GRAÇAS* DA VIDA?

O DIA DE HOJE FOI um dos mais árduos da sua vida como líder. Após intenso e demorado esforço, a sua equipa ficou desolada com o fracasso do projeto. Como procede? Reconhece o esforço da equipa? Partilha a frustração e a tristeza com os membros da equipa? Refugia-se no gabinete? Aponta o dedo à equipa? Imagine agora que, no final desse dia, chega a casa exausto e deita-se. Apesar de estar consumido/a pelo cansaço, não consegue dormir. O que será preferível, para poder adormecer: contar carneiros ou pensar nas coisas boas que lhe ocorreram durante a semana?

A sociedade atual não tem sido pródiga na valoração que a gratidão merece. Perdeu-se o hábito de agradecer a dádiva da vida, dos amigos, da família, do trabalho, da luz do sol, da natureza, da frequência da escola, de uma viagem, de um sorriso, de uma palavra amiga. Mas os estudos sugerem que há algo a mudar. Peter Coy escreveu o seguinte no *The New York Times*:

> A verdade é que o espírito de gratidão motiva precisamente os tipos de comportamento que uma economia bem-sucedida requer, particularmente a paciência e a generosidade.

As pesquisas sugerem que o sentido de gratidão aumenta o bem-estar físico e psicológico, torna as pessoas mais enérgicas, entusiasmadas e otimistas, permite-lhes desenvolverem relações de amizade mais frutuosas, fá-las mais felizes e garante-lhes uma vida mais longa. Essas pessoas são menos propensas à depressão, ao alcoolismo, à inveja e à cobiça. Lidam melhor com o stresse. Ganham mais dinheiro, dormem melhor e resistem melhor a infecções virais. Os estudantes obtêm melhores resultados escolares, sofrem menos dores de cabeça e de estômago e constroem mais amizades. As pessoas, em geral, sentem-se mais propensas a ajudar os outros, o que pode ser crucial para aumentar os níveis de cooperação e desempenho no seio das equipas e das organizações.

O exposto ajuda a compreender como a gratidão pode ser crucial para o bem-estar físico e psicológico de quem está incumbido de funções de liderança. Lideranças gratas apreciam cada dia como um dom, uma graça que importa reconhecer. Vivem a vida como uma dádiva, não como um fardo. Sentem-se gratas por terem alcançado objetivos com a ajuda de outras pessoas e atuam generosamente com reciprocidade. São mesmo capazes de se sentirem gratas por eventos negativos ocorridos nas suas vidas, agradecendo as lições positivas que daí podem extrair. Sentem-se afortunadas, considerando frequentemente que *não mereciam* o que lhes foi facultado experimentar ou viver. Experienciam menos stresse e são mais pacientes.

Em que medida o sentido de gratidão das lideranças as torna mais eficazes na relação com os membros das suas equipas? Devem adotar uma postura de gratidão perante as suas equipas e outros interlocutores? A resposta é clara: devem. A gratidão é um importante motivador da vida quotidiana — tanto das lideranças que se sentem gratas como das pessoas que recebem essa gratidão. Liberta as lideranças do peso de algumas frustrações e insucessos. Afasta-as de pensamentos ruminantes. É uma fonte de saúde mental. Permite desenvolver relacionamentos mais frutuosos com membros da equipa, pares, superiores e pessoas externas à equipa e à organização. Alimenta a paciência. Estimula o empenhamento dos liderados. Jim Collins argumentou que líderes excecionais *olham pela janela* (de onde apreciam os seus colaboradores) quando os sucessos são alcançados. Contrariamente, outras lideranças *olham-se ao espelho*, congratulando-se apenas a si próprias. Robert Townsend, ex-CEO da Avis, definiu a palavra *obrigado* como uma forma negligenciada de compensação. Max De Pree, fundador e ex-CEO da Herman Miller, argumentou que uma das principais responsabilidades de qualquer líder é dizer *obrigado*.

A GRATIDÃO, A FRUGALIDADE E A GENEROSIDADE

Entre os sete princípios regentes da filosofia da Matsushita, agora Panasonic, está a gratidão: «Agimos com sentido de gratidão por todos os benefícios que temos recebido.» Os restantes princípios, igualmente inspirados na filosofia de Konosuke Matsushita, o mítico fundador, são os seguintes: contribuição para a sociedade, justiça e honestidade, cooperação e espírito de equipa, esforço incansável em prol da melhoria, cortesia e humildade e adaptabilidade.

Warren Buffett, o lendário investidor, considerado um dos homens mais ricos do mundo (veja o Capítulo 6), é mundialmente reconhecido pelas suas vigorosas ações filantrópicas, designadamente em prol da Fundação Gates. Mafalda Anjos descreveu-o como um «Tio Patinhas filantropo»:

> Apesar de ser forreta e detestar dinheiro mal gasto, Buffett revelou-se o homem mais generoso do mundo. Literalmente. Em 2006, fez um compromisso formal de doar 99% da sua riqueza, em vida ou depois da sua morte. Os filhos herdarão apenas uma ínfima parte da fortuna.

Em 2021 doou, uma vez mais, uma quantia considerável para ações de beneficência: mais de 4,1 mil milhões de dólares. Na cerimónia de assinatura de uma das suas doações, na New York Public Library, Buffett referiu que não era «entusiasta da fortuna mantida em dinastias, especialmente quando a alternativa são 6 mil milhões de pessoas bem mais pobres do que nós». Referiu à revista *Fortune* que uma pessoa muito rica «deve deixar aos filhos o suficiente para eles fazerem tudo, mas não o suficiente para não fazerem nada». Buffett foi descrito como humilde, frugal e generoso:

> Apesar da imensa fortuna e sucesso de Buffett, a sua reputação deriva da humildade e generosidade. Buffett evita a ostentação de Wall Street e vive

há 50 anos numa casa que comprou em Omaha, Nebraska, por 31 000 dólares. Entretanto, o seu donativo, em 2006, de cerca de 30 mil milhões de dólares, foi o maior da história.

A generosidade do *megarrico* filantropo foi reiterada num artigo publicado no *The New York Times*, em que advogava a necessidade de taxar mais fortemente os rendimentos mais elevados:

> Enquanto os pobres e a classe média combatem por nós no Afeganistão, e enquanto a maioria dos americanos sofre tormentos para esticar o dinheiro, nós, os megarricos, continuamos a beneficiar de extraordinárias reduções de impostos. [...] No ano passado, a conta dos meus impostos federais foi de 6 938 744 dólares (€ 4800 milhões) [...] Parece muito dinheiro, mas a verdade é que representa apenas 17,4% do meu rendimento coletável — uma percentagem inferior à que foi paga por qualquer outra das 20 pessoas que trabalham nos nossos escritórios. A carga fiscal dessas pessoas oscilou entre os 33% e os 41%, o que dá uma média de 36%. [...] Os meus amigos e eu já fomos suficientemente mimados por um Congresso que favorece os multimilionários. Chegou a altura de o Governo levar a sério a partilha dos sacrifícios.

O que porventura mais explica esta conduta é o sentido de gratidão do filantropo, que considera ter ganho a *lotaria ovariana* (ter nascido nos EUA, no seio de uma família maravilhosa, com acesso a boas escolas). Sendo a conduta de Buffett valiosa por si mesma, poderá ainda supor-se que o seu sentido de gratidão (na companhia de outras qualidades como a integridade, a coragem, a frugalidade e a prudência) o ajudou a alcançar o indubitável sucesso.

Um *post scriptum* é aqui necessário: alguns cínicos encaram o comportamento de Buffet como oportunista e até perigoso. Anand Giridharadas, autor de um livro provocador sobre a narrativa que alegadamente mitifica os mais ricos como construtores de prosperidade coletiva, tem sido um dos mais verrinosos críticos. Num artigo do *The New York Times*, escreveu:

> Warren Buffett parece ser o tipo de multimilionário mais seguro: o tipo bom. [...] Ele é, ou parece ser, tranquilo, humilde, indiferente ao

dinheiro, filantrópico e crítico do sistema que lhe permitiu prosperar. [...] Mas lamento informar que Buffett é realmente o tipo de multimilionário mais perigoso que temos. Os piores multimilionários são os Bons Multimilionários. São o género que leva a crer que o problema está na distorção do sistema quando, de facto, o problema está no sistema.

Que o leitor, ou leitora, use os argumentos contrastantes para refletir!

LIDERANÇAS GRATAS SÃO MAIS EFICAZES?

Ao verem-se reconhecidos pelas suas lideranças, os liderados sentem-se mais inspirados e empenhados no trabalho. Lideranças gratas experimentam emoções mais positivas, contagiando assim positivamente as suas equipas e tornando-as mais felizes e eficazes. Ao sentirem e expressarem gratidão, as lideranças atuam reciprocamente, gerando espirais positivas que conduzem a mais atos de cooperação, que, por seu turno, reiteram a gratidão, e assim sucessivamente. Também funcionam como modelos de atuação que os seus colaboradores tendem a imitar, o que permite nutrir as referidas espirais. Como resultado, a confiança e os comportamentos de cooperação e ajuda no seio das equipas fomentam o desempenho, tanto dos indivíduos como de toda a equipa.

Lideranças com sentido de gratidão são mais humildes, uma força igualmente importante para aprender com os erros e fracassos, escutar os outros e investir no desenvolvimento próprio e dos outros (veja o Capítulo 15). Essas lideranças são também mais frugais e menos propensas a reivindicar compensações principescas, que podem ferir os sentidos de coesão e justiça nas equipas e nas organizações (e mesmo na sociedade, fomentando a desigualdade e o populismo). Reconhecendo o *privilégio* da sua posição, são mais prontas a respeitar os interesses e direitos dos membros das suas equipas e outros *stakeholders*, gerando assim relacionamentos de confiança.

A gratidão é especialmente importante em momentos de crise ou quando o fracasso ocorre. É nestas ocasiões que as pessoas mais precisam do apoio das suas lideranças. Desperdiçando esta oportunidade, algumas lideranças apontam o dedo acusatório aos membros das suas equipas. Estes acabam por se sentir defraudados e injustiçados pelo facto de os seus esforços não terem sido reconhecidos. Consequentemente, recusam envidar esforços adicionais quando a empresa deles necessita. Sentimentos de alheamento e cinismo podem então emergir no seio da equipa, a confiança entre líderes e liderados esvai-se, e o capital social e de relacionamentos desaparece. O resultado é a quebra dos níveis de desempenho.

OS MALEFÍCIOS DA INGRATIDÃO

Uma razão pela qual as pessoas *detestam* as suas lideranças reside, precisamente, no facto de essas lideranças não reconhecerem nem valorizarem devidamente o esforço e o trabalho dos membros da equipa. Uma liderança ingrata não reconhece os resultados positivos obtidos pela equipa. Nunca agradece o trabalho. Não valoriza o empenhamento e a dedicação da equipa. Trata os membros da equipa como se todo o seu empenho fosse insuficiente. Nunca diz *obrigado*. É incapaz de adotar qualquer gesto de gratidão quando as tarefas são bem executadas. Em momentos de fracasso, aponta o dedo aos liderados, é incapaz de lhes reconhecer o esforço e não atende à própria desilusão que, depois das energias despendidas, estes sentem.

As consequências perversas da ingratidão de uma liderança são de vária ordem. Os liderados desenvolvem menor autoestima e experimentam emoções negativas, daí advindo quebras do empenhamento e do desempenho. Sentem-se desapoiados e desrespeitados, atuando reciprocamente através da redução dos seus níveis de empenho e desempenho (*se a organização e a liderança não me valorizam, porque hei de eu empenhar-me e sacrificar-me?*). Sentem que o seu potencial não é valorizado e entendem que o trabalho não tem significado para as suas vidas (*é apenas um emprego*). Perdem motivação intrínseca (a que advém da realização do trabalho em si), deixando-se apenas motivar pelas recompensas extrínsecas (sobretudo o salário). Confiam menos na pessoa que os lidera e cooperam menos. Realizam apenas aquilo que são obrigados a executar, deixando de adotar comportamentos de cidadania organizacional — isto é, as ações que, embora não obrigatórias, contribuem para a eficácia da equipa (*e.g.*, defender a organização perante entidades externas, ajudar o chefe e os colegas além do que seria expectável). Os empregados mais competentes abandonam a organização em busca de mais oportunidades de tratamento respeitador.

NO MEIO ESTÁ A VIRTUDE

A gratidão não significa ter menos ambição ou adotar uma atitude passiva perante a vida. Pelo contrário, os indivíduos que praticam esta virtude adotam o lema do «copo meio cheio» e enveredam por ações adaptativas e proativas. Naturalmente, não estamos a referir-nos à gratidão contemplativa — mas antes ao sentido de que a vida está cheia de *graças* e é necessário atuar proativamente para retribuir tais graças e melhorar o mundo.

A gratidão, como virtude, representa o meio-termo entre a ingratidão e o excessivo sentido de *dívida* para com tudo e todos. Lideranças ingratas podem minar o entusiasmo e o desempenho da equipa. Podem também atribuir-se apenas direitos e privilégios, negligenciado os seus deveres e desvalorizando os direitos e bem-estar dos outros. Mas o excesso de gratidão também é problemático. Por exemplo, ao pronunciar a palavra *obrigado* indiscriminadamente, a liderança banaliza o seu uso e não sinaliza à equipa o que é *realmente* valioso.

Tornando-se existencialmente gratas com os seus sucessos e *graças*, as lideranças podem também negligenciar problemas e dificuldades e perder mesmo alguma ambição. Ou seja, a gratidão das lideranças não pode ser meramente contemplativa — deve ser fortemente operativa. Por conseguinte, necessita da companhia de outras virtudes como a coragem, a autoconfiança, a perseverança e a integridade.

Algumas lideranças alegam que não agradecem os bons desempenhos dos membros da equipa porque estes são remunerados precisamente para mostrarem elevado desempenho. Contudo, são essas mesmas lideranças que se contradizem quando se lamentam de que o seu desempenho como líderes não é reconhecido e ameaçam abandonar a organização em busca de lugares onde o reconhecimento (simbólico e material) seja praticado. Pense o/a leitor/a se esta contradição existe em si.

OBRIGADO!

A gratidão deixa-nos mais felizes e em paz connosco e com os outros. Torna-nos mais pacientes e menos propensos ao stresse. Para ser grata, uma liderança não tem de ser rica nem filantropa. Basta-lhe que recorra regularmente e com justiça a uma palavra que não custa dinheiro algum e tem efeitos garantidos, desde que pronunciada genuinamente: *obrigado*. Quantas vezes pronuncia esta palavra? E, já agora, em que pensa quando tem insónias: conta carneiros ou pensa nas *graças* do seu dia?

AUTOAVALIAÇÃO
Questionário de gratidão

Perguntas que merecem resposta afirmativa	S/N
• Há inúmeras coisas na minha vida pelas quais estou muito grato/a?	☐
• Sinto-me grato/a a uma grande quantidade de pessoas?	☐
• À medida que vou avançando na idade, sou mais capaz de apreciar as pessoas, os eventos e as situações que fizeram parte da minha história de vida?	☐
• Se tivesse de fazer uma lista agradecendo tudo de bom que a vida me facultou, a lista seria muito longa?	☐
• Agradeço regularmente o esforço e contributos dos meus colaboradores?	☐
• Uso frequentemente a palavra obrigado/a?	☐
Perguntas que merecem resposta negativa	**S/N**
• Quando olho para o mundo, sinto que há muito poucas coisas pelas quais possa sentir--me grato/a?	☐
• Há muito tempo que não tenho nada de que me possa sentir grato/a?	☐
• Sou normalmente revoltado/a com as vicissitudes da minha vida?	☐
• Não agradeço aos meus colegas e colaboradores porque eles já são renumerados para revelarem bom desempenho?	☐
• Raramente agradeço aos meus colaboradores o esforço que aplicam no seu trabalho?	☐
• Quando a equipa fracassa, aponto o dedo às pessoas e não reconheço o esforço realizado?	☐
Perguntas que também merecem resposta negativa	**S/N**
• Uso a palavra obrigado/a «a torto e a direito» (isto é, indiscriminadamente)?	☐
• De tão grato/a que estou com a vida, perdi ambições e sou bastante passivo/a?	☐
• Por vezes, sou excessivamente contemplativo/a das *graças* da minha vida e ignoro a realidade mais dura que me rodeia?	☐

CAPÍTULO 9

PROPÓSITO E TRANSCENDÊNCIA: UM RUMO COM SIGNIFICADO

EM PROL DE NOBRES PROPÓSITOS

Existe uma ideia instalada em alguns meios académicos e empresariais que considera o propósito *nobre* como alheio às lideranças empresariais. A essa luz se presume que, nos negócios e na gestão das organizações, não há lugar a considerações dessa natureza — e que o foco essencial incide no lucro e nos interesses *terrenos* ou *mundanos*. A realidade nem sempre coincide com esta perspetiva. Evidência científica sugere que as empresas que são geridas em prol de um propósito com significado são mais lucrativas do que as empresas simplesmente focadas em fazer dinheiro! Uma possível explicação é que as lideranças e os membros organizacionais dessas empresas estão intrinsecamente mais motivados, dedicam-se mais ao serviço aos clientes e à comunidade e congregam esforços em torno da prossecução dessa missão. Algumas lideranças são particularmente sensíveis a esta abordagem e impregnam a sua função com um sentido de propósito. Lideram «com alma». Eiji Toyoda, ex-presidente da Toyota, afirmou:

> Fazer aquilo em que se acredita é correto. Fazer aquilo em que se acredita é bom. Fazer as coisas certas, quando necessário, é uma chamada vinda do alto. Faça-o com ousadia, faça-o como acredita, faço-o como é.

Nonaka e Takeuchi, dois académicos japoneses, num texto sobre *liderança sábia*, foram perentórios:

> Os CEO necessitam de se perguntar se as decisões que tomam são boas não apenas para as suas empresas, mas também para a sociedade; a gestão deve servir um propósito mais elevado. Desse modo, as empresas começarão a pensar em si próprias como entidades sociais incumbidas de uma missão que crie benefícios duradouros para a sociedade. A menos que criem não só valor económico, mas também social, as empresas não sobreviverão no longo prazo.

Konosuke Matsushita fez jus a essa forma de abordar os negócios. O fundador da agora Panasonic encarava o contributo para a sociedade como essencial à gestão da empresa. Do seu ponto de vista, «a postura do sindicato e da empresa é diferente, mas o nosso propósito de contribuir para a sociedade é o mesmo; portanto, cooperemos». Tadashi Yanai, CEO da empresa japonesa Fast Retailing, afinou pelo mesmo diapasão:

> A empresa deve viver em harmonia com a sociedade e, para ser aceite, deve também contribuir para a mesma. A maioria das empresas que fracassaram não manteve esse equilíbrio. Cada um de nós é, em primeiro lugar, um membro da sociedade antes de ser membro de uma empresa. Pensar apenas na empresa resultará, indubitavelmente, em fracasso.

Os propósitos que transcendem o interesse próprio e se focalizam em algum bem superior são, por vezes, de natureza espiritual (não necessariamente religiosa). Luís Portela, que foi líder da Bial, o maior grupo farmacêutico do país, e depois se dedicou à Fundação Bial, afirmou que crescera «a desejar ser útil ao meu semelhante». Alimenta a sua espiritualidade — mas descreve-se como não sendo crente. Desde os 12 anos, lê obras e reflexões na área da espiritualidade, incluindo passagens da Bíblia, ensinamentos de ioga e os escritos de Lao-Tsé (o filósofo e alquimista chinês a quem se atribui a autoria de uma das obras fundamentais do taoismo, um tema que trabalhámos no livro *O Tao da Eficácia Organizacional. 18,5 Lições de Gestão Inspiradas no Velho Mestre*). Noutra entrevista, Luís Portela afirmou espantar-se com o facto de a ciência ignorar uma realidade indesmentível — a da espiritualidade que nutre a grande maioria da humanidade. E, acerca da sua missão na Bial, sublinhou:

> Tenho a preocupação de que eu me sinta cá dentro bem, e sinto. Depois, que as mais de 500 pessoas que colaboram no nosso projeto se sintam, cada uma delas, bem. Estou convencido de que muitas se sentem. Penso que isso é, hoje, quase a minha única missão na companhia. É ser capaz de coordenar os outros a partir desse princípio. Isso gosto de fazer.

Jeff Swartz, ex-líder da Timberland, é conhecido pela sua fé e pelo modo como a concretiza nas suas práticas quotidianas. O serviço à comunidade é um baluarte dessa fé. Todos os empregados da empresa podem despender 40 horas por ano em trabalho de voluntariado. Em entrevista à revista *Fast Company*, afirmou:

> Tenho um sentimento religioso que me guia. [...] Não posso mostrar-lhe na Bíblia os direitos de um trabalhador, mas posso mostrar-lhe texto que pugna pelo tratamento dos outros com dignidade. Apenas uma vez é referido na bíblia hebraica que devemos amar o nosso vizinho como a nós próprios, mas é referido dezenas de vezes que devemos tratar os estranhos com dignidade.

Lideranças movidas por genuínos propósitos com significado são mais resilientes e persistentes perante momentos críticos ou decisões complexas. É nesses períodos que a *força interior* pode atuar como amortecedor de choques ou energizador do empenho e da vitalidade. Essas lideranças podem também ser fortes energizadoras das suas equipas, desde que o propósito seja genuíno e não manipulador da mente e da «alma» dos empregados — matéria que discutimos abaixo.

«NEM TUDO O QUE LUZ É OIRO»

Naturalmente, é preciso interpretar as declarações dos humanos com precaução. Anita Roddick, fundadora e ex-CEO da The Body Shop, era amplamente reconhecida pelos seus alegados nobres propósitos em prol do desenvolvimento humano, do respeito pela natureza e pelos animais, e da gestão sustentável. Num texto publicado no *website* com o seu nome, Anita Roddick escreveu que as empresas têm o poder e o dever de *fazer o bem*. Mas a venda da empresa à L'Oreal (cuja atuação Anita Roddick havia severamente criticado) suscitou redobradas acusações de hipocrisia e agravou ainda mais a controvérsia em torno dos verdadeiros propósitos da líder. Um antigo diretor seu de relações públicas sugeriu que ela começou a acreditar na publicidade que dela se começou a fazer. E ironizou, afirmando que ele próprio tinha contribuído para criar uma espécie de Frankenstein.

Reconheça-se que diversas interpretações mais benevolentes da conduta de Anita Roddick podem ser identificadas. Mas a evidência disponível apela à sensatez quando se pretende formar ideias precisas acerca das lideranças com base nas suas declarações. Qualquer que seja a realidade, é indesmentível, todavia, que os nobres propósitos são valorizados e podem contribuir para o desempenho das organizações e a eficácia das lideranças. O (alegado) propósito humanitário da The Body Shop foi saudado por numerosos clientes e ativistas humanitários e ambientais em todo o mundo, daí advindo consequências positivas para a reputação, o crescimento e a rentabilidade da empresa. Ao contrário, a quebra desta imagem causou danos à sua reputação, levando clientes a abandoná-la por considerarem que a firma renunciara ao seu alegado ADN.

GESTÃO COM PROPÓSITO — OU «GOVERNO DA ALMA»?[2]

Acresce que o propósito se transformou, em algumas empresas, num mero instrumento manipulador — uma espécie de «governo da alma» (título de um livro de Nikolas Rose). Resultado: o feitiço vira-se contra o feiticeiro. A Wells Fargo, portentosa instituição financeira, usou vídeos com depoimentos de clientes «salvos» pelos serviços da instituição para motivar os seus empregados. Pretendia, deste modo, conferir mais significado ao trabalho das pessoas e encorajá-las a vender mais. Simultaneamente,

[2] Esta secção é adaptada de um artigo, homónimo, publicado na revista *Líder*. Estamos gratos a Catarina Barosa por ter autorizado a inclusão do texto neste livro.

adotava estratégias agressivas de gestão por objetivos que encaravam a instituição como um gigantesco hipermercado de vendas. O resultado foi um enorme escândalo (*e.g.*, muitos empregados abriram contas falsas em nome dos clientes) que custou milhares de despedimentos e centenas de milhões de dólares de multas à empresa.

O caso da WeWork é igualmente paradigmático. A empresa, que arrenda espaços de escritório em todo o mundo, foi fundada pelo carismático, persuasivo, grande vendedor, ambicioso e messiânico Adam Neumann. Um membro da sua equipa afirmou que «ele queria que todos soubessem que era Deus». A sua visão de negócio era criar uma cultura de trabalho. E o seu propósito? Nada mais nada menos do que «Estamos aqui para mudar o mundo. Menos do que isso não me interessa.» Ao mesmo tempo, Neumann realizava festas de arromba regadas com tequila. Durante os voos num *Gulfstream* avaliado em 60 milhões de dólares, fumava marijuana. Quando lançou o Project Fortitude, destinado a injetar milhares de milhões de dólares na empresa, identificou uma nova missão: «elevar a consciência do mundo». Decorridos meses, a empresa entrou em grandes dificuldades, o *Gulfstream* teve de ser vendido, e Neumann perdeu a posição de CEO.

Elizabeth Holmes, fundadora da Theranos (que pretendia democratizar e revolucionar o acesso a análises sanguíneas através de um miniLab e uma simples gota de sangue), também persuadia os empregados com a promessa de que estavam a «mudar o mundo». Numa festa de Natal, em 2011, afirmou-lhes: «O miniLab é a coisa mais importante que o mundo alguma vez criou. Se não acreditam nisso, devem sair já.» Enganou os empregados e mais meio mundo — médicos, pacientes e investidores. Descoberta a fraude, ficou a contas com a justiça.

A retórica desconexa da prática assenta, por vezes, na convicção ingénua de que os empregados são desprovidos de inteligência e incapazes de compreender os intuitos manipuladores. Desta ingenuidade faz parte a crença no sucesso de promessas como o «salário emocional» — feitas aos trabalhadores por lideranças que preferem o real salário. Em tempos críticos, pode ser maior a tentação de enveredar por estas estratégias desprovidas de qualquer autenticidade, mas há razões para supor que, a prazo, elas serão perigosas e ineficazes. Têm as empresas — e a sociedade — mais a aprender com organizações que, sem alarde, prosseguem propósitos realmente nobres, no respeito pela inteligência e a dignidade das pessoas. Quem nelas trabalha sente que atua, de facto, em prol de um propósito nobre — que pode ser, simplesmente, melhorar a vida dos clientes, dos empregados e das suas famílias e da comunidade.

OS EFEITOS DO TRABALHO COM SIGNIFICADO

Do exposto não deve, pois, decorrer a subestimação do propósito das empresas. A articulação de um propósito com significado pode ser uma fonte de desenvolvimento das empresas e dos seus empregados. Pode conferir maior sentido ao quotidiano de trabalho dos membros organizacionais. Pode focar as energias dos trabalhadores em ações, produtos e serviços realmente vantajosos para a sociedade, o desenvolvimento económico e outros *stakeholders* como clientes e fornecedores. Suponha o leitor, ou leitora, que se cruza com três pedreiros, atuando na mesma obra e realizando o mesmo trabalho. O primeiro afirma-lhe que está a construir uma parede, o segundo que está a construir uma catedral e o terceiro que está a trabalhar para a glória de Deus. Qual deles sentirá que realiza trabalho com mais significado? Qual se empenhará mais nesse trabalho?

Líderes com propósito tendem a ser mais eficazes e a suscitar maior empenhamento nos liderados. Quando os membros da organização veem conexões entre a sua atividade na organização e um mais elevado propósito, experimentam mais significado no trabalho e são mais produtivos. Identificam-se mais fortemente com a organização e velam pela sua boa imagem e reputação. O propósito maior também funciona como elemento congregador das vontades e esforços disseminados pela organização porque cria um sentido de comunidade caracterizado pela confiança, pela cooperação e pelo apoio mútuo, o que pode ser particularmente importante para congregar os esforços, o empenho e a identificação dos membros organizacionais em regime de trabalho remoto. Funciona como âncora em momentos críticos e de desespero. Ajuda a organização a afirmar a sua credibilidade e legitimidade na comunidade.

O leitor, ou leitora, prefere trabalhar para uma empresa cuja missão é simplesmente maximizar o valor para os acionistas — ou para outra que tem como missão salvar vidas e/ou melhorar a qualidade de vida de pacientes, ainda que encarando o lucro como essencial para a prossecução desse propósito? Em qual delas se sente a fazer parte de algo valioso, que transcende os seus interesses? Diversos estudos sugerem que as lideranças mobilizadas por propósitos mais elevados contribuem para a melhoria do bem-estar dos empregados e a sustentabilidade da empresa, sem com isso sacrificarem o desempenho económico e financeiro. Csikszentmihalyi, autor de *Good Business*, argumentou que quando a visão da pessoa que lidera abarca propósitos como ajudar a humanidade ou o ambiente, a organização fica investida de uma *alma*. Esta *alma* funciona como energizadora de toda a companhia.

Ser detentor de uma visão com elevados propósitos não é, porém, suficiente. É também necessário que a visão da liderança seja corretamente transmitida, o que requer virtudes como a inteligência emocional, a sabedoria, a perseverança e a prudência. É igualmente crucial que a pessoa ao leme da equipa ou da organização seja íntegra, credível, persistente e corajosa. Visões com nobre propósito redundam em meras intenções piedosas se não estiverem alicerçadas nessas outras forças. Não bastam visões nobres — é igualmente preciso que as ações se compaginem com tais propósitos.

COM «OS PÉS ASSENTES NA TERRA»

A articulação, por uma empresa, de um propósito com significado tem como objetivo que os seus membros tenham consciência de que trabalham para finalidades nobres, no seio de uma cultura saudável. Espera a empresa que daqui resulte uma maior dedicação das pessoas ao trabalho e um desempenho superior. Mas, quando a retórica e a realidade estão desalinhadas, as narrativas em torno do propósito são uma fonte de instrumentalização com perna curta. A prazo, geram alienação e cinismo. Os empregados aparentam aderir à mensagem — mas, no seu íntimo, sofrem danos emocionais e o seu empenhamento genuíno na organização e no trabalho declina. Portanto, visões com propósito não são necessariamente positivas. Podem ser usadas com intuitos manipuladores, procurando obter das *almas* trabalhadoras o mesmo que se pretende de *vacas contentes*: mais *leite*. Podem suscitar sentimentos de desconfiança e cinismo se não estiverem alicerçadas na conduta virtuosa da pessoa que lidera.

Ademais, mesmo as visões com propósito nobre e genuíno podem ser perversas — se, por exemplo, não aderirem à realidade, se forem líricas e se não considerarem os direitos dos outros. Muitas visões totalitárias constroem os seus alicerces sobre ideologias alegadamente *puras*. Lideranças com excesso de motivação *transcendental* podem também desligar-se da dura realidade dos negócios e prejudicar a organização. Podem ser mais sonhadores do que ter um sonho — pecado que o carismático Martin Luther King parece não ter cometido.

Finalmente: se não forem prudentes e sábias no modo como partilham as suas convicções e prosseguem o elevado propósito, e forem antes prosélitas e autoritárias na defesa da sua visão, as lideranças podem alienar a confiança da equipa e outros interlocutores que não partilham as mesmas convicções. Liderar com o fito num elevado propósito, mas respeitando as diferenças, é meritório. Porém, usar o poder para impor visões particulares do mundo e violentar os direitos dos outros é funesto. Muitas das tragédias do mundo têm nascido precisamente dessa fonte — como parece ter sido a invasão da Ucrânia em nome da visão intoxicante de recriar uma certa visão da Rússia.

AUTOAVALIAÇÃO

Questionário de propósito e transcendência

Perguntas que merecem resposta afirmativa	S/N
• Lidero a organização com um propósito que vai além do meu interesse pessoal e do interesse dos acionistas?	☐
• Como líder, atuo para que a empresa seja uma força do bem?	☐
• Como líder, procuro que as pessoas realizem trabalho útil para a comunidade e a sociedade, sem prejudicar a organização?	☐
• Nos momentos críticos e complexos, há uma força interior nobre que me norteia?	☐
• Sem ser ingénuo/a, procuro que o trabalho (meu e dos outros) seja realizado com alegria?	☐
• Lidero de modo que a minha organização tenha boa consciência?	☐
• Preocupo-me com os membros mais desfavorecidos da sociedade?	☐

• Como líder, procuro que as pessoas do meu grupo/equipa estejam ligadas por um propósito comum que confere significado às suas vidas?	☐
• Como líder, respeito a espiritualidade dos meus colaboradores (desde que esta respeite a dos outros)?	☐
• Como líder, o meu trabalho faz realmente uma diferença positiva na vida dos outros?	☐
Perguntas que merecem resposta negativa	**S/N**
• Entendo que a organização tem apenas de cumprir a lei e gerar lucros?	☐
• Custa-me lidar com a espiritualidade dos meus colaboradores, mesmo que não prejudique o trabalho e os outros?	☐
• Entendo que uma empresa não deve preocupar-se com o bem geral, mas apenas com o valor para os acionistas?	☐
• Os sentimentos dos outros não me interessam?	☐
• Sinto um grande vazio interior, não sabendo qual o rumo que devo dar à minha vida?	☐
• Como líder, trabalho apenas por razões materiais?	☐
• A minha vida está desprovida de qualquer propósito claro?	☐
• Sinto pouca ou nenhuma alegria no meu trabalho?	☐
Perguntas que também merecem resposta negativa	**S/N**
• Uso o meu papel de líder para pressionar os outros a seguirem as minhas convicções religiosas ou espirituais?	☐
• Como líder, deslumbro-me com as minhas conceções e visões do mundo, de tal modo que, por vezes, fico desligado/a da realidade?	☐
• Como líder, uso a minha espiritualidade para manipular os outros?	☐
• Como líder, lido mal com pessoas que perfilham convicções espirituais diferentes das minhas?	☐
• Como líder, sou fundamentalista no modo como pugno pelas minhas convicções?	☐

CAPÍTULO 10

HUMOR: UMA COISA SÉRIA

A IMPORTÂNCIA DO SENTIDO DE HUMOR

Sir Richard Branson, disléxico, fundador e líder da Virgin, é um empresário inglês bem-sucedido. Uma das suas idiossincrasias reside no humor, que não regateia quando pretende promover os seus negócios. Aquando do lançamento do seu negócio de vestidos de noivas, vestiu-se de noiva. O seu antológico humor está refletido no título do livro onde relata como *perdeu a virgindade* (*Losing my Virginity: How I've Survived, Had Fun, and Made a Fortune Doing Business my Way*). E repercute-se, igualmente, na cultura do grupo Virgin, caracterizada pelo ambiente alegre, informal e não hierárquico.

O humor é a tendência para dizer coisas divertidas, contar anedotas e envolver-se espontaneamente em gracejos tendo em vista divertir os outros, facilitar os relacionamentos, reduzir tensões interpessoais e «quebrar o gelo» quando necessário. Pode envolver gracejos da pessoa sobre si própria, não se levando excessivamente a sério. O papa Francisco gracejou sobre o seu país: «Nós, os argentinos, somos muito orgulhosos. [...] Sabe como se suicida um argentino? Sobe para o seu ego e atira-se.» Abraham Lincoln, o 16.º Presidente dos EUA, ainda hoje muito apreciado, era dotado de um antológico sentido de humor. Contava anedotas em inúmeras circunstâncias. Mas era, também, um homem triste — havendo mesmo quem argumente que, nos dias de hoje, seria diagnosticado com depressão crónica. O paradoxo resulta, porventura, da necessidade de

Lincoln usar o humor para lidar com as adversidades que experienciara na sua vida.

Jacinda Ardern, primeira-ministra da Nova Zelândia, é outro caso paradigmático de sentido de humor — a par de uma alegria contagiante. O cantor Ed Sheeran, pouco antes de atuar na Nova Zelândia, gravou um vídeo com uma mensagem dirigida aos neozelandeses:

> Olá, Nova Zelândia, mal posso esperar para vos ver em breve. Ainda não sou cidadão neozelandês, mas estou a trabalhar para isso — senhora primeira-ministra, ligue-me por favor.

Jacinda, numa mensagem vídeo, de 35 segundos, gravada no seu gabinete em Wellington, respondeu no mesmo tom:

> Olá, Ed, o meu nome é Jacinda Ardern. Sou a primeira-ministra da Nova Zelândia e soube que fizeste um pedido muito informal de cidadania. Antes de pensarmos um pouco mais acerca disso, tenho algumas questões muito importantes para ti. A primeira, gostas de pedaços de abacaxi? Sabes realmente o que são? A segunda, estás disposto a usar *jandals*[3] [um tipo de chinelos ou sandálias] em situações algo inapropriadas? E também: sabes o que são *jandals*? Terceira, a questão mais importante de todas: estás disposto a fazer da Nova Zelândia a tua casa? Diz-me.

Este sentido de humor, expresso com uma desconcertante naturalidade, granjeou-lhe uma respeitabilidade invejável. A sua estada em Nova Iorque, a propósito da participação na 73.ª sessão da Assembleia Geral das Nações Unidas, foi aproveitada pelo comediante Stephen Colbert para convidá-la para participar num episódio do *The Late Show*. Era o dia 27 de setembro de 2018. Jacinda aproveitou para convidar Colbert a visitar o seu país. Cerca de um ano depois, Colbert desembarcou na Nova Zelândia. Aguardava-o Jacinda, que conduzia o seu automóvel. A viagem foi adoravelmente hilariante. A entrevista que se seguiu, na residência de Jacinda, é um hino à boa disposição. O sorriso e a simplicidade continuaram desarmantes.

---

[3] Derivação de *Japanese Sandals*, sandálias japonesas.

Warren Buffett, o lendário investidor e filantropo, um dos homens mais ricos do mundo, líder da Berkshire Hathaway, também não deixa de se socorrer do humor nas mensagens dirigidas aos acionistas nos relatórios anuais. Os elevados níveis de empenhamento, coesão e desempenho em empresas como a Southwest Airlines e a Ben & Jerry's Ice Cream têm sido atribuídos, pelo menos parcialmente, ao humor dos seus líderes e ao contágio que o mesmo exerce sobre os membros organizacionais. O próprio Einstein foi descrito por Wickert como tendo «sempre uma piada na ponta da língua».

Warren Bennis argumentou que os líderes eficazes «tendem a ser curiosos, enérgicos e dotados de um apurado sentido de humor». Dwight Eisenhower, 34.º Presidente dos EUA, afirmou que o humor «faz parte da arte da liderança». E Kets de Vries corroborou:

> Os líderes eficazes têm um elevado sentido de humor, mesmo perante o desastre, e estão pontos a rirem-se das suas próprias fraquezas. O humor é um bom indicador de saúde mental e um ativo em qualquer local de trabalho.

Joel Stein escreveu, num texto publicado no *site* da Escola de Negócios da Universidade de Stanford, que a autodepreciação, isto é, a capacidade de assumir e rir-se dos seus próprios disparates, «humaniza os/as líderes, cria conexões com os empregados e leva as pessoas a pensar que o autodepreciador é mais poderoso do que realmente é. No fim de contas, se ele/a consegue rir-se de si próprio/a, é porque acredita nas suas capacidades. Também assinala aos empregados que lhes é permitido serem divertidos. A autodepreciação, contudo, pode ferir a credibilidade de alguém que ocupa uma posição de menor *status* na organização.» Stein também argumentou:

> O humor é uma ferramenta eficaz, ainda que pouco alavancada, de poder, facultando uma vantagem competitiva perante os pares, maior retenção de empregados, soluções inovadoras e equipas mais resilientes ao stresse.

Um estudo de Avolio, Howell e Sosik mostrou que o uso de humor pelas lideranças se relaciona positivamente com o desempenho individual e organizacional. Em geral, a investigação sugere que o humor é benéfico para a saúde e o bem-estar de quem o pratica. Afasta a mente de pensamentos negativos. O riso que acompanha o humor gera reações hormonais com efeitos positivos sobre o organismo. O humor também melhora a qualidade das relações interpessoais, incrementa a satisfação no trabalho, aumenta a coesão da equipa, estimula a criatividade e a produtividade, reduz o stresse ou permite lidar mais virtuosamente com fatores potencialmente stressantes e potencia a liderança. Em suma, como terá afirmado Churchill, «uma piada é uma coisa muito séria». Como sugere um provérbio japonês, «o tempo que se gasta a rir é tempo gasto com os deuses».

O HUMOR NÃO É APENAS UM BOM REMÉDIO — É TAMBÉM ENERGIA

O humor torna a vida mais apetecível — para nós e para quem nos rodeia. O psiquiatra George Vailland afirmou que o humor «é uma das defesas verdadeiramente elegantes do repertório humano. Poucos negarão que o humor, tal como a esperança, é um dos mais potentes antídotos da natureza humana contra as desgraças da caixa de Pandora.» Ou seja, rir pode ser o «melhor remédio». O humor ajuda-nos a enfrentar as agruras ou o tédio do nosso trabalho. Permite libertar tensões, podendo prevenir súbitas explosões emocionais no seio de uma equipa ou na relação entre duas pessoas. Permite-nos obter dos nossos pares e outros interlocutores o que não conseguiríamos pela via mais *séria* (as pessoas humoradas recebem mais facilmente ajuda e apoio). Mark Twain (1835–1910), famoso humorista e escritor, afirmou: «A raça humana dispõe de uma arma realmente eficaz, e essa arma é o riso. [...] Nada se mantém de pé perante o ataque do riso.»

Com humor, somos capazes de estabelecer e desenvolver relacionamentos positivos com outras pessoas, assim experimentando (nós e elas) mais emoções positivas. Nas equipas em que o humor impera (de modo equilibrado e inteligente), a alegria, a coesão grupal, a criatividade, a satisfação e a produtividade tendem a aumentar. Os relacionamentos pessoais positivos também resultam em mais cooperação e entreajuda. Com humor, podemos ser mais eficazes nas negociações e suscitar comportamentos negociais mais cooperativos da contraparte. O serviço prestado ao cliente pode também ser mais gratificante — para quem o presta e o recebe.

O HUMOR COMO ENERGIA DAS LIDERANÇAS

Pelo exposto compreende-se como o humor de um líder pode ser vantajoso para o próprio e, através do contágio, para toda a equipa. Uma liderança bem-humorada tem mais capacidade para lidar com as adversidades e o stresse e para se libertar das tensões inerentes à função. Com humor, a pessoa que lidera pode reduzir tensões entre si e os seus interlocutores e diminuir a tensão no seio da equipa, tornando-a mais empenhada e criativa. Pode ajudar a encarar os problemas de modo mais paciente e a partir de uma perspetiva diferente e menos acre. O humor permite mediar mais eficazmente conflitos e dissensões, designadamente em reuniões destinadas à tomada de decisão. Ajuda a pessoa que lidera a «quebrar o gelo» quando pretende estabelecer relacionamentos com os seus interlocutores. Permite-lhe comunicar mensagens negativas (inclusive aos seus próprios superiores hierárquicos) que, de modo direto, não poderiam ser comunicadas («Não leve a mal, estava apenas a brincar»).

Uma liderança pode socorrer-se do humor para reduzir a distância social entre si e os membros da equipa e outros interlocutores. Desse modo, pode estabelecer relacionamentos mais positivos, obtendo assim mais cooperação e entrega. No entanto, o humor também pode ser usado pela liderança para afirmar o seu poder, especialmente sobre pessoas de menor estatuto. Nestes casos, quando o humor é agressivo, o efeito pode ser perverso, gerando alienação do alvo. Rir *com* outras pessoas é diferente de rir *delas*. Este tipo de humor, sarcástico e agressivo, visa ridicularizar ou humilhar os outros. Se prestarmos atenção a figuras sinistras como Putin, é isso que vemos: não tem graça nenhuma e, quando procura ser engraçado, é para ridicularizar os seus adversários — reais ou imaginários. Não é capaz de «gracejo» maior do que afirmar, desejoso de mostrar a sua masculinidade, que «não sou mulher, portanto não tenho dias maus».

ENTRE O TÉDIO E A INCONVENIÊNCIA

Líderes sem humor são menos capazes de estimular o trabalho das equipas. Um líder entediante torna o trabalho enfadonho e leva os membros da equipa a procurarem válvulas de escape. Uma liderança *azeda* pode enfrentar dificuldades no estabelecimento de relacionamentos positivos com outras pessoas. Pode ainda ferir a dignidade dos membros da equipa e suscitar quebras na respeitabilidade e confiança.

Mas o *excesso* de humor também pode ser pernicioso. Pode induzir a pessoa que lidera a comentários inconvenientes, que ferem suscetibilidades e minam o respeito e a confiança. Pode criar um clima despudorado e caótico. Esse excesso pode ser interpretado, implicitamente, como autorização para o disparate, o erro e a negligência. O humor de uma liderança deixa de ser coisa séria quando se transforma em íman para a irresponsabilidade.

O humor inconveniente também pode ferir a credibilidade e a carreira de uma liderança. O ex-ministro do Ambiente, Carlos Borrego, perdeu o seu lugar no governo, em 1993, depois de ter contado uma anedota aos microfones de uma rádio local. Nessa altura, morreram 25 doentes da Unidade de Hemodiálise do Hospital Distrital de Évora, tendo as análises realizadas aos doentes revelado altos teores de alumínio no sangue. O alumínio proviera, alegadamente, da má qualidade da água da albufeira de Monte Novo. O gracejo do então ministro sugeria que os alentejanos estariam a usar os cadáveres das pessoas falecidas para fazer reciclagem e aproveitar o alumínio.

O *humor* irritado de Manuel Pinho, então ministro da Economia do XVII Governo Constitucional, ao imitar *chifres* dirigidos a um deputado, também correu mundo e custou-lhe o lugar. Richard Branson já sofreu igualmente desaires com humor inconveniente. Após ter colocado uma grande fotografia sua na ponte de Sydney, apoiando a equipa inglesa num famoso torneio de críquete (*The Ashes*) entre a Austrália e a Inglaterra, foi alvo da ira de adeptos australianos. E acabou por ter de pedir desculpas.

Importa ainda considerar que pessoas de diferentes culturas apreciam diferentes tipos de humor. O humor britânico é distinto do português. Gracejos que funcionam positivamente em França podem redundar em fracasso nos Emirados Árabes Unidos. Por conseguinte, líderes que se relacionam com pessoas de diferentes culturas devem usar de cautela quando procuram gracejar. Em vez de «quebrarem o gelo» podem simplesmente «partir a loiça», sem remédio.

ENGRAÇADOS/AS *VERSUS* ENGRAÇADINHOS/AS

O humor pode ajudar uma liderança a lidar mais eficazmente com as exigências do seu papel, a libertar tensões em si própria e nos outros, a negociar melhor, a desenvolver relacionamentos mais positivos — assim como a promover a coesão, a cooperação, a alegria, a criatividade e o desempenho no seio das equipas. Mas deve ser levado a cabo com sensatez e respeito. Caso contrário, pode gerar sentimentos de alienação em pessoas que o líder transforma em «bombos da festa». Ou pode, ele próprio, transformar-se em «bobo da corte».

O humor forçado também pode ser contraproducente, transformando a liderança em *engraçadinha* ou *idiota* aos olhos dos seus interlocutores. A introdução de programas de humor na organização deve também ser cautelosa — sob pena de ser interpretada com desconfiança e cinismo. Mais importante do que recorrer a consultores para instituir tais programas pode ser criar condições para que o humor surja naturalmente no quotidiano organizacional. Se o/a leitor/a não é um líder bem-humorado/a, tome cautelas: mais do que gracejar sem graça, crie condições para que os membros da equipa genuinamente bem-humorados se expressem.

AUTOAVALIAÇÃO

Questionário de humor

Perguntas que merecem resposta afirmativa	S/N
• Gosto de gracejar para deixar as pessoas à vontade?	
• Sou capaz de gracejar para quebrar a tensão durante uma reunião?	
• Tenho facilidade em fazer rir as outras pessoas?	
• Os meus colaboradores contam-me anedotas?	
• Gosto de contar anedotas?	
• Os meus comentários humorados costumam deixar as pessoas bem-dispostas?	
• Deixo-me contagiar pelo riso dos outros?	
• Se me sinto infeliz, faço esforços para pensar em coisas que me deixem mais alegre?	

Perguntas que merecem resposta negativa	S/N
• Sou incapaz de me rir de mim próprio/a?	☐
• Levo-me demasiado a sério?	☐
• As pessoas que comigo trabalham sentem que sou sisudo/a?	☐
• Sou desprovido/a de qualquer sentido de humor?	☐
• Detesto que os meus colaboradores me contem anedotas?	☐
• Com frequência, custa-me compreender anedotas?	☐
• Aborrece-me a companhia de pessoas que estão frequentemente a gracejar?	☐
Perguntas que também merecem resposta negativa	**S/N**
• Por vezes, sou inconveniente nos meus gracejos?	☐
• Quando não gosto do que vejo, gosto de «partir a loiça» com piadas venenosas?	☐
• Por vezes, não tenho consciência de que os meus gracejos ferem outras pessoas?	☐
• Rio-me frequentemente das outras pessoas, em vez de me rir com elas?	☐
• As minhas piadas são, frequentemente, cruéis?	☐
• As pessoas que me conhecem dizem que o meu humor é cáustico?	☐
• Quando faço gracejos, não me preocupo com o efeito negativo que possa ter noutras pessoas?	☐

PARTE III

EU, TEMPERADO/A

CAPÍTULO 11

PRUDÊNCIA: A FORÇA COM TINO, A SABEDORIA PRÁTICA

TINO NAS AÇÕES E NAS PALAVRAS

Imagine que é preso político há dezenas de anos. Mas a sua causa progride, pelo que decorrem negociações entre si e os seus adversários. Numa viagem entre a prisão e o local de reunião com o ministro responsável por negociar a libertação, o seu guarda e motorista estaciona junto de uma loja para comprar uma *Coca-Cola*, deixando-o sozinho no automóvel. Qual seria a sua reação? Eis como Nelson Mandela reagiu:

> Fiquei ali sentado sozinho. De início, não pensei na minha situação, mas à medida que os segundos passavam, comecei a ficar cada vez mais excitado. Pela primeira vez em 22 anos, estava cá fora e sem vigilância. Tive a visão de abrir a porta, saltar lá para fora e correr e correr [...]. Mas depois dominei-me. Agir assim teria sido imprudente e irresponsável, já para não falar do perigo.

A prudência é a virtude que nos conduz a tomar decisões após a ponderação das suas consequências. As pessoas prudentes pensam cuidadosamente antes de agir, não se deixam tomar pelos impulsos do momento e encaram cada problema, desafio ou oportunidade a partir de diferentes perspetivas. A fronteira a partir da qual a prudência deixa de sê-lo pode ser, porém, ténue. Com a pandemia da covid-19, Jacinda Ardern fechou a Nova Zelândia para evitar a contaminação. A sua prudência foi elogiada, mas os críticos questionaram se Jacinda não teria exagerado e ido longe demais. Regressamos à essência do nosso argumento: a virtude está no meio.

Naturalmente, fazendo jus a um provérbio espanhol, «é mais fácil falar de touros do que estar na arena». Ou seja, é mais fácil apontar o dedo a Jacinda do que exercer as suas funções. Acresce que, após observar as consequências das decisões, é fácil criticá-las. É mais difícil tomá-las — porque as consequências dependem de numerosos fatores, alguns fora do controlo da pessoa que lidera. O que importa sublinhar é a necessidade de ser prudente no exercício de funções de liderança. A prudência é uma forma de sabedoria prática que envolve a consideração cuidadosa das consequências de longo prazo das ações tomadas e das não tomadas. Requer autocontrolo, capacidade para vencer impulsos — ou seja, uma forte dose de temperança.

Mas a prudência é também uma virtude paradoxal. Requer capacidade para assumir riscos. Sem essa capacidade, o que temos é inação, indecisão — não prudência. Paulo Pereira da Silva, como líder da Renova, afirmou numa entrevista:

> Se eu quiser ser prudente tenho de correr riscos e lançar muitas coisas, se não morro. A prudência não é imobilismo, nem quietismo. Para ser prudente tenho de inovar. Caso contrário, sou imprudente.

Os contextos em que esta paradoxalidade emerge de modo mais veemente talvez sejam aqueles em que operam as equipas de operações especiais. Estas equipas estão, por definição, incumbidas de missões arriscadas. Mas é precisamente por essa razão que precisam de ser prudentes. David Sluss expressou exemplarmente essa paradoxalidade num artigo em que fez a apologia da paciência das lideranças:

> Redefina o significado de velocidade. Os Navy SEALS são conhecidos pelo provérbio «O lento é suave, o suave é rápido». Estas equipas especiais de resposta rápida são, paradoxalmente, metódicas e pacientes no planeamento e na execução das suas missões urgentes. Aprenderam, ao longo de 60 anos de trabalho com situações críticas, que trabalhar com ritmo lento e suave reduz os erros [...] e, no final, acelera a missão. Em resumo,

aprenderam que os líderes não devem confundir a «velocidade operacional» (movimento rápido) com «velocidade estratégica [...]».

Esta distinção entre as duas velocidades é crucial noutras situações críticas. Durante a pandemia, foram muitas as vozes que se manifestaram em prol de decisões rápidas, em cima do acontecimento. Para mostrarem capacidade decisória e responderem a essas pressões, algumas lideranças tomaram decisões precipitadas que geraram efeitos perversos. Teria sido mais prudente que fossem pacientes, escutando a ciência e prestando atenção aos especialistas em diversas áreas — mesmo sabendo que poderiam ser criticadas. Afinal, a capacidade de lidar com a crítica é uma competência importante de quem lidera. Quem evita a crítica acaba por ser mais criticado.

A pandemia veiculou outra lição: convém ser prudente e admitir que outra crise qualquer, sanitária ou de outra natureza, possa surgir. Refletir, hoje, sobre os piores cenários e identificar respostas de contingência é a forma mais prudente de agir — antes que seja tarde. Naturalmente, as lideranças que o queiram fazer incorrem no risco de serem criticadas por serem excessivamente cautelosas, catastrofistas, pessimistas! É necessário, pois, ser paciente.

PRUDÊNCIA EM AÇÃO

A captura de Bin Laden foi um processo de enorme perigo. Quando foi tomada a decisão de avançar para o ataque, no Paquistão, não havia certeza sobre se aquele era realmente o edifício onde o terrorista vivia. No entanto, o processo decisório que desembocou no raide sobre o edifício de Abbottabad caracterizou-se pela prudência constante — e por uma enorme paciência estratégica. Um dia, John Brennan disse à equipa incumbida do processo:

> Estou cansado de ouvir que tudo o que vocês veem confirma a vossa opinião. O que precisamos é de procurar coisas que nos digam o que *não* está certo na nossa teoria. Portanto, o que é que não está certo acerca das vossas inferências?

Nem todos os processos decisórios são tão complexos e arriscados. Mas a relevância da prudência é transversal a numerosas decisões na vida pessoal e familiar, assim como na vida política e na empresarial. Os líderes da Toyota e da Southwest Airlines (SWA) denotaram prudência quando decidiram criar reservas financeiras que lhes permitissem lidar com contingências económicas negativas. Esta sabedoria ajuda a explicar, por exemplo, porque a SWA não despediu colaboradores (ao contrário das restantes companhias) na sequência da grave crise emergente do 11 de Setembro (veja, também, o Capítulo 16).

A prudência não se confunde com timidez ou aversão ao risco. Não é incompatível com audácia ou determinação. Abílio Gontijo, que foi fundador e líder da empresa Gontijo Transportes, uma empresa brasileira de transporte de passageiros, com milhares de viaturas, foi descrito pela revista *Transporte Moderno* como «um audacioso com prudência». Francisco de la Fuente Sánchez, como presidente do conselho de administração da EFACEC, escreveu no Relatório e Contas de 2008:

> [...] Entramos em 2009 com o mundo ainda mergulhado na profunda crise que estamos a viver. Não a podemos ignorar. Não vivemos isolados. Temos, portanto, de atuar com redobrada prudência, com grande atenção aos riscos, de toda a ordem, que podem perturbar a nossa atividade, mas também com redobrada determinação.

O Relatório de 2009 afinava pelo mesmo diapasão:

> Atuaremos com a maior prudência e procuraremos estar muito atentos aos riscos, de qualquer natureza, que possam afetar as nossas atividades.

Infelizmente, com o decurso do tempo, esta virtude ter-se-á transformado num bem mais escasso — o que ajuda a explicar as nuvens negras em que a empresa esteve depois envolta. Imprudência política e coletiva terá estado também na base das razões que conduziram Portugal a receber a terceira visita *indesejada* do FMI em três décadas. Igualmente imprudente foi o *affair* entre Harry Stonecipher, então CEO da Boeing, e Debra Peabody (sua subordinada, vice-presidente da empresa) — ele casado, ela divorciada. Tendo violado o código de conduta da empresa, Stonecipher foi forçado a resignar após o caso ter sido divulgado. Surgiram suspeitas, não confirmadas segundo algumas fontes, de que o *affair* teria resultado em benefícios indevidos para a subordinada. Stonecipher perdera legitimidade para requerer aos seus colaboradores o cumprimento do mesmo código. E os *estragos* foram claros. Independentemente da veracidade das suspeitas, o caso ilustra bem como «à mulher de César não basta parecer séria, é também necessário sê-lo!».

Jeff Swartz, então presidente e CEO da Timberland, revelou prudência quando teve de enfrentar 65 mil ativistas da Greenpeace que enviaram milhares de *e-mails* (junho de 2009) para a empresa protestando contra o alegado uso de couro provindo de animais de zonas desflorestadas da Amazónia. Swartz ficou exasperado porque a desflorestação já constava na lista de prioridades da Timberland. Ademais, apenas 7% do couro usado pela empresa provinha do Brasil. Embora irritado com os milhares de mensagens e o seu conteúdo, Swartz rapidamente compreendeu a necessidade de adotar uma conduta cautelosa, preservando a reputação e interesses da empresa, sem colidir com a Greenpeace. Da prudência emergiram frutos. Em finais de julho de 2009, a empresa emitiu um comunicado elogiando a Greenpeace por ter chamado a atenção para o problema. E a Greenpeace elogiou a empresa por ter assumido uma posição liderante na resolução do mesmo.

IMPRUDÊNCIAS DE MÁ MEMÓRIA

Compare-se a conduta de Swartz com a de Tony Hayward, ex-CEO da BP, quando lidou com a explosão da torre petrolífera Deepwater Horizon, no Golfo do México, em abril de 2010. À explosão seguiu-se uma enorme catástrofe ambiental, que afetou a fauna e a flora, a vida de milhares de pessoas e a economia das populações. Hayward negligenciou os riscos, subvalorizou a importância do acidente para a população afetada, cometeu várias gafes — e passou um fim de semana a participar numa regata, enquanto as consequências do acidente se espalhavam por uma área equivalente ao território do Luxemburgo. Apesar das suas reconhecidas qualidades, Tony Hayward foi forçado a demitir-se, enquanto a reputação e o desempenho da empresa foram severamente afetados. Alguns autores sugeriram que a imprudência pode ser uma mácula na cultura da BP. Consideraram que a empresa não aprendeu com uma longa lista de crises e acidentes na sua história, tendo-se comportado com arrogância.

Imprudência, acompanhada de práticas desonestas, foi também identificada no grupo de Rupert Murdoch, o magnata dos *media*. Empresas do grupo e diversos líderes foram apanhados num turbilhão de escândalos, há alguns anos, quando vieram à superfície as práticas do *News of the World*, designadamente, escutas ilegais, espionagem, chantagem e troca de favores com políticos. Murdoch foi descrito pelo *Expresso* como «um australiano que não olha a meios». A *coragem* de ir em frente pode, afinal, ser prova de imprudência.

Efeitos perversos de alguma imprudência foram igualmente sentidos pela já desaparecida Ensitel, em Portugal, em 2009–2010. A cadeia de lojas adotou uma atitude algo *presunçosa* (ou, pelo menos, pouco prudente) perante uma cliente que requereu a substituição de um telemóvel avariado. A recusa da substituição desembocou no tribunal arbitral, que deu razão à empresa. Todavia, a cliente contou o sucedido no seu blogue. Foi então alvo de um processo judicial por parte da Ensitel, que a intimava a apagar as referências feitas no blogue. A cliente denunciou a conduta da empresa no mesmo blogue, o que motivou uma avalanche de protestos nas redes sociais. Nova avalanche de manifestações de desagrado emergiu após a empresa ameaçar com novos processos judiciais à cliente, alegando que estava a ser alvo de uma campanha difamatória. Formaram-se movimentos nas redes sociais contra a empresa, tendo o *Expresso* referido que a empresa foi «enxovalhada nas redes sociais». A Ensitel acabou por pedir desculpas à cliente, anunciando a desistência de todos os processos e prometendo melhorias na relação com os clientes. Pode até supor-se que a Ensitel foi injustamente «crucificada na praça pública» — mas alguma prudência poderia, talvez, ter evitado o desfecho.

BENEFÍCIOS DA LIDERANÇA PRUDENTE

As lideranças prudentes temperam a ambição com realismo, a abertura de espírito com raciocínio apurado, a coragem com o autocontrolo, a persistência com a sabedoria. Escolhem objetivos com discernimento. São prudentes nos investimentos. Refletem sobre as consequências, positivas e negativas, para si e para os outros, das possíveis ações e decisões. Resistem às tentações de bons resultados imediatos que podem hipotecar os resultados de longo prazo. Adotam uma perspetiva flexível e moderada perante a vida. Prestam atenção à experiência adquirida, estão dispostos a aprender com os erros. São argutos. Combinam a intuição com pensamento analítico.

As lideranças prudentes são também reflexivas, cautelosas — embora pragmáticas. Não só «não matam o mensageiro da má notícia» como também buscam e acolhem pontos de vista diferentes que lhes permitam analisar devidamente as situações e tomar melhores decisões. Evitam fazer afirmações de que possam vir a arrepender-se. Num tempo em que as palavras e as condutas de quem lidera são amplamente escrutinadas pelos *media* e rapidamente se disseminam pelo espaço virtual das redes sociais, a prudência das lideranças é crucial — sob pena de afetarem negativamente a sua imagem e ferirem a reputação e o desempenho da organização. Considere-se o caso de Trump, cujo destempero culminou com, ou facilitou, a invasão do Capitólio. Trump é, aliás, uma espécie de epítome da imprudência e da desfaçatez. Vangloria-se da sua mente alegadamente genial para tomar decisões que os mortais mais comuns são incapazes de tomar!

As lideranças prudentes sabem que pode ser necessário assumir compromissos morais que permitam optar pelo «menor dos males». Sabem que uma *inverdade*, ou um silêncio calculado, podem ser justificáveis se as consequências da afirmação da verdade forem perversas. São capazes de julgar as particularidades de cada situação e de atuar/decidir em conformidade. Churchill, cujos serviços de inteligência anteciparam o ataque nazi ao navio australiano Sydney durante a II Guerra Mundial, não partilhou esta informação com a Austrália. Temeu que, se o fizesse, Hitler compreenderia que as comunicações de guerra alemãs estavam a ser intercetadas. E a vantagem sobre Hitler seria perdida. Foi criticado — mas também o teria sido se tivesse tomado outra decisão.

A prudência é especialmente importante no exercício de funções de liderança que disponham de grande «margem de manobra». É a prudência que permite fazer bom uso dessa liberdade decisória de que tais líderes gozam. Com líderes prudentes, as organizações não necessitam de criar excessivos controlos inibidores da liberdade de ação.

A prudência é também crucial para as lideranças tomarem e implementarem melhores decisões de mudança. Ajuda-as a lidarem mais eficazmente com crises organizacionais. Permite-lhes serem mais judiciosas nos investimentos, evitando aplicar recursos precipitadamente ou simplesmente ditados por impulsos de grandeza pessoal, vaidade ou poder. Protege-lhes a imagem e ajuda-as a preservarem a reputação da organização. Os membros da equipa liderada por uma pessoa prudente sentem-se mais seguros, ficam mais convictos de que *desastres* e fiascos não ocorrerão e dispõem-se a confiar na liderança e a empenhar-se no trabalho. Líderes prudentes prosseguem objetivos e articulam visões organizacionais mais credíveis — mobilizando assim os esforços dos colaboradores. Do mesmo modo, líderes imprudentes articulam objetivos e visões organizacionais *líricas*, pouco credíveis e, por conseguinte, sem poder mobilizador e motivador das vontades dos liderados.

ENTRE O INSOSSO E O SALGADO

A prudência representa o meio-termo entre dois extremos: a imprudência irresponsável *versus* a timidez e aversão a qualquer risco. Por conseguinte, tanto a escassez como o excesso de *sal* podem ser perniciosos. Prudência excessiva não é prudência — mas indecisão, inação, medo de agir. Charles Caleb Colton (1780–1832), escritor e clérigo inglês, terá afirmado que «nada é mais imprudente do que a prudência excessiva». Segundo o *Público*, o ex-membro do conselho executivo do Banco Central Europeu, José Manuel González-Páramo, afirmou à *Europa Press* que «é muito importante que os bancos evitem cair num estado de excessiva prudência», defendendo mesmo que «não é necessariamente melhor ser excessivamente conservador do que ser imprudente na concessão de empréstimos».

Prudência excessiva gera inação, incapacidade de correr riscos e cobardia. Lideranças excessivamente prudentes podem ficar manietadas pelo medo do fracasso, sobrestimando riscos e perdendo boas oportunidades de investimento. Absortas pelo receio de perda, ou por temerem prejuízos para a sua imagem, essas lideranças podem adiar irremediavelmente decisões. Podem recusar desafios importantes para as suas carreiras e para o desempenho da organização. Agarradas excessivamente a princípios, podem recusar compromissos morais, evitando assim a prossecução de valores superiores.

CASANDO A PRUDÊNCIA COM OUTRAS VIRTUDES

Para ser *verdadeiro* apanágio das lideranças empresariais, a prudência requer a companhia de outras virtudes, designadamente a predisposição para *cuidar* e o respeito pelas pessoas e entidades afetadas pelas decisões tomadas. As lideranças da farmacêutica Roche atuaram prudentemente e fizeram (quase) tudo o que eticamente se esperava que fizessem, quando foram detetados problemas no *Viracept*, um antirretroviral. Mas a falta de um pedido de desculpas, explícito e relevador de *zelo* pelos pacientes, levou muitos *stakeholders* a considerarem que a empresa ficou aquém do esperado — e imputaram-lhe (porventura injustamente) responsabilidades.

A prudência também requer amor pela aprendizagem. Esta virtude permite a quem lidera ser mais capaz de compreender a realidade que o circunda e de tomar as decisões *prudentemente* apropriadas. A coragem é igualmente importante para abandonar decisões imprudentes, embora o *excesso* de coragem possa conduzir a imprudências. O excesso de *paixão* também pode incapacitar os líderes para avaliarem realisticamente a situação, impelindo-os a decisões apaixonadas pouco prudentes. A humildade também releva, pois permite viver mais calmamente com a noção de que, como humanos, temos limitações, não somos capazes de prever o futuro e antecipar todas as consequências das nossas decisões e cabe-nos recorrer à sabedoria e ao conselho das outras pessoas. Naturalmente, a paciência é outra virtude com elevado valor estratégico para quem pretende ser prudente.

AUTOAVALIAÇÃO
Questionário de prudência

Perguntas que merecem resposta afirmativa	S/N
• Antes de tomar decisões importantes, peço conselhos ou escuto outros pontos de vista?	☐
• Procuro obter opiniões acerca das consequências das minhas decisões?	☐
• Procuro ser realista?	☐
• Pondero os prós e contras das decisões, tendo em atenção as potenciais consequências a longo prazo?	☐

• Gosto de escutar especialistas acerca dos cenários futuros?	☐
• Procuro reduzir as possibilidades de surpresas desagradáveis, embora isso não me impeça de agir?	☐
• Encaro com realismo e procuro compreender as resistências à mudança, mas não me deixo vencer por elas?	☐
• Sou determinado/a, mas paciente?	☐
• Sacrifico prazeres imediatos em prol de benefícios de longo prazo?	☐
• Sou ponderado/a na tomada de decisão, mas não fico paralisado/a para decidir e agir?	☐
• Gosto de compreender o contexto em que as coisas acontecem ou podem vir a acontecer?	☐
Perguntas que merecem resposta negativa	**S/N**
• Gosto de «cortar a direito», qualquer que seja a situação e independentemente das consequências?	☐
• Descuro eventuais surpresas desagradáveis que as minhas decisões possam gerar?	☐
• Desconfio sempre de quem resiste à mudança?	☐
• Sou impaciente e impulsivo/a?	☐
• Deixo-me conduzir pelas emoções e circunstâncias do momento?	☐
• Nem sempre penso sobre as consequências das minhas decisões?	☐
• O meu lema é: todas as ações são legítimas, desde que o seu autor não seja apanhado?	☐
• Sou impaciente? Não gosto de esperar?	☐
• Acredito muito que a sorte me protegerá das consequências das minhas ações arriscadas?	☐
• Frequentemente, faço afirmações de que me arrependo?	☐
Perguntas que também merecem resposta negativa	**S/N**
• Sou excessivamente cauteloso/a?	☐
• O medo de surpresas desagradáveis impede-me de agir?	☐
• Sou de tal modo ponderado/a que acabo por ficar paralisado/a na tomada de decisão?	☐
• Muitas das minhas decisões acabam por ser tomadas tardiamente, porque despendo demasiado tempo a pensar sobre as consequências das mesmas?	☐

CAPÍTULO 12

HONESTIDADE E INTEGRIDADE: ALICERCES DE OUTRAS ENERGIAS

PIAS DECLARAÇÕES OCULTANDO MÁS PRÁTICAS

O ENTÃO LÍDER DO BPN ESCREVEU, no relatório de sustentabilidade de 2007 do grupo, o seguinte: «O sistema de controlo interno da organização, alicerçado em atividades-chave como *compliance*, gestão do risco e auditoria, permite que adotemos processos eficientes que forneçam transparência e promovam a responsabilização das nossas operações.» Alegava-se no documento que a empresa se pautava por princípios de transparência, compromisso e responsabilidade. A distância entre estes valores propalados e as reais práticas da empresa era colossal, como depois se compreendeu. São sobejamente conhecidas as consequências perversas daí advenientes para a instituição, os seus acionistas, os seus clientes, o próprio líder e o país.

O que ocorreu com o BPP e o seu malogrado fundador, João Rendeiro, assim como a saga do BES e da sua liderança, também não deixa espaço para dúvidas sobre as possíveis consequências da desonestidade. O mesmo pode ser afirmado a propósito de Richard Fuld, o «gorila de Wall Street» que liderou o defunto Lehman Brothers e mencionámos na introdução deste livro. Estas lideranças parecem ter feito jus ao gracejo irónico de Groucho Marx: «Estes são os meus princípios. Se você não gosta deles, tenho outros.» Ricardo Salgado talvez tenha sido o alvo de uma das suas prédicas em defesa da amoralidade nos negócios:

> O sistema capitalista é amoral, tem de produzir resultados. As pessoas é que podem ser morais ou imorais, mas o sistema tem de ser amoral.

O escândalo ético-contabilístico-financeiro que conduziu ao desmoronamento da colossal Enron foi também antológico. A par das fraudes de Maddoff, do Barings, da Worldcom ou do nosso compatriota Alves dos Reis, o caso Enron ficará nos anais da História das maiores fraudes mundiais. Milhares de trabalhadores ficaram sem emprego e sem pensões, investidores ficaram sem dinheiro e consumidores ficaram temporariamente sem energia. Surpreendentemente (ou talvez não!), Kenneth Lay, o líder da empresa, professava valores de generosidade e integridade, sendo respeitado como pessoa honesta e preocupada com ações de filantropia e responsabilidade social da empresa. O código de ética da empresa era também perentório:

- Respeito: Tratamos os outros como gostaríamos de ser tratados. Não toleramos tratamento abusivo ou desrespeitador. A desumanidade, a insensibilidade e a arrogância não cabem aqui.
- Integridade: Trabalhamos com os nossos clientes, atuais e potenciais, de modo aberto, honesto e sincero. Quando dizemos que faremos algo, fá-lo-emos; quando dizemos que não poderemos fazer ou não o faremos, não o faremos.

A distância entre as pias declarações e as más práticas ditou a destruição da empresa. Os casos repetem-se em vários países, designadamente na vida política. Karl-Theodor zu Guttenberg era o ministro mais popular da coligação de centro-direita que governava a Alemanha. Surgia até à frente de Angela Merkel nos barómetros de simpatia dos políticos alemães. Era ainda a grande esperança do seu partido para suceder a Merkel na liderança do país, a médio ou longo prazo, mas veio a demitir-se na sequência de acusações de plágio na sua tese de doutoramento, que já haviam levado a Universidade de Bayreuth a retirar-lhe o grau de doutor em Direito.

Há anos, Rupert Murdoch esteve envolto num escândalo de escutas ilegais que levaria ao encerramento do *News of the World.* Conrad Black descreveu do seguinte modo o magnata australiano dos *media*, no *Financial Times*:

> Ainda que a sua personalidade seja geralmente bastante afável, o Sr. Murdoch não é leal a nada nem a ninguém, exceto à sua empresa. Tem dificuldade em manter os amigos; raramente cumpre a sua palavra por muito tempo; é um explorador do desconforto dos outros; e traiu todos os líderes políticos que alguma vez o ajudaram em diversos países, exceto Ronald Reagan e talvez Tony Blair. Todos os seus instintos são baixos; não é apenas um tabloide sensacionalista; é um fazedor de mitos malicioso, um assassino da dignidade dos outros e das instituições, tudo disfarçado de antielitismo.

Mário Conde, ex-presidente do Banesto, foi figura prestigiada durante anos. O jornal *El Mundo* escreveu que, nos primeiros anos da década de 1990, «todas as crianças queriam ser Mário Conde». Doutorado *honoris causa* pela Universidade Complutense de Madrid e figura notável (e notada!) em diversos fóruns, acabou sem honra, tendo sido condenado a prisão por apropriação indevida de dinheiro e falsificação de documentos.

Ainda em Espanha, o rei Juan Carlos, figura cimeira da democracia, foi enxovalhado pela descoberta de episódios menos nobres que definitivamente mancharam a sua marca. O poder tem um efeito corrosivo e Juan Carlos poderá ter sido vítima desses efeitos. É possível que tenha sido contaminado pelo fenómeno denominado «licença para prevaricar» — o sentimento de que, porque se fez trabalho meritório, se está isento das regras que se aplicam ao comum dos mortais.

Com Juan Carlos pode ter ocorrido o que tem afetado outras lideranças bem-sucedidas que depois caíram em desgraça: o desenvolvimento da soberba, ou húbris. Lideranças que ocupam o poder durante um longo período e são bem-sucedidas contraem sentimentos de invencibilidade. Ficam rodeadas por sicofantas. Vivem numa bolha de relacionamentos privilegiados. Perdem contacto com a realidade dos liderados e das pessoas comuns. Todos conhecemos lideranças que, após terem feito um bom trabalho e serem aclamadas, caem nas malhas da soberba e tornam-se maléficas. Celebrizadas pelos *media* e outros observadores, e idolatradas por quem as rodeia, estas lideranças deslumbram-se consigo próprias, desenvolvem excesso de autoconfiança e adquirem sentimentos de omnisciência e omnipotência. Passam a acreditar que estão dispensadas das regras aplicadas ao comum dos mortais. Perdem o autocontrolo, desinibem-se e deixam de ter os pés na terra.

RESISTIR *VERSUS* CAIR NA TENTAÇÃO DE QUE *TODA A GENTE FAZ ISSO*

Comparem-se agora os casos mencionados com a seguinte ocorrência relatada por Max De Pree, fundador e ex-CEO da Herman Miller, uma empresa americana do sector do mobiliário. Um dos vendedores da empresa estava a negociar com outra organização uma encomenda que rondava os 12 milhões de dólares. A determinado momento, o representante da outra empresa sugeriu que estaria disposto a realizar a compra se lhe coubesse uma *parte*. O vendedor retorquiu que a Herman Miller não procedia desse modo, ao que o interlocutor respondeu: «Toda a gente faz isto.» O vendedor insistiu: «Não, nós não fazemos.» O interlocutor ripostou: «Bem, vou falar com o seu chefe, e provavelmente perderá o seu lugar.» O vendedor retorquiu: «Oh, não! Apenas perderemos a encomenda.»

A empresa acabou por conseguir a encomenda. Mas o que mais releva no caso é o facto de o vendedor se sentir seguro para rejeitar uma oferta que poderia custar um elevado montante à Herman Miller. A política da empresa e a conduta do seu líder eram muito claras. O vendedor sabia que Max De Pree, o líder da empresa, apoiaria a sua conduta. Líderes íntegros enfrentam grandes dificuldades quando a possibilidade de obter lucros vultuosos para as suas empresas requer práticas eticamente questionáveis. Mas, a prazo, a reputação e a eficácia da empresa são recompensadas.

Diferentemente, muitas empresas e as suas lideranças deixam-se deslumbrar por enormes ganhos, descurando o modo como são alcançados: o que é desviante vai sendo progressivamente *normalizado*, ou seja, tornado aceitável. A empresa e os seus agentes adquirem o sentido de impunidade e, quando já estão acostumados ao lema de que *toda a gente faz isso*, eis que a prática é descoberta e a empresa é severamente punida na sua reputação e no seu desempenho.

A normalização do desvio ético é equiparável ao que ocorre com o condutor de um automóvel que, acostumado a violar o sinal vermelho, perde a noção do risco. Harvey Weinstein e Jeffrey Epstein, predadores sexuais, terão sido tomados por essa inebriação. Também a NASA foi vítima deste pecado que conduziu ao desastre do vaivém *Challenger*. A Volkswagen caiu na mesma armadilha. Acostumada aos bons resultados emergentes da fraude com o controlo de emissões poluentes, perdeu a noção dos riscos. O desvio transformou-se em norma. E o sucesso da empresa no mercado foi usado como atestado de validade da prática. A normalização do desvio era de tal envergadura que, aos primeiros avisos de que a fraude fora descoberta, a gravidade da situação foi subestimada. Também o escândalo da Raríssimas foi, provavelmente, a consequência da normalização do desvio. O drama adquiriu projeção mediática em 2017, mas o desvio já existia, na instituição, há anos.

A integridade é uma virtude que envolve honestidade e autenticidade. As lideranças íntegras comportam-se de acordo com as suas prédicas e os valores professados. Assumem as suas convicções morais, mesmo que estas não sejam populares. São transparentes e honestas na relação com os outros. Tendem a falar verdade. Não são hipócritas. Cumprem as promessas. Lideram pelo exemplo. Estão nos antípodas dos *psicopatas empresariais* que conduziram à crise financeira global e outras tragédias.

PORQUE A INTEGRIDADE DOS LÍDERES É IMPORTANTE

Uma liderança íntegra nutre a boa reputação da organização junto dos clientes, dos consumidores, dos credores, das autoridades e do público em geral. A integridade ajuda a pugnar pela prestação de serviços e produtos mais seguros e de qualidade mais elevada. A confiança assim alcançada fomenta a legitimidade da organização e pode facilitar a realização de negócios, o estabelecimento de parcerias, a conquista de *boa vontade* junto da comunidade e das autoridades, a atração de novos clientes e a lealdade dos atuais. A integridade conduz a recusar negócios com organizações cujos padrões éticos são baixos e a evitar subornos. A organização fica, pois, menos atreita a problemas judiciais e reputacionais.

Uma liderança íntegra também é alvo da confiança dos membros da equipa e da organização. A integridade ajuda quem lidera a zelar pela adoção de boas práticas de higiene e segurança no trabalho e de práticas de gestão de recursos humanos respeitadoras da igualdade de oportunidades, da dignidade dos indivíduos e da liberdade de expressão. Como resultado, os colaboradores identificam-se mais com quem os lidera e com a organização, empenham-se mais no trabalho, pronunciam-se mais favoravelmente acerca da organização, ausentam-se menos do trabalho, são mais leais à organização e são mais felizes e produtivos no trabalho. Os membros da equipa também ficam mais dispostos a fazer sacrifícios quando necessário e empenham-se mais no sucesso da organização. Também desenvolvem maior segurança psicológica. Como consequência, sentem-se mais livres para se exprimirem e participarem empenhada e genuinamente nas decisões e na vida organizacional. São mais criativos e inovadores, assumem os erros e ajudam os outros a evitá-los. A coesão, a cooperação e a interajuda no seio da equipa também aumentam, daqui decorrendo maior capital social/relacional e desempenho superior da equipa.

Paralelamente, lideranças desprovidas desta virtude podem fazer perigar a reputação da empresa e a relação desta com os diferentes *stakeholders*. Processos judiciais podem ocorrer, e o resultado líquido pode ser perverso para o desempenho e a sobrevivência da organização. Uma liderança desonesta também gera desconfiança e cinismo nos liderados, que assim se empenham menos no trabalho, são menos leais, ausentam-se mais e são menos produtivos. A segurança psicológica no seio da equipa decresce. Consequentemente, os membros da equipa ou da organização inibem-se de se expressar livremente, são menos criativos e inovadores, não assumem os erros e participam menos nas decisões e na vida organizacional. O resultado líquido é a saída de colaboradores talentosos e honestos, assim como o declínio do desempenho organizacional. O processo pode conduzir à *great resignation* — o afastamento voluntário de milhares de pessoas das suas organizações.

A INTEGRIDADE É CONTAGIANTE — E A SUA FALTA TAMBÉM

Acrescente-se que o nível de integridade das lideranças tende a repercutir-se na integridade dos liderados e da empresa como um todo. As razões são diversas. Primeira: colaboradores honestos tendem a afastar-se de lideranças desonestas, buscando outras organizações. Com o decurso do tempo, a pessoa que lidera pode acabar rodeada de pessoas menos íntegras. A situação é agravada pelo facto de as saídas voluntárias serem sempre mais frequentes entre colaboradores talentosos! Segunda razão: lideranças honestas tendem a ser mais atentas ao nível de honestidade dos colaboradores, promovendo mais facilmente os honestos. Naturalmente, líderes desonestos não terão por hábito promover pessoas cuja honestidade pode ser *problemática* para eles próprios.

A terceira razão assenta no processo de «modelação de papéis», a expressão académica para o que comummente se designa como «liderança pelo exemplo» — as pessoas tendem a reproduzir os comportamentos que observam nas suas lideranças, tanto consciente quanto inconscientemente. Se a pessoa que lidera é honesta, é mais provável que os liderados atuem honestamente. Simetricamente, as pessoas podem adotar comportamentos eticamente questionáveis por se sentirem pressionadas para tal e/ou por razões de *sobrevivência* e comodidade. Algumas pessoas também se sentem seguras para adotar ações de duvidosa honestidade quando observam ações idênticas nos seus líderes. Todavia, este pode ser um equívoco de consequências desastrosas. Imagine o leitor, ou a leitora, que o seu líder é desonesto. Suponha que ele lhe propõe a adoção de uma ação desonesta, prometendo-lhe *cobertura* e proteção no caso de a ação ser denunciada. Poderá o leitor, ou a leitora, confiar na palavra de alguém desonesto?

VENCENDO MÁS TEORIAS QUE PUGNAM PELA ÉTICA DO PÓQUER

A integridade é, tal como outras, uma virtude difícil, especialmente no meio económico e empresarial — no qual o nível das práticas éticas é, segundo alguns estudos, inferior ao ocorrido noutros contextos. Há também quem considere que a ética dos negócios corresponde à ética do póquer. Advogam estes paladinos do *jogo* que, desde que a lei seja cumprida e a busca do lucro seja prosseguida com eficácia, a mentira é aceitável e até desejável.

É um facto que muitas lideranças desonestas vencem na vida — e escapam ao escrutínio da justiça ou à reprovação social. Quanto mais bem-sucedidas são, e quanto mais escapam por entre os pingos da chuva de críticas mediáticas e de processos judiciais, maior reverência conquistam. Quando escrevíamos estas linhas, Trump continuava a pavonear as suas mentiras e diabruras — sem consequências negativas substantivas para a sua popularidade. Michael Milken, que ganhou desonestamente «pipas de massa» com as *junk bonds* e foi sentenciado a dez anos de prisão (cumpriu apenas dois e veio a ser perdoado pela clemência de Trump), transformou-se num filantropo reputado, respeitado e reverenciado.

Todavia, este tipo de argumentos que subestima os perigos da desonestidade tem vindo a ser contrariado, tanto pela teoria como por diversa realidade empírica. Sumantra Ghoshal (1948–2004), um mundialmente reconhecido académico e considerado um guru da gestão, afirmou que as escolas de gestão têm responsabilidade pela ocorrência dos escândalos éticos que têm assolado o mundo empresarial nos últimos anos. Considerou que têm sido propaladas más teorias, as quais têm destruído boas práticas de gestão. Bill George, professor em Harvard e ex-CEO bem-sucedido da Medtronic (a maior fabricante mundial de instrumentos biomédicos como *pacemakers* e desfibriladores), também argumentou:

> Obrigado Enron e Arthur Andersen. A profundidade da vossa má conduta chocou o mundo e despertou-nos para a realidade de que o mundo dos negócios estava no mau caminho, venerando os ídolos errados e caminhando para a autodestruição.

As vicissitudes vividas por figuras como Ricardo Salgado, José Sócrates, João Rendeiro e, na cena internacional, Carlos Ghosn (Nissan) e Elizabeth Holmes (Theranos) também sugerem que a desonestidade e a ganância nem sempre são bons investimentos rentáveis.

GERIR ORGANIZAÇÕES É MAIS DIFÍCIL DO QUE ENSINAR ÉTICA

Praticar a integridade é, todavia, um empreendimento exigente que requer ponderação, prudência e coragem. Os dilemas éticos com que se confrontam as lideranças podem requerer compromissos morais que, à primeira vista, são eticamente questionáveis aos olhos do observador mais incauto e/ou mais purista. Gerir organizações é mais difícil do que ensinar ética! A gestão requer a capacidade para ponderar vários interesses/valores em jogo, enfrentar dilemas diversos e optar pelo «mal menor».

O ocorrido com a Google na China ajuda a ilustrar a complexidade da matéria. Em janeiro de 2006, a empresa concordou em censurar o seu motor de busca na China, de modo a obter autorização do governo para operar nesse mercado. Como consequência, foi acusada de facilitar ou contribuir para a violação dos direitos humanos no país. Reconheça-se, porém, que a empresa foi confrontada com a necessidade de procurar o «menor dos males». Se abandonasse a China, prejudicaria o investimento dos acionistas e enfrentaria problemas de desempenho. Não possibilitaria emprego a muitos chineses. Não impediria a censura que os seus concorrentes decidiram aceitar, pelo que não ajudaria a mitigar as restrições à liberdade de expressão. Se tivesse recusado a autocensura, a empresa colocaria os empregados locais em perigo. Diferentemente, ao decidir manter-se no país, a Google pôde proporcionar ao povo chinês informação (*e.g.*, sobre a SIDA, os problemas ambientais, a gripe das aves) que, de outro modo, não lhe seria facultada. Acresce que a empresa adotou mecanismos para minorar o problema (*e.g.*, disponibilizando avisos aos utilizadores de que as páginas consultadas estavam a ser censuradas).

Naturalmente, os compromissos morais não são a panaceia para lidar com dilemas éticos. O seu efeito pode, aliás, ser efémero. Por exemplo, o compromisso moral adotado pela Google não evitou que, em finais de 2009, a empresa tivesse sido alvo de ataques à sua rede, levando-a depois a abandonar as operações no país. A conduta da empresa viria a ser novamente alvo de violentas críticas, e de forte oposição ativista dos seus empregados, quando uma investigação deu conta de que estava em curso a participação num protótipo secreto de um motor de busca chinês censurado: o projeto Dragonfly. Os prejuízos reputacionais e as fortes pressões sociais e políticas conduziram a empresa a suspender a participação no projeto. Eis a merecida questão: ter-se-á a Google socorrido de alegados argumentos morais para justificar ambições lucrativas e de mercado?

O que se pretende aqui sublinhar é que a integridade das empresas e das suas lideranças pode ser posta à prova quando é necessário ponderar valores diversos e escolher o «menor dos males». Pregar a integridade *pura*, como alguns académicos fazem, é mais fácil do que praticar a integridade em situações reais complexas. Seguir idealisticamente princípios descurando as suas implicações práticas pode não ser o modo mais apropriado de zelar por valores e princípios ainda mais relevantes. É por esta razão que a integridade de quem lidera necessita da parceria de outras virtudes como a coragem, a sabedoria, a humanidade e a perseverança.

AS IMPUREZAS DA PUREZA

Naturalmente, a integridade nunca é excessiva. Mas o idealismo imprudente pode ser perverso. Por exemplo, afirmar a verdade independentemente das consequências nefastas que daí advêm pode não ser o melhor modo de atuar. A *pureza* e o idealismo colocados na defesa de um valor importante podem prejudicar a prossecução de outros valores ainda mais importantes. Por exemplo, uma liderança zelosa pelo cumprimento da lei não pode ignorar as consequências que daí podem advir para a preservação da vida de outras pessoas — sobretudo quando a lei é iníqua ou desequilibrada. Suponha o leitor, ou a leitora, que lidera uma empresa que opera num país em que a lei exige que o furto de uma bicicleta seja comunicado à polícia. Como procederia se soubesse que o autor do furto seria condenado à morte?

O exposto ajuda a compreender como o *excesso* de integridade pode conduzir a decisões que, embora *puras*, podem ser impraticáveis e mesmo indesejáveis do ponto de vista ético. Pensemos em empresas que desinvestem num país violador dos direitos humanos. Não criarão problemas (ainda maiores) às pessoas que alegadamente pretendem proteger? O que conduz essas empresas a tal decisão — um genuíno interesse na proteção dos direitos humanos ou a proteção da sua imagem empresarial?

O leitor, ou a leitora, mantém ceticismo sobre a importância da integridade das lideranças e das suas organizações? Está entre quem pensa que, para se ser líder eficaz (inclusive na vida política), é preciso ser *esperto* como os outros e não cair em *ilusões ingénuas*? Pense então: quantas lideranças viram o seu prestígio abalado, a sua liberdade cerceada e a reputação da empresa danificada, por razões de desonestidade? Em quem mais confia: numa liderança honesta ou numa desonesta? Para qual estaria disposto/a a sacrificar-se e empenhar-se no trabalho? A qual dessas lideranças seria mais leal? Quem selecionaria para gerir o seu património pessoal e familiar?

Duas últimas notas. Primeira: a reputação de pessoa honesta demora anos a construir, mas a sua destruição pode ocorrer num ápice. Segunda: «à mulher de César, não basta ser séria, é também preciso parecê-lo». Seja, pois, cauteloso/a — não seja apenas honesto/a; pareça-o também. Evite «colocar-se a jeito»! Seja prudente.

AUTOAVALIAÇÃO
Questionário de integridade

Perguntas que merecem resposta afirmativa	S/N
• As minhas ações são consistentes com os meus valores e convicções?	☐
• Cumpro as promessas?	☐
• Por regra, falo verdade?	☐
• Tomo decisões baseado/a em elevados padrões éticos?	☐
• Assumo os erros que cometo?	☐
• Por regra, mostro o que sinto?	☐
• Estimulo os meus colaboradores a atuarem de modo ético?	☐
• Procuro ter um comportamento exemplar?	☐
• Assumo as minhas convicções morais, mesmo que sejam impopulares?	☐
• Bato-me por aquilo que é correto fazer-se?	☐
• Faço questão de que a minha equipa atue com honestidade?	☐

Perguntas que merecem resposta negativa	S/N
• Evito falar verdade se isso me prejudicar?	☐
• Dissimulo as minhas convicções para poder alcançar os meus objetivos?	☐
• Frequentemente, evito mostrar o que sinto?	☐
• Um dos meus lemas como líder é «faz o que eu digo, não faças o que eu faço»?	☐
• Frequentemente, digo uma coisa, mas faço outra?	☐
• Exijo aos meus colaboradores que cumpram regras e princípios que eu próprio/a não cumpro?	☐
• Distorço deliberadamente o que as outras pessoas me dizem?	☐
• As pessoas consideram-me hipócrita?	☐
Perguntas que também merecem resposta negativa	**S/N**
• Digo sempre a verdade, independentemente das consequências?	☐
• O meu idealismo conduz-me a tomar decisões com consequências perversas?	☐
• Quando tomo decisões, preocupo-me em seguir bons princípios, independentemente das consequências?	☐
• Persisto no cumprimento de uma promessa mesmo que os efeitos sejam mais perversos do que se deixasse de cumpri-la?	☐
• Mostro sempre o que sinto, mesmo que isso seja inconveniente para o bom funcionamento da equipa?	☐

CAPÍTULO 13

TEMPERANÇA: UM ANTÍDOTO PARA O VENENO DO PODER

O PODER É AFRODISÍACO?

O QUE TÊM EM COMUM Dominique Strauss-Kahn, Bill Clinton, Gary Hart, Daniel Ortega, Jacob Zuma, Arnold Schwarzenegger, John Edwards, Jesse Jackson e Silvio Berlusconi? Todos exerceram, exercem ou foram candidatos a funções de liderança política e foram acusados de ímpetos sexuais menos apropriados, tendo assim causado danos às suas vidas pessoais e familiares, às suas carreiras políticas, às instituições que lideravam ou às causas que abraçavam. Estes não são casos isolados, sendo amplo o leque de figuras políticas, empresariais, sociais e mediáticas que «caíram em desgraça» devido a escândalos sexuais. «O poder é afrodisíaco», terá afirmado Henry Kissinger, o antigo todo-poderoso secretário de Estado (equivalente a ministro dos Negócios Estrangeiros) dos EUA. Cacilda Jethá, coautora de *Sex at Dawn: The Prehistoric Origins of Modern Sexuality*, afirmou jocosamente numa entrevista que, dada a aparência de Kissinger, é muito provável que a sua (dele) afirmação seja verdadeira!

A intemperança não se resume à busca de satisfação de apetites sexuais *ilícitos*, por vezes prosseguidos de forma violenta e criminosa. Luiz Filipe Scolari deu mostras de alguma intemperança emocional quando, em 2008, agrediu Dragutinovic, jogador da equipa nacional sérvia, após um desafio com a seleção portuguesa. O ato criou prejuízos à imagem do próprio líder, fê-lo perder legitimidade para requerer contenção aos seus jogadores e causou dificuldades à gestão da equipa nacional. O desejo de ver todas as ordens e caprichos cumpridos, por absurdos ou destemperados que sejam, a tentação de levar a cabo projetos megalómanos ou a procura constante das luzes da ribalta são também manifestações (por vezes ainda mais perigosas) da intemperança. Na parte final deste capítulo aprofundamos a matéria.

O PODER ENVENENA?

As razões pelas quais as lideranças poderosas se envolvem em condutas e escândalos desta natureza são complexas, mas podem ser sumariadas num círculo vicioso que transforma o poder em *veneno*:

- Por um lado, o exercício de funções de liderança requer elevados níveis de estamina, força, tenacidade e resiliência («dos fracos não reza a história»). Consequentemente, estes lugares tendem a ser conquistados e ocupados por pessoas com forte necessidade de poder e influência, capazes de enfrentar obstáculos e adversários para alcançar objetivos, sejam estes altruístas ou egoístas.
- Por outro, o exercício do poder contribui para gerar excesso de autoconfiança e transformar-se em *veneno*: habituadas a obterem assentimento aos seus desejos e pouco acostumadas a escutarem um *não*, as pessoas que lideram desenvolvem apetites cuja satisfação lhes parece *merecida* ou adquirida. Com o decurso do tempo, perdem autocontrolo e capacidade para ver o mundo a partir da perspetiva dos outros. Perdem também a paciência e a compostura, sobrevalorizando os seus desejos e ímpetos e subvalorizando os dos outros.

Uma virtude pode, todavia, inibi-los da procura da satisfação impetuosa dos seus desejos: a temperança. Em sentido lato, a temperança envolve a prudência, a humildade, o perdão e a autorregulação (também denominada autocontrolo ou autodisciplina). Em sentido estrito, envolve apenas a autorregulação ou autocontrolo, e é esse sentido que, em medida considerável, desenvolvemos neste capítulo.

O MÚSCULO DA TEMPERANÇA E AS SUAS CONSEQUÊNCIAS

A temperança, assim considerada, é a capacidade de exercer autocontrolo que permite evitar e resistir a tentações que podem conduzir a comportamentos hedonísticos excessivos. As pessoas detentoras desta virtude são capazes de adiar a gratificação pessoal e inibir-se de ações que podem fazer perigar a reputação, o bem-estar e a prosperidade — tanto delas próprias como das suas famílias, organizações e nações. Não se deixam embriagar pelas emoções do momento. São moralmente disciplinadas. Evitam ações que podem surtir efeitos perversos no longo prazo, mesmo que possam ser prazerosas no imediato.

As pessoas caracterizadas por doses apropriadas de temperança tendem a obter melhores desempenhos no trabalho. Tal resulta do facto de serem mais conscienciosas no exercício da função, de procrastinarem menos e usarem mais devidamente o tempo e de evitarem pensamentos e ações que possam afastá-las das tarefas essenciais. As pessoas devidamente temperadas também adotam menos comportamentos de risco relacionados com maus hábitos alimentares e com o consumo de drogas ilegais e álcool. São menos revanchistas. São psicologicamente mais saudáveis, desenvolvem relacionamentos interpessoais mais positivos e têm vidas familiares/sentimentais mais estáveis. São mais cooperativas no trabalho e contribuem mais para a harmonia interpessoal. São melhores gestoras do dinheiro, mais honestas e menos propensas a comportamentos delinquentes.

A IMPORTÂNCIA DA TEMPERANÇA DOS/AS LÍDERES NUM MUNDO MEDIATIZADO

A temperança é crucial para o desempenho responsável das lideranças e para a reputação das organizações. Donald Keough, ex-CEO da Coca-Cola Company, sugeriu que esta virtude é especialmente relevante nos líderes contemporâneos, dado o escrutínio a que são ampla e continuamente submetidos. Também Barbara Kellerman, da Universidade de Harvard, argumentou:

> Dado que vivemos num tempo em que as lideranças de topo são combustível para as fábricas mediáticas, os riscos [da intemperança] são muito maiores do que eram outrora.

Atente-se, a este propósito, no escândalo ocorrido com uma filial da seguradora alemã Munich Re. O caso foi amplamente divulgado em meios de comunicação social nacionais e internacionais, tendo sido assim relatado pelo jornal *Público*:

> A seguradora alemã Munich Re admitiu que alguns elementos da direção de uma filial da empresa, o Grupo Ergo, organizaram uma festa na capital húngara com 20 prostitutas, em junho de 2007, com o objetivo de festejarem os bons resultados da seguradora. A festa ocorreu nos famosos banhos Gellert, em Budapeste, e foi organizada por elementos do Grupo Ergo (que à data se chamava Mannheimer Versicherungs AG) para premiar os seus cem melhores vendedores. No evento estiveram cerca de 20 prostitutas, algumas das quais usavam pulseiras distintivas, assinalando as que estavam reservadas para as chefias. A notícia [...] foi recebida com indignação pela direção da empresa, que frisa que esta festa de 2007 foi levada a cabo em «clara violação» da política interna da Munich Re, indicou um porta-voz da empresa, Alexander Becker. A seguradora frisou ainda que o diretor da filial que organizou o evento já não está no grupo.

Apesar de a prostituição ser prática legal na Hungria e na Alemanha, a divulgação do caso causou prejuízos à reputação da empresa e implicou diversas perdas para os líderes envolvidos. Doses superiores autocontrolo e prudência teriam evitado tais danos.

EFEITOS DA LIDERANÇA TEMPERADA

A temperança é uma virtude crucial para líderes que pretendem tornar as suas organizações mais produtivas e geradoras de progresso económico-social. As lideranças temperadas não se deslumbram com as luzes da ribalta, antes adotam uma postura discreta e *recatada*, mantendo-se focalizadas no florescimento das suas organizações, que entendem segundo uma filosofia humanista e não apenas gestionária. Foi o *recato* de Lou Gerstner que, em certa medida, o ajudou a recuperar a IBM. Ao contrário, um certo deslumbramento mediático de Carly Fiorina pode ajudar a explicar o seu insucesso na liderança dos destinos da HP. O mesmo pode ser afirmado acerca de Paula Brito e Costa, a fundadora da Raríssimas que, tendo realizado obra de grande mérito, terá sucumbido ao pecado da soberba.

Lideranças temperadas evitam decisões megalómanas com impacto negativo sobre o desempenho da organização. São comedidas na aquisição de outras organizações, evitando pagar preços exorbitantes por *presas* empresariais que se destinam a afirmar mediaticamente o seu orgulho pessoal. Respeitam os interesses dos vários *stakeholders*, incluindo dos detentores de menor poder, assim melhorando a respeitabilidade, a legitimidade e a reputação das suas organizações. Evitam hábitos de consumo marcados pela ostentação e pela extravagância que, quando praticados, alienam os membros da organização e outros *stakeholders*. Esta contenção é especialmente relevante quando as suas empresas atuam em países desfavorecidos, com padrões de consumo frugais e práticas culturais idiossincráticas.

As lideranças detentoras desta virtude são também mais justas e respeitadoras dos membros da equipa, suscitando assim níveis de confiança mais elevados. Também são mais comedidas nas remunerações e outras benesses que se atribuem, fomentando o empenhamento dos liderados e outros *stakeholders*. Desse modo, essas lideranças ficam mais capacitadas para solicitar sacrifícios aos membros da organização, designadamente em momentos críticos.

Enquanto alguns executivos e executivas exigem viajar em jatos privados, outros não só prescindem dessa benesse como a rejeitam. Foi o caso de Shivan Subramaniam, enquanto CEO da FM Global. Subramaniam afirmou que a benesse seria dispendiosa e transmitiria uma mensagem errada. Camilo Lourenço, num texto publicado no *Jornal de Negócios*, deu nota de conduta do mesmo teor a propósito de um banqueiro português:

> Um banqueiro disse-me um dia que o seu banco contratara «xis» horas de voo a uma empresa de jatos executivos. Como o banco raramente esgotava essas horas, a empresa sugeriu que utilizasse o avião para ir de férias. «Nunca o fiz. Mesmo sabendo que não custava mais à empresa», confessou. «Porquê?», perguntei. «Como é que depois tinha moral para cortar postos de trabalho?».

Lars Sorenson, escolhido pela *Harvard Business Review* como «CEO do ano», em 2015, quando liderava a multinacional farmacêutica Novo Nordisk, foi indagado sobre se era mais fácil liderar quando a diferença salarial entre o CEO e os trabalhadores é menor. Respondeu o seguinte:

> Sim. Há também outras coisas que afastam os executivos dos empregados, como o facto de os executivos usarem jatos privados. Na Novo Nordisk, não os temos [...]. Eles transmitem a mensagem aos subordinados de que o meu tempo é mais valioso do que o deles. Pode argumentar-se isso, de alguma maneira. Mas, filosoficamente, coloca uma brecha entre nós. Não gosto disso.

OS RISCOS DA LIDERANÇA INTEMPERADA

Simetricamente, lideranças intemperadas e impulsivas tomam decisões megalómanas. Desrespeitam os seus interlocutores. Atribuem-se privilégios desmesurados que prejudicam as organizações. Adotam condutas eticamente questionáveis que causam danos à reputação das organizações e podem, mesmo, levar a processos judiciais incriminatórios. Alienam os seus colaboradores. Estas lideranças acabam por suscitar ressentimentos em outros interlocutores que, por vezes, as impelem a atos de retaliação perversos contra essas pessoas. Podem, em suma, fazer perigar a sobrevivência da organização.

Foi com intemperança (além de outros vícios) que Al Dunlap destruiu a Sunbeam. Conhecido como *motosserra* (e também como *serial killer*), devido à forma desumana e intemperada como atuava, fez alarde do seu lema:

> Você não está nos negócios para ser simpático. Eu também não. Estamos aqui para sermos bem-sucedidos. Se quer um amigo, compre um cão. Eu não perco oportunidades — comprei dois.

Com esta *inspiração canina*, destruiu o moral da empresa e conduziu-a à bancarrota, não sem antes se presentear com benesses consideráveis. Foi escorraçado pelos pares. Não foi ao funeral dos pais. A sua irmã afirmou que a sua queda foi bem merecida.

SAIR ANTES QUE A FESTA ACABE

A temperança pode ser de grande valia para que uma liderança desenvolva o devido desapego ao poder e compreenda quando é chegado o momento oportuno para abandonar a cadeira. O poder é viciante. Abandoná-lo e perder as benesses subjacentes é fonte de sofrimento, podendo gerar maleitas na saúde física e psicológica da pessoa que lidera e afetar a sua vida pessoal e familiar. Nick Binkley, ex-membro do conselho de administração do Bank of America, sofreu problemas de saúde, dificuldades em dormir e alguns transtornos no seu matrimónio após sair da empresa.

As dificuldades geradas pela privação do poder explicam, pelo menos parcialmente, porque algumas lideranças poderosas e famosas continuam ligadas às suas empresas e procuram permanecer sob as «luzes da ribalta» após abandonarem a posição de liderança formal. É por isso que importa *sair antes que a festa acabe*. A revista *The Economist*, num texto sobre as idiossincrasias e vantagens do poder, afirmou o seguinte:

> A chave para manter o poder é compreender os seus efeitos corruptivos. Os indivíduos poderosos necessitam de cultivar uma combinação de paranoia e humildade — a paranoia acerca de como as outras pessoas os querem afastar e a humildade acerca da sua própria substituibilidade. Também necessitam de saber quando devem abandonar o lugar. As pessoas que não sabem quando abandonar uma organização rebentam e queimam-se. As pessoas que saltam do lugar antes de serem empurradas têm uma boa possibilidade de pular ainda para outro trono afrodisíaco.

HÚBRIS: UM *COCKTAIL* PERIGOSO[4]

A temperança, particularmente a humildade, é um antídoto crucial contra a húbris, ou soberba — esta doença do poder a que temos vindo a aludir. A maleita é um *cocktail* potencialmente perigoso de hiper-autoconfiança, excesso de ambição, arrogância e insolência. O que

[4] Secção adaptada de um artigo publicado na revista *Líder*. Estamos gratos a Catarina Barosa por ter autorizado a inclusão do texto neste livro.

ocorre quando as lideranças contraem a doença? Eis o que escreveram Zachary Feder e Khatera Sahibzada, na *Entrepreneur*:

> O ex-CEO da Enron, Jeff Skilling, o rei das *junk bonds* e criminoso de colarinho branco, Michael Milken, e o líder do American International Group (AIG), Joe Cassano, todos foram executivos celebrados, nas publicações de negócios, como se a sua extrema autoconfiança fosse um indicador claro de capacidades paranormais, de inteligência superior, de visão estratégica infalível, e de competências oratórias mágicas. Porém, a todos estes líderes foi imputada a causa do colapso das suas organizações.

Estes casos, entre outros «donos-disto-tudo», ajudam a compreender porque a húbris, podendo destruir instituições, era considerada crime na Atenas clássica. A maleita não afeta apenas homens. Margaret Thatcher, ao leme do governo da Inglaterra, ou Carrie Tolstedt, na liderança da Wells Fargo, são outros epítomes do mesmo envenenamento — matéria que exploramos no livro *Liderança: Humildade e Soberba*. A soberba é destrutiva porque conduz a decisões excessivamente arriscadas, por vezes megalómanas. Impede as lideranças de arrepiarem caminho quando um projeto fracassa ou se mostra inviável. Condu-las a sentimentos de grandiosidade e impunidade. Torna-as abrasivas perante as pessoas que delas discordam. Impede-as de escutarem opiniões diferentes das suas e de procurarem conselhos. As lideranças soberbas vivem num mundo de fantasia alimentado por duas fontes. Por um lado, os liderados mais corajosos e leais aprendem que é perigoso transmitir a má notícia à chefia. Por outro, os bajuladores dizem à chefia o que esta deseja ouvir. Com o decurso do tempo, ninguém diz ao rei, ou à rainha, que estão nus.

Carlos Ghosn, que escapou à justiça japonesa por meios rocambolescos, ilustra os perigos da maleita. Passou de herói a vilão. O poder, o sucesso e a bajulação colocaram-no numa bolha que ele não se deu conta de que estava a rebentar. Richard Fuld, o ex-líder do defunto Lehman Brothers, foi assim descrito por Lawrence McDonald, ex-vice-presidente do banco:

> O seu motorista telefonava para a receção, a receção acionava um botão, e um dos elevadores do lado este do edifício ficava cativo. Um segurança chegava e guardava o elevador até que Fuld chegasse pela porta traseira.

> Fuld chegava [...] havendo apenas um percurso de cinco metros durante o qual o rei Fuld era exposto à ralé [...]. No Lehman Bothers, ou se baixava a cabeça e se mantinha o emprego, ou se perdia ambos.

Frank Partnoy indagou no *Financial Times*: «Será húbris o nome de Richard Fuld?». Segundo o texto, o temperamental Fuld ascendera ao topo do Lehman Brothers através da luta pelo poder e do exercício intimidatório do mesmo. Banqueteara-se com faustosa compensação e, com o decurso do tempo, perdera contacto com os empregados, os clientes e a missão da instituição. Ignorara sinais de perigo dos produtos financeiros derivados. Descartou-se das suas responsabilidades pela tragédia e apontou o dedo a outras pessoas. Em plena crise, proclamou enfaticamente que o pior já teria passado. Numa reunião anual de bancos, acusou os *short sellers* de serem responsáveis pelo declínio da cotação do banco e prometeu vingança.

A doença pode atacar todos os que exercem poder, inclusive os mais insuspeitos. Thomas Jefferson, 3.º Presidente dos EUA, principal autor da declaração de independência do país e um dos seus principais pais fundadores, escreveu, em 1887, antes de ter sido eleito Presidente: «Se tivesse de decidir entre um governo sem jornais ou jornais sem governo, não hesitaria em escolher jornais sem governo.» Todavia, quando foi criticado pela imprensa, Jefferson usou o seu poder para censurá-la e perseguir os críticos. Durante e após o seu mandato, disse «cobras e lagartos» dos jornais.

Naturalmente, os casos descritos não se equivalem. Mas dão conta de como o poder muda a cabeça de quem o exerce. O espaço luso não é imune ao fenómeno. Três lições principais podem ser extraídas. Primeira: as lideranças devem rodear-se de quem lhes diz a verdade, acolher as críticas, desconfiar dos consensos, submeter-se a um sistema de pesos e contrapesos e manter contacto com a realidade das pessoas simples. Segunda: o poder exercido durante um longo perúodo, com bons resultados, facilita a contração da doença. As pessoas tornam-se hiperconfiantes e desenvolvem o sentimento de invencibilidade. Convém, pois, abandonar a cadeira quando se está na mó de cima e antes que a maleita surja. Terceira: aos liderados (e aos cidadãos em geral) cabe desenvolver a coragem para transmitir a verdade ao poder. A boa liderança edifica-se com atuações responsáveis de líderes e liderados.

MA NON TROPPO...

Fazendo jus ao princípio da *média dourada* («a virtude está no meio»), não é apenas a escassez de temperança que conduz a efeitos perversos. Também o excesso pode ser pernicioso. Uma liderança excessivamente autorregulada pode tornar-se demasiadamente rígida na tomada de decisão e incapaz de aproveitar as coisas boas que a vida oferece. Pode adotar comportamentos de autossacrifício excessivos. Uma tal postura inflexível pode baixar os seus níveis de bem-estar e dificultar o desenvolvimento de relacionamentos interpessoais positivos e gratificantes. O excesso de temperança pode também tornar a pessoa excessivamente exigente com os membros da equipa (e outros interlocutores), requerendo-lhes sacrifícios indevidos ou insuportáveis. No plano emocional, a rigidez pode gerar incapacidade de expressar devidamente emoções e suscitar perdas de autenticidade — com prejuízo para a relação com os outros. Pode, também, tornar a pessoa hipercautelosa e incapaz de arriscar ou inovar. É por essa razão que alguns estudos sugerem que, paradoxalmente, a liderança requer humildade e narcisismo, contenção e arrojo, prudência e capacidade de arriscar.

AUTOAVALIAÇÃO
Questionário de temperança

Perguntas que merecem resposta afirmativa	S/N
• Centro-me no que é essencial para o sucesso da organização, não me deixando deslumbrar com as «luzes da ribalta»?	
• Evito gastos sumptuosos?	
• Sou comedido/a e razoável quando expresso emoções negativas?	
• Sou capaz de evitar a satisfação de apetites ilícitos?	
• As pessoas consideram-me uma pessoa equilibrada?	
• Quem me conhece sabe que não sou uma pessoa de excessos?	
• Evito fazer coisas que sei que não devem ser feitas?	

• Quando tomo decisões, tenho em conta os efeitos de curto e de longo prazo?	☐
• Quanto tomo decisões, penso devidamente nas diversas alternativas?	☐
Perguntas que merecem resposta negativa	**S/N**
• Tenho explosões emocionais que me levam a perder a cabeça?	☐
• Gosto de tomar decisões megalómanas?	☐
• Não sou capaz de resistir a tentações?	☐
• Não me importo de pagar um preço excessivamente elevado por uma empresa, desde que essa aquisição seja importante para o meu poder e prestígio?	☐
• Sou desumano/a no modo como me relaciono com os meus colaboradores?	☐
• Sempre que posso, procuro atribuir-me ou conquistar benesses, mesmo quando não são razoáveis ou prejudicam a organização?	☐
• Tomo muitas decisões como fruto de impulsos imediatos?	☐
• Tenho dificuldade em controlar os meus impulsos?	☐
• Faço coisas que sei que não devem ser feitas?	☐
• Faço coisas que são más para mim, mas que me dão gozo?	☐
• Tenho muita dificuldade em guardar segredos?	☐
• Frequentemente, interrompo as pessoas?	☐
Perguntas que também merecem resposta negativa	**S/N**
• Sou muito rígido/a no modo como encaro a vida?	☐
• Raramente aproveito o que a vida tem de bom?	☐
• O meu autocontrolo leva-me a ser menos espontâneo/a com as pessoas do que o necessário?	☐
• Sou, frequentemente, inflexível quanto ao cumprimento de normas e regras, não me importando com as consequências negativas que possam advir dessa inflexibilidade?	☐
• As pessoas consideram-me excessivamente disciplinado/a e rígido/a?	☐

CAPÍTULO 14

PERDÃO: O PURIFICADOR DE TOXINAS

ROUBAR = FAZER FAVORES A AMIGOS ANÓNIMOS!?

Imagine que é um/a académico/a prestigiado/a. Foi desafiado/a por uma empresa de serração (1200 colaboradores) para ajudar a resolver o seguinte problema: os furtos são frequentes e os supervisores não são capazes de estancar a conduta. Como procederia? Gary Latham e a empresa agiram do modo que a seguir se descreve. Após realizar entrevistas, Latham descobriu que os trabalhadores furtavam por diversão e desafio, não necessitando sequer da maior parte do material roubado. A gestão ameaçou colocar câmaras de vigilância — situação que os trabalhadores encararam com excitação, pois *desviar* o equipamento passaria a ser um grande desafio. Latham e o gestor da fábrica optaram por uma solução criativa: implementar uma *amnistia* que permitisse aos empregados devolverem o equipamento sem serem punidos. A empresa assumiu que, aquando da entrega do material *desviado*, os funcionários estariam a fazer um favor a um amigo anónimo! A intervenção, ainda que intrigante, foi bem-sucedida. Matou a *excitação* malévola com *generosidade e perdão* — assim argumentou Robert Sutton, professor em Stanford e autor de *Good Boss, Bad Boss.*

O caso pode parecer esdrúxulo e pouco plausível. Todavia, quem já teve experiências operárias (como os autores deste livro) sabe que a realidade industrial de muitas empresas é mais singular e *extravagante* do que as lideranças de *poltrona* podem supor. A resolução eficaz de problemas requer, pois, abordagens inventivas. No caso em apreço, além de inventiva, a abordagem foi levada a cabo com *perdão*. Esta qualidade é frequentemente negligenciada em contexto organizacional, sendo habitualmente considerada *politicamente incorreta* e alvo de zombaria. Facultaremos, aqui, uma perspetiva diferente.

Uma das maiores qualidades reveladas por Nelson Mandela foi, precisamente, a sua capacidade de perdão. Curiosamente, reconheceu que uma das razões para se separar de Winnie, sua mulher, foi a amargura desta — porventura pela sua incapacidade de perdoar. Mandela deu denodadas mostras de perdoar os adversários que o privaram da liberdade durante quase três décadas. E desenvolveu um intenso e exemplar esforço para promover a reconciliação no país. Sem esta, a convivência entre sul-africanos tornar-se-ia inviável e conduziria, porventura, a banhos de sangue continuados. O *Diário de Notícias* relatou do seguinte modo a capacidade de perdoar de Mandela:

> Numa prova da sua infindável capacidade de perdoar, Nelson Mandela [...] convidou um dos seus antigos carcereiros para jantar em sua casa na semana passada. Christo Brand era um dos guardas prisionais da cadeia de alta segurança da Robben Island, onde o líder histórico da luta anti-*apartheid* passou a maior parte dos seus 27 anos de reclusão. A vida, nesta pequena ilha de um quilómetro quadrado, não era nada fácil para os detidos do ANC. [...] Quem visita a minúscula cela onde esteve Mandela e ouve os relatos feitos por Naidoo tem grandes dificuldades em perceber como foi ele capaz de perdoar tudo por que o fizeram passar.

O perdão não é importante apenas para o florescimento das relações interpessoais que as lideranças desenvolvem nas suas vidas — tanto a pessoal e familiar como na profissional. É também crucial para que a pessoa viva mais em paz consigo própria. O rancor pode ser mais perverso para a saúde de quem o vive do que para os alvos do mesmo. Lideranças que não sabem perdoar tornam-se vingativas e podem viver em constante sobressalto — com receio de serem apunhaladas pelas costas.

PERDOAR NÃO É ESQUECER

Perdoar não é, todavia, esquecer. Não implica negligenciar a conduta cometida pelos perpetradores da ação grave. A comissão criada na África do Sul para promover a pacificação não se denominou *reconciliação* — mas *verdade-e-reconciliação*. Os atropelos à vida e à dignidade humanas perpetrados durante o *apartheid* não foram esquecidos. A verdade não foi ocultada. Investigando-se a verdade e praticando a justiça, as vítimas puderam sentir algum conforto. Recebendo perdão, os perpetradores ficaram mais propensos a assumir os erros e a desenvolver remorsos reparadores. E o país pôde focalizar-se no futuro, em vez de remoer o passado. As lideranças e as populações europeias também obtiveram benefícios com o perdão. Kim Cameron referiu-se à matéria do seguinte modo:

> Uma explicação possível para a formação bem-sucedida da União Europeia é o perdão. Coletivamente falando, os Franceses, os Holandeses e os Britânicos perdoaram os Alemães pelas atrocidades cometidas durante a II Guerra Mundial, como aliás procederam outras nações prejudicadas. Do mesmo modo, o perdão recíproco demonstrado pelos EUA e o Japão [...] ajuda a explicar o florescente intercâmbio económico e social que se desenvolveu nas décadas subsequentes. Distintamente, a ausência de paz em certas zonas do mundo pode ser explicada, pelo menos parcialmente, pela recusa das coletividades em se perdoarem mutuamente pelas ofensas de outrora.

O perdão é a tendência do ofendido ou da vítima para abster-se de nutrir emoções, pensamentos e ações negativas para com o ofensor. Não implica o esquecimento ou a negação da ofensa. Não é sinónimo de laxismo e tolerância ao erro. Não impede que a justiça seja aplicada. Nem representa a aceitação de menores níveis de exigência e expectativas. Não implica, necessariamente, conciliação entre ofendido e ofensor. Embora seja por vezes considerado sinónimo de timidez ou fragilidade, o perdão requer força, coragem e disciplina. Implica o abandono de sentimentos profundos, uma transformação interior e uma mudança comportamental. O perdão pode assumir dimensão coletiva ou organizacional quando emerge como um virtuoso *modo de estar* presente na generalidade dos membros de um dado grupo ou organização.

LIDERANÇA QUE PERDOA

Nas organizações onde o perdão prevalece, a satisfação, a confiança, a entreajuda e a cooperação florescem. As relações interpessoais são mais facilmente restauradas e colocadas ao serviço do trabalho realmente relevante. As equipas focalizam-se mais na aprendizagem com os erros e nas oportunidades do que simplesmente na punição das ofensas. As emoções positivas emergem, daí advindo efeitos positivos sobre a criatividade, a cooperação e o desempenho.

O perdão também atua como amortecedor dos traumas, dos ódios, das adversidades e das emoções negativas experimentadas durante dolorosos e conturbados processos de *downsizing*, permitindo que a organização recupere e floresça. Ajuda a restaurar o capital social e o sentido de autoconfiança coletiva. Ao contrário, uma cultura repleta de sentimentos de desforra e rancor promove a desconfiança, o cinismo, a vontade de retaliação, a quebra da cooperação e, eventualmente, uma espiral ascendente de conflitos que causa danos aos indivíduos e à organização.

As lideranças que cultivam a virtude do perdão, em combinação com a coragem, a integridade e a exigência, podem obter benefícios diversos para si próprias, para os liderados e para a organização. Perdoando, as lideranças neutralizam emoções negativas (*e.g.*, raiva, desilusão, medo, sentimento de humilhação) e experimentam emoções positivas. São menos atreitas ao stresse. Daqui decorrem efeitos positivos sobre a sua saúde física e mental, o que pode vitalizá-las para o exercício exigente das funções de liderança (veja o Capítulo 5). Ao perdoarem, as lideranças não se deixam capturar por pensamentos destrutivos e ficam livres para canalizar as suas energias positivas para a tomada de decisões de maior qualidade. O perdão beneficia tanto quem perdoa como quem é perdoado!

As lideranças que perdoam, de modo sensato e inteligente, também promovem um clima organizacional de segurança psicológica que induz as pessoas a tomarem iniciativa, a correrem riscos, a aprenderem com os erros e a inovarem. Uma cultura de perdão também lhes cria margem de manobra para adotarem condutas difíceis (*e.g.*, aplicar processos disciplinares, repreender, encerrar unidades organizacionais), que, se implementadas numa cultura organizacional de retaliação, poderiam ser mais problemáticas e suscitar resistências e retaliações. Ao perdoar membros da sua equipa, a pessoa que lidera permite que eles readquiram a autoestima, levando-os a focalizarem as energias em tarefas e desafios realmente importantes.

LIDERANÇA VINGATIVA

Ao contrário, lideranças que não perdoam vivem um tormento permanente, experimentando isolamento e angústia, com os consequentes custos para a saúde física e psicológica. O desejo de represália deixa essas pessoas tensas e pode dificultar-lhes os relacionamentos positivos com terceiras pessoas. Absortas em sentimentos negativos, essas lideranças são incapazes de orientar as suas energias para matérias cruciais ao desempenho das equipas. Podem alimentar ciclos de agressão, ataque e contra-ataque, que podem ser perversos para elas próprias, para os seus interlocutores e para toda a equipa. Quando uma liderança entra em rutura vingativa com outrem, pode ocorrer uma escalada de resposta e contrarresposta que impede o entendimento posterior. A determinado momento do processo, nenhum dos contendores está disposto a «dar o braço a torcer». E se, porventura, um deles expressa um gesto de boa vontade, há o risco de o outro o interpretar com desconfiança — retaliando ainda mais.

Lideranças vingativas geram desconfiança e um clima de medo no seio das equipas. A cooperação e a entreajuda declinam, com consequências perversas para o desempenho. E as atitudes defensivas prevalecem. A consciência de que os erros, mesmo os honestos, não são perdoados inibe os membros da equipa de assumi-los e divulgá-los. Erros escondidos não ajudam outros membros a aprender com eles nem a evitá-los, logo, a aprendizagem organizacional sofre. Imagine-se o que ocorre numa organização médica em que os erros honestos não são assumidos nem partilhados, pelo que outros agentes médicos continuam a cometê-los! Compare esta atuação com a de uma clínica cujos membros assumem as falhas e as partilham para que os mesmos erros não sejam cometidos. Em qual das clínicas preferia ser tratado como paciente?

Há uma razão adicional, de natureza ética, para perdoar: todos cometemos erros, e as lideranças não são divindades sem mácula (ainda que algumas atuem em conformidade com essa crença soberba, como discutimos no capítulo anterior). Saber perdoar é o reconhecimento dessa limitação. É condição *sine qua non* para desenvolver relacionamentos interpessoais frutuosos.

PERDOAR, MAS NÃO SER TONTO

O exposto sugere que o perdão, como virtude organizacional e como força das lideranças, é um regenerador e facilitador das relações positivas e cooperativas no trabalho. Quando os conflitos potencialmente perversos emergem e as relações de trabalho se degradam, as emoções negativas encontram espaço para progressão, os postos de trabalho são eliminados e os acidentes e falhas graves ocorrem — é o perdão que dita se as equipas e a organização *cicatrizam* e progridem ou se, inversamente, definham e se deixam atolar em vinganças, retaliações, animosidade e desperdício de energias.

Todavia, tal como acontece com as restantes virtudes, o perdão requer sensatez e uma procura incessante pelo meio-termo. Quando excessivo e imprudente, o perdão transforma-se numa fraqueza, levando a pessoa a perder autorrespeito. Torna a pessoa indulgente e complacente com condutas impróprias. Pessoas excessivamente indulgentes podem ser alvo de comportamentos abusadores por parte de indivíduos desonestos. Tal indulgência pode criar uma cultura de laxismo que prejudica os colaboradores mais empenhados e talentosos, degrada o capital social das equipas (isto é, os níveis de cooperação, entreajuda e confiança) e afeta o desempenho.

Se o leitor, ou a leitora, pretende desenvolver esta virtude, importa usar de cautela e prudência. Perdoar não significa negligenciar, esquecer ou reduzir a relevância do ato negativo ou ofensa. Seja firme e exigente — e procure que a justiça seja implementada. Enfrente a verdade. Acima de tudo: não permita que o ressentimento domine os seus pensamentos e o/a distraia do que é essencial. Mandela referiu, a propósito das relações cordiais e dos elogios que teceu a De Klerk, seu adversário político: «Para fazer as pazes com o adversário, é necessário trabalhar em conjunto com ele, e o adversário torna-se então um amigo.» Adote a sugestão de Stephen Covey:

> Um dos melhores modos de se transformar num líder mais proativo e com iniciativa é escapar à vitimização, evitar cinco metástases cancerosas

— queixume, comparação, criticismo, competição e rivalidade — e substituí-las por perdão, plenitude e gratidão.

Kets de Vries, académico prestigiado, *coach* e consultor, é um paladino desta virtude na liderança. Os seus argumentos são persuasivos. Quando optamos pela vingança, ficamos dependentes da resposta do alvo do nosso rancor — pois apenas tranquilizamos quando vemos o alvo em sofrimento. É esse o nosso «prazer» esperado — mas cuja concretização não depende de nós. Diferentemente, perdoar está sob nosso controlo. Conserva-nos a energia que podemos usar de modo mais produtivo. Não perdoar é como tomar veneno de rato e esperar que o rato morra! Em contraste, perdoar é a verdadeira vingança.

Três últimas notas são necessárias. Primeira: o argumento frequentemente usado para não perdoar é o da necessidade de «fazer justiça». Mas importa distinguir a justiça retributiva da justiça restauradora. A retributiva está simplesmente focada em punir. Já a restauradora aplica a punição e a disciplina, mas cria condições para a reparação do mal e do relacionamento. Segunda nota: a capacidade de perdão não deve ser confundida com os perdões que alguns líderes políticos concedem a amigalhaços em apuros com a justiça.

Terceira: além de perdoarmos os outros, importa que nos perdoemos e aceitemos sem amarguras as nossas limitações e os nossos erros. Lideranças perfeccionistas que nunca se perdoam podem viver em constante desolação e amargura consigo próprias — a perfeição é, por definição, um objetivo inalcançável. A capacidade de nos perdoarmos ajuda-nos a lidar com o stresse, ou a evitá-lo, torna-nos mais resilientes e permite-nos experienciar mais saúde e bem-estar.

AUTOAVALIAÇÃO
Questionário de perdão

Perguntas que merecem resposta afirmativa	S/N
• Sou capaz de desejar coisas boas à pessoa que se comportou indevidamente comigo?	☐
• Se encontro a pessoa que se comportou incorretamente, sinto-me tranquilo/a?	☐
• Não me deixo vencer pela mágoa que alguém me provoca?	☐
• Desejo que a pessoa que atuou indevidamente para comigo seja tratada corretamente pelas outras pessoas?	☐
• Tenho consciência de que *todas* as pessoas (eu incluído/a) são imperfeitas e devemos aceitá-las com as suas imperfeições?	☐
• Em cada dia, penso que «o que lá vai, lá vai»?	☐
Perguntas que merecem resposta negativa	**S/N**
• Quando alguém atua indevidamente para comigo, penso incessantemente no modo incorreto como fui tratado/a?	☐
• Gasto bastante tempo a pensar no modo como hei de retribuir o mal que me foi feito?	☐
• Normalmente, sinto ressentimentos pela pessoa que se comportou indevidamente para comigo?	☐
• Evito lugares em que possa cruzar-me com a pessoa que foi incorreta para comigo?	☐
• Quando as pessoas se portam menos bem para comigo, a minha vida perde alegria?	☐
• Custa-me curar as feridas provocadas por quem se portou mal?	☐
• Ando com «pedras no sapato» durante muito tempo?	☐
• Por regra, não dou segundas oportunidades a ninguém?	☐
• Atuo seguindo o lema «olho por olho, dente por dente»?	☐
Perguntas que também merecem resposta negativa	**S/N**
• As pessoas a quem perdoo abusam da minha atitude?	☐
• Sou excessivamente benevolente?	☐
• Esqueço rapidamente *todo* o mal que me fizeram?	☐
• Esqueço rapidamente o mal que uma pessoa me faz, mesmo que repetidamente?	☐

CAPÍTULO 15

HUMILDADE: APRENDENDO E MELHORANDO, COM «OS PÉS ASSENTES NA TERRA»

JOIAS INVISÍVEIS

IMAGINE QUE ACABA DE SER NOMEADO/A presidente do conselho de administração de uma empresa com sérias dificuldades financeiras. A sua experiência e o seu conhecimento na área financeira são escassos. Como procederia? Pensaria em pedir ajuda aos peritos financeiros da empresa? Anne Mulcahy, quando foi nomeada líder da (então moribunda) Xerox, encontrava-se nessa situação. Não teve vergonha de assumir a ignorância financeira e de pedir ajuda aos peritos. Capaz de reconhecer as suas fragilidades, era por muitos conhecida na empresa como a «Mestre do Não Sei». Evitou os *media*, manteve-se afastada das luzes da ribalta e arredou-se das parangonas da fama e da publicidade. Ou seja, além de revelar coragem e prudência, também deu mostras de humildade. Salvou a Xerox e foi amplamente reconhecida como excelente líder. Ketchen Jr., Adams e Shook, num artigo sobre a celebridade dos CEO, descreveram-na como a *joia invisível*.

Barack Obama deve parte dos apoios recebidos para a corrida à presidência dos EUA ao modo como se comportou quando chegou ao Senado. Com humildade (acompanhada de prudência, perseverança e sagacidade política), pediu conselhos a numerosos senadores e estabeleceu relações de mentoria com figuras relevantes do Senado (incluindo Ted Kennedy). Deste modo, criou laços de afeição e boa vontade.

A humildade é uma característica crucial, entre outras, das lideranças *de nível 5* — a expressão usada por Jim Collins, consultor e autor, para se referir a lideranças transformacionais, poderosas e bem-sucedidas que possuem uma mistura paradoxal de humildade e *força de vontade,* ou determinação. Tais lideranças são modestas, evitam a adulação, não são *gabarolas.* Mas também denotam tenacidade e determinação vincada. Canalizam a ambição e os esforços para a organização, e não para a grandiosidade pessoal. Assumem os erros, em vez de procurarem bodes expiatórios.

Naturalmente, sendo uma virtude importante, a humildade é insuficiente para que alguém se destaque como líder. Algumas pessoas humildes são péssimas líderes — não porque sejam humildes, mas porque são desprovidas de autoconfiança, perseverança e determinação. Portanto, a apologia que aqui fazemos da humildade assenta na premissa de que a pessoa que lidera é também dotada dessas outras características. Este argumento é, aliás, transversal a todo o livro. A virtuosidade de quem lidera resulta de uma constelação de virtudes. Virtude alguma, isoladamente, é suficiente. Uma pessoa honesta pode ser péssima líder se não for também munida de determinação, vitalidade e amor pela aprendizagem. Mas essa particularidade não menoriza o papel da honestidade. O mesmo se aplica a outras virtudes.

«HUMBIÇÃO»

Por vezes, a humildade é confundida com timidez, falta de ambição, sentimento de inferioridade, passividade ou escassa autoconfiança. Presume-se, então, que é perversa para as lideranças, para os membros organizacionais em geral e para a organização. Esta premissa é errada. Warren Buffett e George Soros, reconhecidos pela sua enorme riqueza, foram descritos por John Kay, um influente economista e jornalista, do seguinte modo:

> Um traço notável de ambos é um certo tipo de modéstia: o pronto reconhecimento da sua própria ignorância e uma igualmente pronta aceitação de que cometem erros.

Como explicou o Presidente da Ucrânia Volodymyr Zelensky, «é importante não mostrar que és melhor do que aquilo que és na verdade».

William C. Taylor, cofundador e editor da revista *Fast Company*, usou o termo *humbição* para designar líderes eficazes que combinam humildade com ambição. O termo terá emergido entre os investigadores dos Bell Labs (Bell Telephone Laboratories) para descrever os atributos dos cientistas e engenheiros mais eficazes. Eis a descrição dos *humbiciosos*, segundo um manifesto escrito por membros da IBM destinado a promover uma nova mentalidade de liderança:

> Verificamos que uma parcela de leão das luminárias que mudam o mundo é humilde. Estas pessoas focam-se no trabalho, não nelas próprias. Procuram o sucesso — são ambiciosas —, mas são humildes quando ele é alcançado. Sabem que muito desse sucesso é fruto da sorte, da oportunidade e de milhares de fatores que estão fora do seu controlo. Sentem-se afortunados, não todo-poderosos. [...] [Portanto], seja ambicioso. Seja líder. Não deprecie outras pessoas na prossecução da sua ambição. Em vez disso, faça-as crescer. O melhor líder é o que lava os pés dos outros.

A humildade é o meio-termo entre a automortificação e a arrogância. Um indivíduo humilde tem uma noção precisa das suas forças e limitações. Faz uma avaliação realista dos seus próprios contributos, reconhece o contributo dos outros e considera que o seu sucesso advém também desses contributos e da boa fortuna. Sem se sentir inferior, reconhece as forças dos outros. Está disposto a aprender com os outros e a escutar conselhos. A humildade é a capacidade para avaliar, sem exageros, o sucesso, o fracasso, o trabalho e a vida.

É frequente ouvir-se a tese, acompanhada de exemplos, de que lideranças arrogantes e narcisistas são mais bem-sucedidas do que as humildes. Importa ser cauteloso nesta interpretação dos factos. A relação entre arrogância e sucesso é, frequentemente, resultado da confusão entre fama e eficácia. O equívoco surge porque as pessoas arrogantes, imodestas e narcisistas, ao contrário das humildes, devotam muitas energias à autopromoção e procuram as luzes da ribalta. Por conseguinte, conhecemos mais pessoas arrogantes bem-sucedidas do que humildes igualmente bem-sucedidas. Mas daí não decorre que as arrogantes sejam mais eficazes do que as humildes.

HUMILDADE X GARRA

Mandela é paradigmático. Soube reconhecer humildemente derrotas (como quando, por exemplo, viu chumbada a sua proposta de baixar a idade de voto para os 14 anos) e não hesitou em elogiar os méritos dos seus adversários políticos. Mostrou desejos de que o seu nome fosse apenas associado às suas organizações caritativas (Nelson Mandela Foundation, Nelson Mandela Children's Fund) e de que os nomes de outros veteranos da luta anti-*apartheid* fossem usados para nomear hospitais e edifícios. Era humilde — mas também profundamente determinado a lutar pela causa nobre que abraçou.

Darwin Smith, da Kimberly-Clark, e Colman Mockler, da Gillette, foram também descritos como exemplos de *líderes de nível 5* com características humildes. Sacrificaram os ganhos pessoais em prol das suas empresas. Darwin Smith foi descrito do seguinte modo por Goffee e Jones, da London Business School:

> Smith parecia mais um provinciano do que um titã da indústria — uma imagem que usava para seu próprio proveito, tanto para ficar mais próximo do negócio como para afastar atenção externa indesejada. [...] Todavia, sob o seu comando, a Kimberly-Clark superou não só concorrentes como a Procter & Gamble, como também a GE, a Hewlett-Packard, a Coca-Cola, a 3M e todas as outras estrelas da América empresarial.

Eis outra descrição de Smith, da autoria do reputado consultor e autor Jim Collins:

> Em comparação com outros CEO, Darwin Smith parece ter vindo de Marte. Tímido, despretensioso e até maljeitoso, Smith evitava as atenções [...]. Todavia, considerá-lo mole ou brando é um erro terrível. A sua falta de vaidade combinava-se com uma feroz, ou mesmo estoica, determinação perante a vida.

O papa Francisco também é reconhecido como pessoa humilde — mas é igualmente dotado do faro político necessário para vencer resistências e arregimentar apoios. A sua coragem e a sua determinação para levar a cabo mudanças na Igreja e na sociedade são inquestionáveis. É um papa *humbicioso*. Abraham Lincoln era conhecido pela sua humildade — mas também por uma enorme tenacidade. Eis o que sobre ele escreveu David Brooks no *The New York Times*:

> [Lincoln] era extremamente autoconfiante, mas profundamente humilde. Os candidatos que não têm este temperamento contraditório não têm modo de se examinarem a si próprios e são, portanto, perigosos.

BENEFÍCIOS DA HUMILDADE NAS LIDERANÇAS

Líderes humildes não fazem alarde dos seus sucessos, antes deixam que estes falem por si. Reconhecem os sucessos dos outros. Se forem igualmente corajosos, tornam-se mais credíveis, confiáveis e promovem a coesão das equipas. Evitam a luz da ribalta que poderia toldar-lhes a serenidade e a sensatez necessárias à tomada de decisões. Escutam e procuram conselhos que lhes permitam tomar decisões de melhor qualidade. São abertos a novos paradigmas e mais propensos a reconhecer e aprender com os erros e fracassos. Têm uma noção mais precisa das suas forças e fraquezas, assim como das ameaças e das oportunidades. Aceitam o fracasso com pragmatismo. Prescindem de posições de poder se sentirem que poderão executá-las incompetentemente. Respeitam os outros, partilham honrarias e reconhecimento, assim promovendo a confiança e o empenhamento dos membros da equipa. São frugais no uso de recursos e evitam a ostentação.

Quando necessário, as lideranças humildes são também capazes de colocar as «mãos na massa», realizando tarefas «menores», inclusive no *chão da fábrica* (*e.g.*, atender clientes no hotel, receber chamadas e reclamações de clientes, trabalhar na fábrica como operário, conduzir camiões de carga). Desse modo, podem compreender a dificuldade sentida pelos colaboradores que realizam habitualmente essas tarefas. Tornam-se mais credíveis e respeitadas. E compreendem melhor as necessidades dos clientes. Bill George, professor em Harvard e ex-CEO bem-sucedido da Medtronic, deu mostras desta capacidade de «pôr as mãos na massa». Nos seus primeiros nove meses como CEO, despendeu metade do tempo nos hospitais — vendo como as equipas médicas instalavam os produtos da empresa nos pacientes e falando com médicos, pacientes, familiares e gestores.

As lideranças humildes evitam a adulação, pelo que incorrem em menores riscos de serem manipuladas por bajuladores e «engraxadores». Procuram obter *feedback* do seu desempenho, são mais recetivas às críticas e estão mais dispostas a mudar quando necessário. Evitam a complacência. Não estando centradas na autoglorificação, sacrificam-se em prol da equipa e da organização. Atuam pelo exemplo e inspiram os membros da equipa. Não se permitem deslumbrar com pretensões desmedidas e são menos propensas a enveredar por projetos faraónicos.

Lideranças humildes são também mais capazes de partilhar os seus fracassos, problemas, dificuldades e frustrações com outras pessoas. Desse modo, obtêm apoio social e emocional, autoculpabilizam-se menos, libertam-se mais facilmente de emoções tóxicas e são mais capazes de enfrentar o futuro com resiliência e determinação.

Num tempo em que as organizações necessitam de aprender e ajustar-se constantemente às alterações do ambiente envolvente, a humildade das lideranças (e de toda a organização) permite que a aprendizagem contínua seja a regra. Ajuda a encarar os erros como oportunidades para a aprendizagem. Tadashi Yanai, CEO da Fast Retailing, foi descrito como sendo tão *orgulhoso* dos seus erros que intitulou o seu primeiro livro como *Uma Vitória, Nove Derrotas*. A humildade permite encarar a realidade com realismo, sem sobranceira ou pretensiosismo. Ajuda a organização a prestar melhor serviço aos clientes. Evita o deslumbramento com os sucessos e ajuda as lideranças e os membros organizacionais a compreenderem que o sucesso passado não é garantia de sucesso futuro.

A humildade é, pois, uma força tranquila e poderosa que promove o desenvolvimento pessoal. Os estudos sugerem que as pessoas mais humildes são mais felizes e psicologicamente mais saudáveis. São mais generosas e disponíveis para ajudar outras pessoas, mais empenhadas no tratamento justo e mais capazes de perdoar. É possível que esses comportamentos expliquem porque as pessoas humildes desenvolvem relacionamentos sociais mais positivos. Dado que, segundo a investigação, estes relacionamentos positivos contribuem para a felicidade, é possível que as pessoas «com os pés na terra» desenvolvam sentimentos, atitudes, comportamentos e relacionamentos que as beneficiam não só a si próprias como também às pessoas com as quais interagem.

A HUMILDADE NA ARENA INTERNACIONAL/GLOBAL

A humildade também ajuda a lidar de modo respeitador e eficaz com especificidades culturais de países onde a empresa opera, sendo um importante facilitador do desenvolvimento de competências de liderança global. Com este intuito, a IBM leva a cabo o programa IBM's Service Corps (uma espécie de versão empresarial do Corpo da Paz). Através desta iniciativa, colaboradores da empresa são destacados para, em países emergentes (*e.g.*, Vietname, Índia, Quénia, Nigéria, Brasil e Roménia), trabalharem em projetos de desenvolvimento local com impacto socioeconómico.

Outro exemplo de como a humildade pode ser crucial para a eficácia das lideranças é o projeto SeitenWechsel («troca de papéis»). Este é um projeto criado na Suíça pela Schweizerische Gemeinnützige Gesellschaft, uma organização sem fins lucrativos que junta lideranças de empresas a membros desfavorecidos da sociedade, tendo em vista fomentar a compreensão mútua. A filosofia subjacente é a de que as instituições e os projetos sociais podem ensinar às lideranças um extraordinário leque de aspectos que estão normalmente ausentes da sua realidade pessoal. Durante uma semana, os gestores e gestoras trabalham ativamente para uma instituição social, familiarizando-se com as suas operações quotidianas, os seus desafios e a variedade de funções que executam. Ficam então mais capazes de aplicar esta experiência nas suas vidas pessoais, aumentando a sua sensibilidade às necessidades sociais e a sua capacidade para tratar colegas e colaboradores de modo mais zeloso e atento. Eis como foi descrita a experiência por líderes da União de Bancos Suíços que participaram no projeto:

> De acordo com os gestores [...], este programa ajudou-os a reduzirem barreiras subjetivas e preconceitos, a aprenderem mais acerca de si próprios, a alargarem os seus horizontes, a melhorarem as suas competências interpessoais, tudo isto representando competências de liderança global. Ademais, o programa motivou os gestores para assumirem maior responsabilidade perante os carenciados de ajuda; 60 por cento dos participantes têm apoiado a instituição para a qual se voluntariaram após o termo do estágio.

Com humildade, as lideranças são mais capazes de compreender contextos culturais idiossincráticos, criando melhores relacionamentos com clientes, fornecedores, autoridades locais e outros *stakeholders*. Desse modo, ficam mais aptas para responder às necessidades dos clientes e aumentam a aceitação local e a legitimidade da empresa para operar. Já as lideranças arrogantes podem adotar uma postura etnocêntrica e sobranceira, encarando a sua cultura de origem como superior e mais sofisticada do que a do país estrangeiro onde operam. A sua soberba pode contaminar a sua relação com os liderados locais, os clientes e as autoridades.

OS EFEITOS PERVERSOS DA SOBERBA

Líderes arrogantes, narcisistas, egoístas, altivos e presunçosos podem ser uma ameaça para as empresas — e para si próprios. Tomam decisões megalómanas, negligenciando riscos. Rodeiam-se de símbolos de poder (automóveis, gabinetes, remunerações e benefícios principescos) que inibem as pessoas de lhes transmitirem a verdade. Dentro da bolha, perdem contacto com a realidade e vivem num mundo de fantasia. Apropriam-se dos sucessos e descartam-se dos fracassos. Criam climas organizacionais tóxicos que dificultam o empenhamento e a dedicação das suas equipas. Não aprendem com os erros — e, por vezes, não têm sequer a noção da sua ocorrência. Atribuem-se o direito de transgredir as regras que se aplicam ao «comum dos mortais». Deste modo, ferem a confiança dos seus interlocutores e tomam decisões eticamente questionáveis que podem fazer perigar a reputação e a sobrevivência da organização. Desrespeitam as idiossincrasias culturais de países onde as suas empresas investem, perdendo assim oportunidades de mercado e ferindo a reputação da empresa.

Se o leitor, ou a leitora, ainda tem dúvidas sobre os efeitos perversos da arrogância, pense nos escândalos empresariais ocorridos nos últimos anos. Pense na quantidade de líderes empresariais prestigiados que, num ápice, perderam o estado de graça ou caíram do pedestal (*e.g.*, Mário Conde, Banesto; Elizabeth Holmes, Theranos; Carlos Ghosn, Nissan; diversos líderes portugueses sob alçada da justiça!). O facto de algumas lideranças arrogantes serem admiradas não resulta do facto de serem arrogantes — mas de terem sucesso. Toleramos a arrogância de uma liderança enquanto o seu sucesso perdura. Quando o sucesso se esvai, fazemo-la cair em desgraça. Al Dunlap, alcunhado de *motosserra*, foi prezado (tolerado, em alguns contextos) enquanto obteve lucros. Mas a sua arrogância obstinada, narcisista e desrespeitadora arruinou empresas e a sua própria carreira (não tanto o seu pecúlio).

O que ocorreu com Carlos Ghosn é igualmente ilustrativo. Durante anos, foi idolatrado como salvador da Nissan. Foi, segundo muitos especialistas e observadores, um brilhante gestor. O seu mérito é indiscutível. Mas o poder ter-lhe-á subido à cabeça. E, sem uma estrutura de pesos e contrapesos na organização que liderava, começou a comportar-se com soberba. O super-herói, que conquistara a alcunha de *cost killer*, tornou-se conhecido pela sua propensão para gastos faustosos. Queixava-se do seu salário milionário. Caiu do pedestal em finais de 2018 sob acusações de fraude fiscal e uso indevido de recursos da empresa para fruição pessoal e da família. Foi detido pelas autoridades japonesas quando regressou a Tóquio num avião privado que ele já via como seu. O seu estilo autocrático, o culto da personalidade e os gastos sumptuosos a que se acostumara começaram então a ser reprovados na praça pública. Ficou a contas com a justiça. Esteve preso. E, para escapar do degredo, saiu rocambolescamente do Japão escondido dentro de uma caixa de instrumentos musicais.

É provável que o outrora herói tenha deixado de ter os pés na terra e desenvolvido a húbris, ou soberba — a doença do poder. Ter-se-á sentido infalível e insubstituível. E, quando chegou o momento, os seus opositores «mataram César», expressão usada por um analista japonês para descrever a explosão da «bomba». A reportagem que o *The New York Times* publicou no último dia de 2018, pouco tempo após a queda da estrela, alegava:

> O que não faz sentido para os amigos e a família de Ghosn é que um homem com um talento sobrenatural para ver todos os ângulos — fosse a mexer-se na burocracia japonesa, a gerir ministros franceses ou a desenhar um utilitário desportivo de dimensão média — não tivesse percebido o que aí vinha. Talvez, teorizaram, fosse o *jet lag* e os 100 dias anuais que passava num avião.

Esta teoria é insuficiente para explicar a triste saga. A queda do ídolo poderá bem ter tido outra origem: voou demasiado alto e, tal como Ícaro, aproximou-se demasiadamente do sol. Foi então que as asas lhe derreteram. Os sinais czaristas de Ghosn haviam emergido antes da queda. Desenvolveu a húbris. Foi porventura vítima da sua própria soberba. Faltou-lhe humildade. Deixou de ter os pés na terra. Esqueceu-se da sua mortalidade.

«NÃO HÁ BELA SEM SENÃO»

A humildade é uma virtude difícil. Admitir os erros e assumir uma postura humilde pode ser problemático em contextos de grande competição transformados em «ninhos de víboras». Se não for complementada com outras qualidades (*e.g.*, capacidade para compreender e usar o xadrez de poder da organização), a humildade pode dificultar a ascensão na hierarquia do poder. Tornando-se menos visível e atribuindo justamente os créditos a outras pessoas, uma liderança humilde pode perder oportunidades de promoção, sobretudo se os seus *concorrentes* forem exímios no jogo das influências e da gestão de impressões. O risco pode ser ainda maior se esses *concorrentes* forem suficientemente sagazes para aparentarem humildade que, realmente, não possuem.

A humildade pode também suscitar uma imagem de fraqueza se não for complementada com coragem, perseverança e integridade. Ademais, o excesso de humildade pode levar a pessoa que lidera a perder credibilidade se regularmente assumir a sua ignorância. Enunciando de modo distinto: se queremos assumir uma postura humilde, convém que sejamos reconhecidos como competentes! O excesso de humildade pode também conduzir à perda de ambição e gerar comportamentos abusivos por parte dos adversários mais competitivos e maquiavélicos. Por conseguinte, além da humildade, importa possuir sensatez, prudência, autoconfiança e perseverança — de modo a evitar que a demonstração de humildade se transforme em fraqueza e em perda de credibilidade.

Paradoxalmente, a humildade pode tornar-se arrogante. Golda Meir, ex-primeira-ministra israelita, terá afirmado a algum interlocutor: «Não seja tão humilde; você não é assim tão importante.» Ralph Waldo Emerson (1803–1882), famoso escritor, filósofo e poeta norte-americano, havia feito idêntico juízo: «Os extremos tocam-se, e não há melhor exemplo disso do que a altivez da humildade.» Frank Lloyd Wright (1867–1959), arquiteto, escritor e educador norte-americano, também havia afirmado, com alguma ironia: «Cedo na vida, tive de escolher entre a arrogância honesta e a humildade hipócrita. Escolhi a arrogância honesta e ainda não vi razões para mudar.»

«PÉS ASSENTES NA TERRA»

Atendendo ao teor altamente competitivo de muitas arenas organizacionais e ao exigente papel dos líderes, a apologia da humildade pode parecer um contrassenso ou uma ingenuidade académica. Todavia, se considerarmos a humildade como uma espécie de capacidade para «manter os pés assentes na terra» (a palavra provém do latim *humus*, que significa *terra* ou *chão*), ser humilde é crucial para ser um líder eficaz — desde que essa qualidade seja combinada com coragem, prudência, autoconfiança, perseverança e sabedoria.

Naturalmente, desenvolver humildade é difícil. Qualquer indivíduo em posição de liderança, ou que alcance uma posição de notoriedade, é tentado pela presunção e pela arrogância. Esta tentação é reforçada pelo facto de os colaboradores (e outros interlocutores) se inibirem de ser totalmente francos com as suas lideranças. Mas é precisamente para contrariar essas razões e tentações que a humildade de quem lidera é decisiva! Se o leitor, ou leitora, pretende diminuir os riscos de arrogância e manter o contacto com a realidade, não permita que o seu discernimento seja corrompido pelos bajuladores. Encontre modos de escutar e ver a realidade. Não descure a importância dos *sábios-tolos*, os que lhe dizem a verdade. Suscite-lhes o sentimento de confiança necessária para que se sintam confortavelmente *tolos* a dizerem-lhe *toda* a verdade.

O leitor/a considera-se uma pessoa humilde? Está certo/a disso? Se alguém lhe aponta falta de humildade, reage com irritação e desmente? Procura parecer modesto/a, embora tenha uma noção de si próprio/a altamente favorável? Note que as pessoas verdadeiramente humildes nem sempre têm consciência desse atributo. Responda, pois, ao questionário seguinte, de modo a formar uma ideia mais precisa do perfil da sua pessoa. Para aprofundar a matéria, leia o livro *Liderança: Humildade e soberba*[5].

---

[5] Rego (2019). Edições Sílabo.

AUTOAVALIAÇÃO

Questionário de humildade

Perguntas que merecem resposta afirmativa	S/N
• Prefiro que os meus sucessos e obras falem por si, em vez de ser eu a alardeá-los?	
• Quando desconheço uma matéria, assumo-o? Sou capaz de dizer, naturalmente, *não sei*?	
• Quando a equipa é bem-sucedida, reconheço os contributos dos outros? Quando é malsucedida, reflito sobre a minha responsabilidade?	
• Sou capaz de reconhecer, facilmente, os sucessos e qualidades dos outros?	
• Aceito com naturalidade as discordâncias que outros manifestam às minhas posições e ideias?	
• Gosto de contribuir para o desenvolvimento dos outros?	
• Quando alguém discorda de mim, tento compreender o seu ponto de vista, em vez de ficar irritado?	
• Por vezes, dou por mim a pensar nas minhas fraquezas?	
• Por vezes, penso em como sou *pequeno* perante a grandeza do universo?	
• Fico realmente muito sensibilizado/a quando os outros se sacrificam por mim?	
Perguntas que merecem resposta negativa	**S/N**
• Aproveito todas as oportunidades para divulgar os meus sucessos?	
• Fico muito incomodado/a quando passo despercebido/a?	
• Evito mostrar que desconheço uma dada matéria?	
• Sinto que, na maioria das coisas, sou superior aos outros?	
• Gosto que as pessoas sintam que sou o/a responsável por sucessos, e evito associar-me a fracassos?	
• Critico os outros sem qualquer dificuldade?	
• Detesto ser criticado/a ou que discordem das minhas posições?	
• Presto mais atenção aos meus superiores do que aos meus subordinados?	
• Considero que a função dos meus colaboradores é apoiarem-me, não criticarem-me?	

• Faço tudo que está ao meu alcance para proteger e promover a minha imagem?	☐
• Uso a aparência de humildade para me promover perante os outros?	☐
• Exagero os meus feitos, se isso for útil para a minha promoção pessoal?	☐
• Detesto que discordem de mim?	☐
Perguntas que também merecem resposta negativa	**S/N**
• Gosto pouco de mim próprio/a?	☐
• Tenho pouco confiança nas minhas capacidades?	☐
• Sou mole?	☐
• Sinto-me inferior aos outros?	☐
• Por vezes, falta-me ambição?	☐

PARTE IV

EU, SER SOCIAL E CIDADÃO/Ã

CAPÍTULO 16

HUMANIDADE: *ALL WE NEED IS LOVE*

APRECIAR LAVADORES DE PRATOS[6]

O AUTOR ESPANHOL Arturo Pérez-Reverte afirmou em entrevista à revista do *Expresso*, em janeiro de 2021, que «o ser humano é um animal muito perigoso». Não parece haver dúvidas de que somos realmente seres perigosos. A invasão da Ucrânia é, porventura, a ilustração mais cabal dessa realidade. As práticas desumanas e cruéis que algumas empresas adotaram, desnecessariamente, durante a pandemia também são fonte de pessimismo sobre a natureza humana. Mas também há razões para o otimismo. O mundo está repleto de atos de compaixão — e o mundo organizacional não é exceção. Também durante a pandemia, muitas empresas deram mostras de humanidade. Sobre esta matéria, pode consultar o nosso texto «Compaixão e crueldade: durante a pandemia e fora dela»[7], do qual apresentamos um excerto no Destaque 3.

Contudo, não precisamos de eventos tão críticos como uma pandemia para encontrar evidência de humanidade nas organizações. Pequenos gestos do quotidiano organizacional são ilustrativos. Em 2010, o restaurante Noma, em Copenhaga, foi galardoado como o melhor do mundo (voltou a

---

[6] Uma parcela deste capítulo, na 1.ª edição, foi publicada na revista *Dirigir*, no vol. Jan./Mar. de 2012. Foi significativamente revisto nesta 2.ª edição. Estamos gratos à revista *Dirigir*.

[7] Acesso em https://lidermagazine.sapo.pt/compaixao-e-crueldade-durante-a-pandemia-e-fora-dela/.

sê-lo em 2011), pela prestigiada lista S. Pellegrino. Um colaborador seu, de nome Alieu, de origem gambiana, lavador de pratos, não pôde comparecer na cerimónia de entrega do prémio, em Londres. Razão: não conseguiu obter atempadamente o visto de entrada no Reino Unido. Os companheiros presentes na cerimónia, incluindo o ilustre *chef* Rene Redzepi, envergaram então uma *t-shirt* com a imagem de Alieu mostrando um largo sorriso. A *t-shirt* acabou por se transformar numa espécie de ícone do Noma e era vendida no restaurante.

O episódio evidencia um forte espírito de equipa e algo que é frequentemente negligenciado na vida organizacional: a atenção, a humanidade, a consideração pelo outro. Facilmente se entende que, em numerosas empresas (incluindo na maioria das portuguesas, onde a distância social/ /hierárquica entre o topo e a base é notável), a prática do líder do Noma é pouco plausível. Em muitas organizações, *lavador de pratos* algum tem acesso a tamanho estatuto. O efeito perverso que daí pode advir para o desempenho das organizações e a produtividade do país não é negligenciável. O leitor, ou leitora, compreenderá que Alieu jamais se comportará como um *mero* lavador de pratos. Compreenderá também como o tratamento habitualmente concedido aos *lavadores de pratos* organizacionais se traduz na sua menor dedicação ao trabalho e à organização — daqui advindo perdas para as organizações e a produtividade de um país. A fraca afeição das empresas e das suas lideranças pelos *lavadores de pratos* organizacionais tem como consequência a fraca afeição destes pelas empresas e pelos seus responsáveis. Na vida organizacional, desamor com desamor se paga.

Destaque 3: **Efeitos curativos da compaixão nas organizações**[8]

A compaixão é uma das demonstrações mais vigorosas da virtude da humanidade. Representa a demonstração de zelo, preocupação, ternura e ajuda a pessoas que estão em situação de vulnerabilidade ou atravessam

[8] Adaptado de um excerto do texto «Compaixão e crueldade: durante a pandemia e fora dela». Estamos gratos a Catarina Barosa por ter autorizado a sua inclusão neste livro.

circunstâncias difíceis e, por vezes, dolorosas. Envolve quatro etapas: dar conta da dor de outrem, desenvolver empatia para com essa pessoa, avaliar a situação e, então, responder com atitudes e atos compassivos. A compaixão envolve, pois, sentimentos e ações. A literatura é bastante clara sobre os efeitos curativos da compaixão nas organizações, quando esta é saudável. Quando as organizações apoiam os seus membros em momentos críticos — através do apoio direto ou legitimando e facilitando os atos de compaixão levados a cabo pelas pessoas — vários efeitos positivos emergem.

Eis um desses efeitos: as pessoas, as equipas e a própria organização tornam-se mais resilientes. As organizações afetadas pelo ataque às Torres Gémeas, no 11 de Setembro de 2001, que atuaram compassivamente para com os empregados sobrevivos e os familiares dos empregados perecidos tornaram-se mais fortes e resilientes. A Reuters foi uma dessas empresas. Phil Lynch, empregado há mais de uma década, havia-se tornado o CEO da empresa para a América dez dias antes da tragédia. Assumiu que a Reuters era uma empresa com alma e que era necessário colocar as pessoas em primeiro lugar. Adotou uma postura compassiva para com os funcionários sobrevivos e os familiares dos funcionários que haviam desaparecido. A empresa não só sobreviveu como conquistou maior empenhamento, lealdade e produtividade dos colaboradores.

Outra consequência dos climas compassivos é a maior tendência das pessoas para se ajudarem mutuamente e empenharem-se mais no trabalho e no sucesso organizacional. Nas empresas em que imperou a compaixão durante a pandemia, assistiu-se ao reforço da coesão e da cooperação. Diferentemente, quando a compaixão escasseia e a crueldade impera, as pessoas desenvolvem cinismo, assumem uma postura defensiva, olham «por cima do ombro» para se defenderem de possíveis «facadas» e abandonam a organização logo que podem.

As lideranças desempenham um papel essencial nos processos compassivos — adotando condutas compassivas e apoiando e legitimando os atos de compaixão adotados pelas outras pessoas. As lideranças compassivas, orientadas para servir, também podem contribuir para o desenvolvimento das suas equipas e para torná-las mais eficazes. Uma pesquisa por nós realizada, envolvendo 128 líderes que foram descritos por mais de 1600 observadores (subordinados e pares), sugeriu o seguinte:

- As lideranças compassivas estão motivadas para liderar em prol dos interesses da equipa e da organização. Ou seja, a sua motivação para liderar é generosa.
- Esta motivação generosa condu-las a adotar comportamentos de *coaching* e apoio aos liderados. Desse modo, os liderados desenvolvem competências, aprendem com as experiências e crescem.
- Quando as lideranças compassivas adotam essa postura apoiante, a equipa sente-se psicologicamente mais segura. Os membros da equipa sentem que podem: expressar-se livremente, sem temerem consequências negativas para a sua carreira; discordar da chefia ou dos colegas; assumir e partilhar erros; ajudar sem que sejam alvo de comportamento oportunístico; e pedir ajuda sem recearem ser rotulados como incompetentes.
- Esta segurança psicológica, por seu turno, funciona como uma espécie de lubrificante dos relacionamentos sociais. As pessoas ajudam-se mutuamente. Contribuem, com as suas ideias e sugestões, para criar conhecimento e tomar decisões de melhor qualidade. Discutem falhas e procuram aprender com as estas. Dialogam abertamente sobre problemas, obstáculos e oportunidades — encontrando soluções mais eficazes. Em suma: a equipa torna-se mais eficaz.

Eis a lição: as lideranças não necessitam de escolher *entre* a compaixão e o desempenho, podem escolher ambos!

AFEIÇÃO E HUMANIDADE COMO VIRTUDES DAS LIDERANÇAS

A afeição e a humanidade têm vindo a ser reconhecidas como virtudes importantes das organizações e das suas lideranças. Têm proliferado *rankings* que premeiam empresas com práticas de gestão mais humanizada (*e.g.*, «Best workplaces to work for», «Best companies for working mothers», «Psychologically Healthy Workplace Awards»), incluindo em Portugal. Por vezes, descobre-se posteriormente que algumas empresas presentes nesses *rankings* são pouco recomendáveis. No entanto, paradoxalmente, esse facto reforça o valor que é atribuído a práticas de gestão mais humanizadas: essas empresas procuram esconder o que são e, veiculando uma imagem de gestão humanizada, alcançar reputação para se tornarem mais atraentes. Portanto, não se «atire borda-fora» a importância da gestão humanizada apenas porque algumas empresas a usam para efeitos manipuladores. James A. Autry, autor de *Love and Profit: The Art of Caring Leadership*, asseverou:

> A boa gestão é, em grande medida, uma questão de amor. Se se sentir desconfortável com esta palavra, chame-lhe cuidado, porque a gestão correta envolve cuidar das pessoas, não manipulá-las.

O major Townsend, da Marinha dos EUA, escreveu:

> Talvez a coisa mais óbvia que a liderança e a afeição têm em comum é o ato de cuidar do bem-estar dos outros — um ato que é central a ambas. A afeição por alguém implica cuidar do bem-estar do outro, tanto físico como mental.

Peter Drucker intitulou um artigo, publicado na *Harvard Business Review*, do seguinte modo: «Eles não são empregados, são pessoas.» Kouzes e Posner, especialistas mundiais de liderança e autores de várias obras premiadas sobre o tema, consideraram que a afeição é a alma da liderança ética. A importância da *atenção* foi também sublinhada por Max De Pree, fundador e ex-CEO da Herman Miller (uma empresa de mobiliário bastante bem-sucedida, frequentemente presente nos *rankings* das melhores empresas para trabalhar nos EUA e das empresas mundiais mais admiradas). Nomeado pela revista *Fortune*, em 1992, para o *Business Hall of Fame*, Max De Pree declarou que os líderes estão investidos da responsabilidade de cuidar do bem-estar e sucesso dos empregados. Implementou práticas de participação dos empregados no capital da empresa, partilhando com eles a riqueza criada, numa época em que esta noção era revolucionária. E afirmou:

> A primeira responsabilidade de um líder é definir a realidade. A segunda é dizer obrigado. Entre as duas, o líder deve ser um servidor ou devedor.

Robert C. Solomon (1942–2007), então professor na Universidade do Texas, em Austin, argumentou:

> O líder empresarial virtuoso cuida necessariamente das suas pessoas, do mesmo modo que um comandante militar bem-sucedido cuida das suas tropas. De facto, quando se pensa na aplicação do lema da «sobrevivência do mais apto» ao meio empresarial, torna-se óbvio que a empresa mais apta será a que cuida e zela pelos seus empregados e gestores. [...] Cuidar é essencial para a união e a saúde de uma organização em progresso. É um investimento no futuro.

Robert D. Haas, ex-CEO da Levi Strauss, deu mostras de humanidade quando teve de lidar com fornecedores que empregavam mão-de-obra infantil, no Bangladesh. Em vez de simplesmente prescindir dessas empresas, compreendeu que as crianças eram o sustento das famílias. Decidiu então ajudar as crianças a frequentarem a escola, na condição de os fornecedores aceitarem continuar a pagar-lhes os salários e reinseri-las na empresa logo que atingissem a idade legal para trabalhar.

Mesmo Jeffrey Pfeffer, o *realista* que parece ter dado uma guinada que o leva a encarar com «naturalidade» as lideranças narcisistas, maquiavélicas e psicopatas, reconhece a importância da humanidade na gestão das empresas. Há alguns anos, escreveu uma série de textos chamando a atenção para a necessidade de as empresas adotarem práticas humanamente mais sustentáveis. As suas lições podem ser interpretadas do seguinte modo:

- Deixem de «ir aos bolsos» dos empregados.
- Concedam-lhes benefícios que lhes permitam concentrarem-se no trabalho e não se dispersarem com preocupações de sobrevivência e saúde. Os empregados são pessoas — não equipamentos controláveis.
- Deixem de espiar os vossos empregados e de tratá-los como crianças irresponsáveis. Tratando-os como crianças, é muito provável que se comportem como tal — ou que abandonem a empresa.

- Criem condições e tempo para que os empregados fruam vida pessoal e familiar. Se lhes sugarem todo o tempo, eles acabarão por encontrar estratagemas (*e.g.*, baixas fraudulentas para tratar de assuntos pessoais ou familiares inadiáveis).

Pfeffer tem ainda argumentado que as preocupações com a sustentabilidade ambiental devem ter correlato em práticas sustentáveis de gestão de pessoas. Na sua perspetiva, o modo como as empresas gerem os colaboradores tem enormes implicações na sua saúde, pelo que devem ser responsabilizadas por práticas humanamente *poluentes*. As empresas que descuram a saúde das pessoas, com o fito na redução dos custos, acabam por impor externalidades que os contribuintes pagam (*e.g.*, financiando o sistema nacional de saúde que trata as maleitas geradas por empresas socialmente irresponsáveis). Por conseguinte, segundo Pfeffer, estas empresas devem ser chamadas a suportar tais custos. Pfeffer, o *realista*, chegou mesmo a sugerir que as lideranças das empresas têm muito a aprender com os ensinamentos do papa Francisco. Perante decisões menos humanizadas da Starbucks, escreveu:

> O papa lembra-nos de que somos responsáveis não apenas pelo ambiente físico, ainda que este seja importante, mas também pelos seres humanos com os quais contactamos e cujas vidas nos são confiadas. Isso inclui as pessoas que trabalham nas empresas.

LIDERAR COM HUMANIDADE

Liderar com humanidade não significa encarar a vida organizacional como um paraíso celestial. Não equivale a promover a sentimentalidade lamurienta. Significa respeitar as pessoas e reconhecer-lhes o direito à liberdade, à dignidade, à autoestima e à felicidade. Representa a capacidade para ajudar, confortar e aceitar as pessoas e com elas desenvolver relacionamentos positivos. Requer generosidade, levada a cabo com sensatez.

As investigações sugerem que expressar atenção, afeição e zelo pelos outros é crucial para o sucesso da liderança. Ao atuar com humanidade, a pessoa que lidera encoraja climas de confiança e estimula a adoção recíproca de comportamentos de empenhamento e dedicação por parte dos colaboradores. Fomenta comportamentos cooperativos e de entreajuda no seio da equipa, assim gerando capital social/relacional. Cria nos membros da equipa a energia revigorante e a disposição que os conduz, se necessário, a sacrificarem-se em prol da organização. Permite que os membros da equipa experimentem *segurança psicológica* para tomarem iniciativa, serem criativos, assumirem os erros e aprenderem com eles.

O sofrimento e as dificuldades são inerentes à vida humana e, por maioria de razão, à vida organizacional. Adotando abordagens humanizadas, as lideranças podem minorar esse sofrimento, assim como os seus efeitos. Desse modo, promovem o empenho dos indivíduos na organização e no trabalho. Ademais, ao atuarem exemplarmente, as lideranças humanas servem como modelos para a atuação dos restantes membros da equipa, promovendo assim ambientes organizacionais positivos e revigorantes. Lideranças humanas promovem a aprendizagem e o desenvolvimento dos colaboradores, assim como a lealdade, a autoconfiança e a produtividade. Fazem-no, todavia, sendo exigentes e não complacentes. Lideranças que se destacam pela sua humanidade são também mais respeitadas e credíveis — se a humanidade for combinada com coragem, prudência, honestidade e sabedoria. São ainda mais capazes de atuar como agentes desenvolvimentistas dos seus colaboradores.

A humanidade e a compaixão são especialmente valiosas em momentos críticos como o pandémico. As crises são o teste ácido das promessas humanistas e socialmente responsáveis das empresas e suas lideranças. Quando os responsáveis organizacionais atuam compassivamente durante esses períodos, é muito provável que os empregados desenvolvam sentimentos de gratidão e intenções de reciprocidade no período pós-crise. Estas organizações ficarão mais capacitadas para fazer do veneno remédio e tornar-se-ão mais resilientes e mais capazes de enfrentar os desafios pós-crise.

Em fevereiro de 2020, um mês antes de a pandemia se abater sobre a Delta Airlines, a empresa tinha distribuído 1600 milhões de dólares pelos empregados, como retribuição pela ajuda na recuperação da empresa que estivera perto da bancarrota em 2005. Segundo o CEO, este reconhecimento foi retribuído quando a empresa se viu em apuros gerados pela crise pandémica: 45% dos empregados voluntariaram-se para uma licença sem vencimento, e 17 mil aderiram à reforma antecipada, de modo a manter a empresa à tona.

Em contraste, a crueldade deixará marcas de desconfiança — não apenas nos trabalhadores diretamente visados, mas também nos observadores. Os efeitos poderão permanecer após o termo da crise.

OS RISCOS DA DESUMANIDADE

Lideranças desumanas destroem a lealdade, o empenhamento e a dedicação dos colaboradores. Criam climas de medo que coartam a iniciativa e a criatividade dos membros da equipa. Induzem os colaboradores a adotar comportamentos retaliatórios (*e.g.*, sonegar informação, furtar objetos, colocar «cascas de banana» no caminho de quem lidera, colocar «grãos de areia na engrenagem», vandalizar as instalações da empresa, denegrir a imagem do/a líder junto de entidades importantes, boicotar decisões). Uma consequência é o abandono da empresa pelas pessoas mais competentes.

Lideranças deficitárias em humanidade até podem atrair e reter colaboradores obedientes, mas é muito provável que essa obediência seja cínica. Para serem bem-sucedidas, as organizações necessitam de mais do que obediência — precisam de empenhamento ativo, iniciativa e dedicação das pessoas. Necessitam que as pessoas não se limitem a fazer o que está formalmente definido, antes se disponham a ir além das suas obrigações estritas, e adotem *comportamentos de cidadania organizacional* (*e.g.*, pronunciar-se favoravelmente acerca da organização e defendê-la, partilhar e ajudar quem está em dificuldades).

A HUMANIDADE COMO MARCA DA ORGANIZAÇÃO

As virtudes da afeição e humanidade têm estado no cerne de empresas como a Southwest Airlines — porventura a única do sector da aviação civil a não despedir colaboradores após o 11 de Setembro. A empresa tem uma cultura caracterizada pela entreajuda, pela alegria e pela forte dedicação ao serviço ao cliente. Há razões para supor que estas culturas organizacionais são alimentadas pela virtuosidade dos seus fundadores e líderes. Jim Parker, ex-CEO da Southwest Airlines, afirmou, a propósito da decisão da empresa de manter os postos de trabalho:

> Claramente, não podemos continuar a fazer isto interminavelmente, mas estamos dispostos a sofrer alguns prejuízos, mesmo na cotação bolsista das nossas ações, de modo a proteger os postos de trabalho dos nossos colaboradores. [...] Queremos mostrar às pessoas que as valorizamos e que não estamos dispostos a fazê-las sofrer apenas para obtermos mais algum dinheiro no curto prazo. Não dispensar pessoas gera lealdade. Gera um sentido de segurança. Gera um sentido de confiança.

Segundo Csikszentmihalyi, um investigador, a liderança deve aceitar que o bem-estar dos empregados está antes dos produtos, dos lucros e dos mercados. Do seu ponto de vista, poucos líderes terão adotado tão profundamente esse lema quanto Anita Roddick, fundadora e ex-CEO da The Body Shop. Roddick assumiu que adorava os relacionamentos que tinha com os seus franchisados e empregados («os meus preciosos e adoráveis amigos»; «a minha família alargada»). Alguns autores sugerem que estas declarações da fundadora da The Body Shop são quase *embustes*, escondendo interesses menos confessáveis. Mas o facto de Anita Roddick as ter proferido, com o sucesso que se conhece, sugere que a afeição e a humanidade das lideranças são virtudes realmente valorizadas pelos liderados, assim como por outros *stakeholders* (*e.g.*, o público em geral).

Importa notar, pois, que a gestão humanizada não é apenas relevante para gerir colaboradores. Também o é para gerir o relacionamento com outros *stakeholders*, designadamente clientes/consumidores. A gestão humanizada é uma componente essencial da liderança responsável — uma empreitada extraordinariamente exigente, repleta de tensões e paradoxos. A farmacêutica Roche adotou procedimentos transparentes e justos quando teve de recolher, em 2007, embalagens do *Viracept*, um retroviral destinado a doentes com HIV. Mas o tom comunicacional adotado com os pacientes foi deficitário, tendo a empresa descurado a linguagem do *cuidar*. A imagem da empresa ressentiu-se. Pedir desculpas e revelar empatia com o drama dos pacientes é, pelo menos, tão importante quanto a transparência, a justiça, a ética e a compensação material.

NEM EXCESSO DE *TESTOSTERONA* NEM DE *PROGESTERONA*

A liderança humanizada apenas pode ser considerada virtuosa se cumprir a «regra de ouro»: o meio-termo. A escassez de humanidade pode tornar o líder abrasivo, desrespeitador, invejoso, indiferente, egoísta e abusador, transformando a organização numa arena de *testosterona*. Mas o excesso de humanidade também pode ser perverso. Pode inibir a liderança de tomar decisões difíceis, embora necessárias (*e.g.*, aplicar uma sanção disciplinar, encerrar uma unidade organizacional). Pode retirar-lhe a imparcialidade necessária para implementar, com justiça, práticas e políticas organizacionais. Pode torná-la excessivamente benevolente, passando a ser desrespeitada e alvo de pressões ilegítimas. O excesso de benevolência pode redundar num clima de permissividade, desresponsabilização e favoritismo, destruindo a cooperação, o sentimento de justiça e a confiança mútua. O excesso de afeição e humanidade pode também redundar num estilo de liderança paternalista — o que não deixa de ser uma forma (ainda que *humana*) de infantilizar os colaboradores e privá-los da liberdade de escolha e ação.

Outro risco inerente à liderança humanizada é mais controverso: pessoas acostumadas a uma gestão humanizada podem reagir mais negativamente a práticas de gestão desconfortáveis (*e.g.*, remoção de postos de trabalho, redução de benefícios) do que pessoas habituadas a práticas mais ásperas. A frustração de expectativas pode levar as pessoas a sentirem-se defraudadas. Naturalmente, esta não é razão suficiente para atuar com crueldade. Mas é um alerta para empresas com gestão humanizada. Estas empresas e as suas lideranças devem consciencializar os seus colaboradores de que a vida organizacional tem momentos de *luz* e outros de *escuridão*. E devem preveni-los e prepará-los para as vicissitudes da *escuridão*.

A gestão humanizada não é imune a outros dilemas. Alexandre Soares dos Santos (1935–2019), então presidente do conselho de administração do grupo Jerónimo Martins, assim o demonstrou aquando da grave crise económica que se abateu sobre a economia portuguesa na sequência da crise financeira. Em entrevista, Soares dos Santos reconhecia a existência de furtos ocorridos nos seus supermercados, devido a carências alimentares. A empresa pretendia acudir ao drama, encontrando soluções humanas ajustadas, mas o empresário também reconhecia o risco de tais medidas humanizadas suscitarem um sentimento de impunidade a infrações. *Liderar com o coração* não é empreitada fácil nem cómoda. A dificuldade é reforçada quando a empresa desejosa de adotar práticas de gestão mais humanizadas se confronta com concorrentes que, desprezando a humanidade, o respeito e a compaixão, são capazes de baixar custos com pessoal e assim gozarem de maior competitividade — pelo menos no curto prazo.

HUMANIDADE E BOM SENSO

Liderança alguma consegue obter resultados sem a colaboração de outras pessoas. Desempenhos exemplares requerem equipas que trabalhem numa atmosfera de confiança e cooperação. A humanidade das lideranças, desde que acompanhada de coragem, prudência, perseverança, autoconfiança, integridade e foco no desempenho, pode ser um poderoso alicerce para a construção de organizações mais saudáveis. Mas requer equilíbrio, sensatez e sagacidade. Como afirmaram Rob Goffee e Gareth Jones, da London Business School, a liderança não é um concurso de amizade.

A virtude e a prática da humanidade requerem, também, que as lideranças gostem de si próprias. Sem ser narcisista, o/a leitor/a gosta de si próprio/a? Sente-se *amado/a* pelos seus colaboradores? Mas tome cuidado: pessoas excessivamente empenhadas em serem amadas costumam ser odiadas por muitos!

Importa também não sucumbir à tentação dos discursos humanizados desprovidos de bom senso. Pouco tempo após assumir funções como CEO da Tesco (uma grande rede de supermercados), no Reino Unido, Richard Brasher afirmou: «O que pretendo é abraçar o meu pessoal, amá-lo, para que também eles amem os clientes.» Lucy Kellaway, num artigo publicado no *Financial Times,* insinuou ironicamente ter deixado embasbacado um funcionário de um supermercado da empresa depois de lhe perguntar:

«Do you love me?». E afirmou jocosamente que este tipo de declarações pode dar origem à *idiotice organizacional.*

Duas notas adicionais são necessárias. Primeira: a uberização de algumas organizações e a economia do biscate são potenciais fontes de desumanização que importa contrariar. Não basta o critério da eficiência económica para avaliar o mérito do modelo de gestão destes trabalhadores das plataformas — o elemento moral e o valor da dignidade devem integrar a equação. Neste mercado, há grandes desequilíbrios de poder — pelo que o argumento da liberdade de escolha é coxo. Os riscos de estas plataformas usaram o seu enorme poder para fazerem *lobbying* em prol de medidas legislativas e regulatórias mais convenientes é grande. Quando estas empresas rotulam os críticos como oponentes da inovação e inimigos da escolha do consumidor — é esse mesmo poder que estão a ativar. Os trabalhadores do biscate, que têm menos condições de se organizarem coletivamente do que os trabalhadores tradicionais, podem ser colocados em situação de grande vulnerabilidade. Daqui decorre a emergência do que alguns académicos designam como uberização da política.

Segunda nota: a investigação sugere que as lideranças com estilos mais desumanizados não têm consciência desse facto, antes vivendo *iludidas.* A ilusão resulta do facto de os seus liderados se inibirem de expressar o que realmente pensam. Se a sua chefia fosse desumana e inspirasse medo, o/a leitor/a dir-lho-ia? Se o leitor, ou leitora, exerce funções de liderança inspirando medo, acredita que alguém lhe dirá que tem medo de si?

AUTOAVALIAÇÃO
Questionário de afeição e humanidade

Perguntas que merecem resposta afirmativa	S/N
• Trato as pessoas como pessoas?	☐
• Preocupo-me com a felicidade dos meus colaboradores?	☐
• Tenho tempo para disponibilizar momentos humanos (*i.e.*, escutá-los) aos meus colaboradores?	☐
• Sinto satisfação em ter relacionamentos positivos com os meus colaboradores?	☐
• Preocupo-me com o que acontece aos meus colaboradores?	☐
• Entendo que a compaixão deve ter lugar na vida organizacional?	☐
• Tenho a coragem de defender os meus colaboradores se eles forem prejudicados ou atacados injustamente?	☐
Perguntas que merecem resposta negativa	**S/N**
• Instrumentalizo as pessoas, descurando a sua autonomia e dignidade?	☐
• Entendo que o discurso do humanismo não é próprio de líderes «de barba rija»?	☐
• Fico indiferente se vejo pessoas a sofrer com decisões que acabei de tomar?	☐
• É-me indiferente que as pessoas tenham medo de mim?	☐
Perguntas que também merecem resposta negativa	**S/N**
• Sou incapaz de tomar decisões que, embora justas, fazem sofrer os amigos que tenho na organização?	☐
• Sou excessivamente benevolente?	☐
• Trato as pessoas como crianças? Protejo-as excessivamente?	☐
• O meu sentimentalismo impede-me de tomar decisões difíceis, mas necessárias?	☐
• Aproximo-me demasiadamente das pessoas, o que me impede de ser imparcial?	☐
• Presto mais atenção aos meus superiores do que aos meus subordinados?	☐

CAPÍTULO 17

JUSTIÇA: ENERGIA POSITIVA QUE MOBILIZA O ENTUSIASMO E A IMPLEMENTAÇÃO DA ESTRATÉGIA

ROUQUIDÕES COMBATENDO INJUSTIÇAS

Simone de Oliveira relatou à revista *Única* o modo como reagiu a uma injustiça do seu chefe:

> Há uns anos muito largos, estava no Teatro Monumental, em Madrid, a fazer o musical *Esta Lisboa que Eu Amo*. Recebíamos à semana e o meu chefe, Vasco Morgado, devia-me sete semanas. Precisava de receber — na altura tinha já crianças —, por isso decidi inventar uma rouquidão! Certo sábado, antes do espetáculo, disse ao Vasco que estava rouca e me recusava a cantar se ele não me pagasse cinco semanas — fiz voz de rouca e tudo! O Monumental estava cheio e era eu que abria o espetáculo Só me lembro de ver o Vasco a levar as mãos à cabeça e a exclamar: «Ela ainda é mais louca do que eu!». Resultou, o Vasco pagou-me as cinco semanas!

Respostas retaliatórias do mesmo teor às injustiças são comuns nas organizações — por vezes de modo impercetível (mas real e profundo), outras vezes de modo aberto. Em 2003, a American Airlines esteve perante o risco de bancarrota, consequência do 11 de Setembro. Para salvar a empresa, a gestão pediu aos sindicatos que aceitassem um corte nos salários e benefícios. Os sindicatos, cientes das dificuldades, cooperaram e anuíram às solicitações da gestão. Mas, quando a empresa regressou aos lucros, os pilotos, comissários de bordo e mecânicos deram-se conta de que a empresa havia concedido bónus a dezenas de executivos de topo. A revolta emergiu, os trabalhadores foram para a rua em protesto, e o acordo foi rasgado. Não foi o sacrifício que gerou revolta — foi a constatação de que o mesmo não foi partilhado por quem o havia pedido. Foi o facto de, tendo sido partilhada a dor, não terem sido distribuídos os prazeres alcançados com o sacrifício.

Daniel Pedrotty, um especialista em governança que à época trabalhava para a AFL-CIO (federação de sindicatos) e foi nomeado como consultor da Vice-Presidente dos EUA para assuntos laborais em 2021, afirmou que os bónus não eram escandalosos se fossem considerados à luz dos pacotes compensatórios praticados noutros sectores. Mas declarou:

> Não é que [o pacote compensatório] seja assim tão grande, mas dá o tom acerca de como estes gestores conduzem a empresa durante um tempo desafiador. [...] O que deixa os empregados furiosos é a hipocrisia. [Os executivos] entendem que os bónus são muito dispendiosos — exceto os que eles recebem.

A reciprocidade é crucial nos relacionamentos humanos — e, por conseguinte, também o é na vida organizacional. Agimos e sentimos de acordo com o modo como nos tratam. Os estudos são claros: quando se consideram injustiçados, os membros organizacionais reagem com menor satisfação, mais fraco empenhamento no trabalho e na organização, maior absentismo, mais elevados níveis de cinismo e desconfiança, menos comportamentos de cidadania organizacional e menor produtividade. Também se sentem mais alienados do trabalho, adotam mais comportamentos retaliatórios (*e.g.*, furtam objetos da empresa, mesmo que deles não necessitem; sonegam informação; pronunciam-se negativamente acerca da organização) e abandonam a empresa logo que encontram alternativas mais atraentes. Naturalmente, as pessoas que mais abandonam a organização são as mais talentosas — por disporem de mais oportunidades noutras organizações.

Consequentemente, o efeito global é a perda de capital humano e a degradação da competitividade da empresa.

O que mais melindra as pessoas e as conduz a retaliar não é o sacrifício que lhes é pedido — é que esse pedido seja feito por lideranças que se atribuem compensação descomunalmente maior do que a concedida aos normais empregados. O que lhes provoca cinismo é a observação de que as lideranças que fazem a apologia do salário emocional para os empregados preferem, elas próprias, o «real» salário, o material. O que as conduz à revolta é o facto de, em algumas organizações, as lideranças de topo se socorrerem de malabarismos que, embora legais, não são éticos e mostram que essas lideranças estão especialmente preocupadas em encher os seus próprios bolsos. Eis o que escreveu a revista *The Economist*, em maio de 2021, acerca do modo como alguns executivos se fizeram remunerar durante a pandemia:

> O último ano foi péssimo para qualquer tipo de viagem. [Mas] seria impossível sabê-lo a partir do modo como alguns CEOs americanos se fizeram remunerar. Os registos anuais mostram que Larry Culp, o patrão da General Electric, cujo negócio de construção de motores a jato paralisou quando a aviação entrou em queda livre, auferiu 73 milhões de dólares, quase o triplo do que auferira em 2019. Christopher Nassetta, o CEO da Hilton, uma cadeia de hotéis, fruiu um aumento de 161%, tendo recebido 55,9 milhões. A Norwegian Cruise Line, que descreveu 2020 como o mais difícil da sua história, mais do que duplicou a compensação do seu CEO, Frank Del Rio, que atingiu 36,4 milhões. Os três estiveram entre os titãs empresariais que fizeram cortes grandiosos nos seus salários-base e nos seus bónus durante a pandemia. Embolsaram muito mais do que o que perderam. Fizeram-no graças a um belo truque de conjuração. [...] De facto, muitos Conselhos eliminaram o impacto da covid-19 no sistema de compensação baseado no desempenho através da remoção de um ou dois trimestres com fracos números de modo a cumprirem os objetivos de acesso aos bónus ou mudando as métricas de médio prazo ou [...] emitindo novos planos de ações após a pandemia ter destruído os anteriores. [...] O resultado foi a continuação de um inexorável aumento da compensação dos executivos na América durante um ano que, para o comum dos mortais, foi caracterizado por perdas massivas de postos de trabalho, dispensas de pessoal e apoio governamental.

OS EFEITOS DA JUSTIÇA NAS ORGANIZAÇÕES

Os sentimentos de iniquidade criam trincheiras sociais nas organizações e afetam negativamente o seu desempenho. Do mesmo modo, quando se consideram justiçados, os membros organizacionais respondem com mais satisfação, maior empenhamento no trabalho, mais confiança na organização e nas suas lideranças, mais emoções positivas e mais comportamentos de cidadania organizacional. Pronunciam-se mais favoravelmente acerca da empresa, são-lhe mais leais e denotam maior produtividade. Investigações realizadas com líderes apontam no mesmo sentido. Por exemplo, os gestores de topo de subsidiárias de multinacionais que se sentem justiçados desenvolvem maior confiança nos líderes da sede da empresa e empenham-se mais na concretização dos seus objetivos estratégicos. Também adotam mais comportamentos de cidadania organizacional (*e.g.*, despendem energia extra no trabalho, exercem iniciativa acrescida, vão além do que lhes é solicitado para que os objetivos traçados para as filiais sejam alcançados).

Os efeitos da (in)justiça são transversais a múltiplos domínios da vida organizacional. Afetam o modo como são encarados os processos de recrutamento e seleção, as decisões de promoção, as avaliações de desempenho, os processos disciplinares e as reduções da força de trabalho. Exemplificando, quando estas reduções são levadas a cabo com justiça e dignidade, a empresa pode ficar mais resiliente e a sua reputação salvaguardada. Tal sucede porque os próprios visados aceitam melhor a saída e denotam menor propensão para processar judicialmente a empresa e/ou pronunciar-se negativamente acerca da mesma. Os *sobreviventes* encaram a medida mais favoravelmente e empenham-se na construção de um *novo futuro*. Diferentemente, quando a injustiça impera, as retaliações podem ocorrer e a força de trabalho que permanece na empresa pode ficar desvitalizada.

AS ROSAS E O PÃO

Quando convidadas a refletir sobre justiça, as pessoas tendem a pensar apenas numa das suas parcelas: os *resultados*. Ou seja, e exemplificando, pensam no resultado da reestruturação laboral, no salário ou incremento salarial, na sanção disciplinar ou na classificação obtida na avaliação de desempenho. Mas a investigação é clara: as pessoas também reagem ao modo como esses resultados são alcançados, assim como à maneira como se sentem tratadas pelas lideranças. Daqui emergem três dimensões da justiça:

- A justiça *distributiva* focaliza-se no conteúdo, isto é, na justiça dos fins alcançados ou obtidos. Respeita, por exemplo, aos salários, às classificações obtidas nas avaliações de desempenho, às sanções disciplinares, às promoções, aos lucros distribuídos pelos trabalhadores. Para avaliar a justiça distributiva, as pessoas colocam questões como: (a) O incremento salarial é justo?; (b) A sanção que me foi aplicada é justa?; (c) A classificação de desempenho que me foi atribuída é justa?
- A justiça *procedimental* focaliza-se no processo, ou seja, na justiça dos meios usados para alcançar os fins/resultados. Abarca, por exemplo, os procedimentos usados nos aumentos salariais, nos processos disciplinares, nos sistemas de avaliação de desempenho e nos processos de recrutamento e seleção. As pessoas colocam questões como: (a) Os critérios usados para determinar o aumento salarial são justos?; (b) Houve transparência no processo de avaliação de desempenho?; (c) Fui devidamente ouvido no processo disciplinar? Posso recorrer se me sentir injustiçado?
- A justiça *interacional* reflete a qualidade da interação com os decisores. Ocorre quando o decisor age com dignidade e respeito, oferece justificações (adequadas, lógicas, genuínas) às pessoas afetadas pelas decisões, é sensível às suas necessidades pessoais e considera os seus direitos. As pessoas colocam questões como: (a) A minha chefia trata-me com dignidade e respeito?; (b) Explica-me as decisões que me afetam?; (c) Mostra interesse genuíno pelos meus direitos?

De modo simples, pode afirmar-se que a justiça distributiva diz respeito aos resultados — ou seja, ao *pão*. A justiça procedimental e a interacional representam as *rosas*. Naturalmente, as pessoas não se satisfazem com *rosas*. Mas, tendo *pão* suficiente, prestam atenção às *flores*.

A IMPORTÂNCIA DAS ROSAS — ENVOLVER, EXPLICAR E CLARIFICAR EXPECTATIVAS

A relevância dos processos associados às *rosas* foi paradigmaticamente ilustrada por W. Chan Kim e Renée Mauborgne (professores no INSEAD), através do exemplo de uma empresa composta por duas fábricas. A empresa necessitava de reformular o sistema de fabricação, esperando reduzir custos, elevar o desempenho e incrementar a competitividade. A gestão encetou o processo pela fábrica onde as relações laborais eram pacíficas e na qual a força de trabalho atuava exemplarmente. Os gestores intuíram que, após esta implementação, seria mais fácil implementar o novo sistema na segunda fábrica — com tradições sindicais fortes e na qual se esperava forte oposição à implementação do novo sistema.

A intuição revelou-se *errada*. Os trabalhadores da primeira fábrica reagiram desordeira e intempestivamente, daí advindo consequências perversas para os custos e o desempenho. Os gestores da fábrica perderam o controlo do processo. Na segunda fábrica, ocorreu precisamente o inverso. Porque esperavam resistência, os gestores implementaram três princípios fundamentais de um processo justo: *envolvimento* (envolveram as pessoas na implementação da mudança), *explicação* (explicaram o que se pretendia com a nova estratégia) e *clarificação de expectativas* (clarificaram as regras do jogo inerentes à nova estratégia, assim como as expectativas e papéis de cada colaborador). Estes princípios foram negligenciados na primeira fábrica, na qual a gestão esperava uma força de trabalho mais *dócil*.

- A gestão *não envolveu* os empregados. Antes recorreu a uma empresa consultora que foi instruída para trabalhar com celeridade e não perturbar a ação diária. Consequentemente, os empregados depararam-se com *estranhos* na empresa, que tomavam notas e desenhavam gráficos sem interagir com eles. O gestor da fábrica estava frequentemente ausente, deslocando-se à sede para interagir com os consultores, tentando assim evitar perturbações no trabalho diário na fábrica. Começaram então a circular rumores sobre o papel nocivo destes *infiltrados*. E formou-se a convicção (errada) de que ocorreriam despedimentos.
- A gestão também *não explicou* aos empregados os motivos da mudança, nem as implicações daí advenientes para o seu trabalho e as suas

carreiras. Quando os empregados indagaram sobre algumas dessas matérias, obtiveram respostas parcas (*e.g.*, *ganhos de eficiência*), que, embora bem-intencionadas, não lhes permitiram compreender as razões subjacentes à nova estratégia.

- Finalmente, a gestão *não clarificou* aos empregados o que deles esperava no âmbito do novo sistema. A ausência dos três requisitos suscitou quebras de confiança e, consequentemente, declínio no empenhamento e no desempenho.

A ilação é simples: se as três condições não são satisfeitas, mesmo as estratégias mais valiosas podem ser anuladas por resistências à sua implementação. Ao contrário, quando as três condições são observadas, as pessoas sentem-se reconhecidas como seres intelectual e emocionalmente valiosos e não apenas como meros *recursos* humanos. Desenvolvem confiança e dispõem-se a realizar mais do que aquilo que delas é esperado.

Mas reitere-se: as pessoas não se bastam, nem se alimentam, com rosas — precisam de pão. Algumas organizações socorrem-se de rosas como o salário emocional para tentarem motivar as pessoas sem terem de lhes aumentar os verdadeiros salários. A compaixão que algumas organizações e a sociedade dedicaram aos trabalhadores essenciais foi, em muitos casos, uma compaixão simplesmente piedosa, por vezes hipócrita, sentimentalista, sem qualquer tradução na melhoria das condições materiais e salariais. Foi essa hipocrisia que enfureceu os trabalhadores essenciais que, nas ruas, se lamentaram que as palmas, os agradecimentos e os elogios não colocam comida na mesa.

A JUSTIÇA COMO VIRTUDE DOS/AS LÍDERES

O exposto ajuda a compreender como é fundamental que as lideranças sejam dotadas da virtude da justiça. Em certa medida, os empregados reagem perante a organização em função do modo como se sentem tratados pelas lideranças — pois consideram-nas uma espécie de *espelho* da organização. Frequentemente, os empregados abandonam ou mantêm-se na organização devido ao modo como se sentem tratados pelas lideranças. Sendo virtuosamente justas, as lideranças estimulam maior empenhamento, lealdade, confiança e produtividade nos liderados. Podem até mitigar reações negativas dos empregados a injustiças da organização. Por exemplo, um empregado que se sente injustiçado com um fraco aumento salarial pode manter-se na organização devido ao modo respeitador e digno como o seu líder lhe explica honesta e respeitosamente a decisão.

Quando verificam que as suas lideranças são justas, é também provável que os empregados se sintam *psicologicamente mais seguros* para propor ideias novas e criativas — o que pode contribuir para a melhoria dos níveis de inovação e competitividade da organização. Os liderados ficam também mais dispostos a assumirem os erros e a partilhá-los, diminuindo assim os riscos de erros futuros e aumentando as possibilidades de aprendizagem individual e organizacional.

Lideranças virtuosas na justiça asseguram o respeito pela dignidade e pelos direitos humanos. Essas lideranças são encaradas como modelos de atuação pelos membros organizacionais, gerando assim espirais de justiça em toda a organização. Fomentam os relacionamentos justos com entidades exteriores à organização. Diferentemente, quando os empregados sentem que a liderança atua reiteradamente de modo injusto, é provável que desenvolvam sentimentos de raiva e revolta, que podem exercer efeitos negativos sobre as suas famílias e outros membros da comunidade. Lideranças justas também estabelecem relacionamentos mais duradouros e frutuosos com fornecedores, clientes e parceiros de negócios. São mais sensíveis às necessidades das comunidades onde a empresa se insere, conferindo assim maior legitimidade à empresa para operar.

O NECESSÁRIO REALISMO

Do exposto poder-se-ia extrair a ideia de que a virtude da justiça funciona como uma *varinha de condão* que permite evitar numerosos males organizacionais e obter o *paraíso* organizacional. Convém ser realista, por várias razões. O excesso de preocupação de uma liderança em ser justa pode conduzi-la à prática de injustiças indesejadas. Ou pode impeli-la a atrasos na tomada de decisões. Segunda razão: lideranças imparciais e meritocráticas podem ter necessidade de adotar práticas e decisões que ferem alguns interesses, contrariam lógicas nepotistas por vezes profundamente arreigadas e melindram *prima-donas* — daí advindo atos retaliatórios. Lideranças muito empenhadas em justiçar os empregados mais esforçados e com mais elevado desempenho podem adotar práticas de compensação que geram grandes diferenciais remuneratórios. Daí podem advir efeitos perversos para a cooperação no seio das equipas. Pense o leitor, ou leitora, no que sucede em alguns clubes de futebol nos quais uma ou duas *estrelas* são sobrerremuneradas, impelindo outros jogadores a envidarem menores esforços em prol da equipa. As pessoas que mais se empenham merecem o respeito que conquistam com o seu esforço, mas todas as pessoas, como pessoas, merecem respeito. Nem sempre a modéstia do desempenho pode ser-lhes imputada.

Lideranças muito preocupadas com a justiça, mas deficitárias em prudência e sabedoria, podem também ser alvo de comportamentos oportunísticos da parte de indivíduos que, exímios na gestão de impressões, se aproveitam da *fraqueza* de quem os lidera. A justiça, sendo por natureza imparcial (a justiça é *cega*), pode impelir um/a líder a tomar decisões que ferem relacionamentos com interlocutores mais próximos (*e.g.*, amigos e até familiares). Por estas e outras razões, um/a líder *justo/a* pode ter dificuldade em tomar decisões justas se não for também dotado/a de virtudes como a coragem, a integridade, a sabedoria e a prudência. Assim se compreende, pois, como a virtude da justiça necessita da companhia de outras virtudes. Atuar com justiça é necessário — mas não suficiente.

SE A CASA DO MEU VIZINHO ESTÁ A ARDER...

As pessoas não reagem apenas à (in)justiça que lhes cabe, mas também à aplicada a outras pessoas. São sensíveis ao modo como veem outros membros organizacionais (ou entidades exteriores à organização, como os clientes ou fornecedores) serem tratados. Por exemplo, os *sobreviventes* dos despedimentos respondem de modo mais positivo ou negativo consoante o modo justo ou injusto como veem tratadas as pessoas despedidas. Quando observamos que outro membro organizacional foi preterido injustamente numa promoção, receamos que o mesmo nos possa ocorrer, baixamos o nosso nível de confiança, tornamo-nos mais cínicos e podemos até começar a procurar uma organização alternativa onde nos possamos sentir psicologicamente mais seguros. A nossa reação negativa tenderá a ser tanto mais acentuada quanto mais forte a empatia que sentirmos pelas *vítimas*.

Já quando observamos a justiça aplicada a outros membros organizacionais, desenvolvemos maior confiança na organização e nas suas lideranças, sentimo-nos gratos por trabalhar em tal contexto, experimentamos mais emoções positivas e ficamos mais predispostos a atuar com justiça e a cooperar com outras pessoas. A probabilidade de nos mantermos na organização é maior — algo de que a organização não pode prescindir se formos realmente talentosos!

A JUSTIÇA COMO FONTE DE ENERGIA POSITIVA

Num artigo publicado no *Financial Times*, em 18 de janeiro de 2021, David Bodanis escreveu que se pode ser bem-sucedido sem se ser uma pessoa horrível e que há maneiras de gerir as pessoas sem recorrer à crueldade. Apresentou vários exemplos e sugeriu que na base das boas práticas de gestão de pessoas estão três princípios de justiça, que podem ser assim traduzidos: (1) escute as pessoas, mas com conta, peso e medida; (2) seja generoso/a, mas igualmente prudente e atento/a a quem merece; (3) considere as pessoas e não seja defensivo/a, de modo que elas lhe comuniquem o que pensam e estejam mais dispostas a cooperar.

Ser justo não é, pois, um empreendimento fácil, nem assegura necessariamente bons resultados. Mas aumenta a probabilidade de criar equipas e organizações empenhadas e entusiasmadas. De igual forma, as práticas injustas reiteradas criam sentimentos de alienação e retaliação, acabando por ferir o desempenho e a competitividade organizacional. Kim e Mauborgne, já referidos, argumentaram que, sem processos justos, até as melhores estratégias estão condenadas ao fracasso, pois as pessoas resistem à implementação da estratégia ou, pelo menos, não se empenham na sua implementação. Em suma: lideranças justamente virtuosas podem ser uma fonte de energia positiva, tanto para os beneficiários dos atos de justiça como para aqueles que os observam.

AUTOAVALIAÇÃO
Questionário de justiça

Perguntas que merecem resposta afirmativa	S/N
• Concedo oportunidades aos meus colaboradores para exprimirem os seus pontos de vista?	☐
• Procuro recompensar devidamente o esforço e o mérito dos meus colaboradores?	☐
• Sou respeitosamente franco/a e sincero/a com os meus colaboradores?	☐
• Explico aos meus colaboradores as decisões que lhes dizem respeito ou os afetam?	☐
• Promovo a transparência das decisões e procedimentos?	☐
• Mostro preocupação genuína com os direitos dos meus colaboradores?	☐
• Estou familiarizado/a com o desempenho dos meus colaboradores e faço avaliações de desempenho apropriadas?	☐
• Convido os colaboradores a participarem nas decisões?	☐
• Atuo com imparcialidade?	☐
Perguntas que merecem resposta negativa	**S/N**
• Sou parcial no modo como avalio o desempenho dos meus colaboradores?	☐
• As minhas decisões são pouco transparentes?	☐
• Tenho dificuldade em ser franco/a e honesto/a no modo como me relaciono com os meus colaboradores?	☐
• Considero que os direitos dos meus colaboradores não me dizem respeito, bastando-me cumprir a lei?	☐
• Frequentemente, não recompenso as pessoas de acordo com o seu mérito?	☐
• Estou mal informado/a acerca do desempenho dos meus colaboradores?	☐
• Os pedidos e orientações que faculto aos meus colaboradores são frequentemente pouco claros?	☐
• Não explico aos meus colaboradores as decisões que lhes dizem respeito ou os afetam?	☐
• Evito convidar os meus colaboradores a participarem nas decisões?	☐

Perguntas que também merecem resposta negativa	S/N
• A minha preocupação em ser justo/a impede-me de tomar decisões em devido tempo?	☐
• Sou de tal modo preocupado/a com a justiça dos meus atos que, por vezes, acabo por ser injusto/a?	☐
• Sabendo que me preocupo com a justiça, alguns colaboradores abusam ou servem-se das minhas boas intenções?	☐
• A minha preocupação em ser justo/a leva-me a compensar excessivamente as pessoas com elevado mérito, criando diferenciais remuneratórios excessivos?	☐

CAPÍTULO 18

INTELIGÊNCIA SOCIAL: SINTONIZANDO E GERINDO O TERRENO SOCIAL E DAS EMOÇÕES

INTELIGÊNCIA EMOCIONAL, OU A FALTA DELA, EM AÇÃO

GOSTE-SE OU NÃO DO ESTILO de Jacinda Ardern, a primeira-ministra da Nova Zelândia, é indubitável que a popularidade que conquistou (e que, muito provavelmente, não será eterna!) se deve consideravelmente à sua inteligência social. Emma Clifton descreveu-a do seguinte modo:

> Superinteligente, bem-falante e com esse sorriso deslumbrante de marca registada, ela é o tipo de pessoa que gostaríamos de ter bem ao nosso lado num jantar festivo.

Jacinda fez das qualidades empáticas um dos seus maiores ativos, ao combiná-las com grande determinação em momentos críticos — matéria que discutimos no nosso livro *Serpentes e Pombas na Liderança Política*. Cerca de um ano após ter assumido funções, em 2017, Jacinda afirmou à BBC:

> É necessário coragem e força para se ser empática. Tenho muito orgulho em ser uma política empática e focada na compaixão. Ensinamos amabilidade,

empatia e compaixão aos nossos filhos. Mas, quando se trata da liderança política, desejamos uma total ausência dessas qualidades. Portanto, estou a tentar traçar um caminho diferente, que atraia os críticos. Só posso ser verdadeira comigo própria e com a forma de liderança em que acredito.

Contrariamente a líderes políticos que, durante a pandemia, optaram pelo discurso do ódio, da fragmentação e da oposição entre «nós os bons, e eles os maus», Jacinda optou pela via empática e compassiva. E procurou instilar essas qualidades no modo de estar do seu país. Na intervenção perante a 74.ª Assembleia Geral das Nações Unidas, em setembro de 2019, relembrou o trágico massacre terrorista de Christchurch (ocorrido em março desse ano) para afirmar que «a Nova Zelândia não seria definida por um ato de brutalidade e violência, mas antes pela compaixão e pela empatia».

Abraham Lincoln, o 16.º Presidente dos EUA, ainda hoje muito apreciado pelos concidadãos, e que já mencionámos, era profundamente empático. Essa capacidade permitiu-lhe desenvolver relações frutuosas com os aliados, os soldados que combatiam na Guerra da Secessão e os cidadãos. Também o capacitou para articular propostas com maior probabilidade de serem aceites pelos adversários. Com empatia, combinada com sagacidade e determinação, fez passar a 13.ª Emenda à Constituição, abolindo oficialmente a escravatura. Anne Mulcahy, que salvou a Xerox da bancarrota, foi também capaz de fazer a síntese entre empatia e firmeza.

Compare-se este tipo de comportamentos com o de Trump, designadamente quando atuou com «casca-grossa» na receção a uma refugiada síria que havia sido vítima de violação. Ou quando telefonou à família de George Floyd, homem negro vítima de violência policial. Philonise Floyd, irmão da vítima, descreveu o momento:

> Foi tão rápido. Nem sequer me deu a oportunidade de falar. Foi duro. Eu estava a tentar falar com ele, mas ele manteve-me afastado, como que a dizer-me «Não quero ouvir o que tens para me dizer». Disse-lhe apenas que quero justiça. Disse-lhe que não posso crer que tenham cometido um linchamento moderno em plena luz do dia.

A falta de inteligência emocional pode revelar-se em líderes menos funestos. Gordon Brown, ex-primeiro-ministro britânico, foi descrito como deficitário em inteligência emocional. Esta fragilidade pode ajudar a compreender algumas das suas *imprudências* aquando da campanha para as eleições de 2010. Eis como a TVI24 noticiou um evento revelador de imprudência:

> A viúva de 66 anos, Gillian Duffy, exprimiu as suas preocupações a Gordon Brown acerca da imigração da Europa de Leste e ambos conversaram de forma aparentemente amigável, noticia o *Telegraph*. O que o primeiro--ministro não sabia é que ainda tinha o microfone ligado enquanto se afastava no carro e vociferava com a sua equipa, por ter permitido aquele encontro, que classificou de «desastre», chamando Gillian de «fanática». A senhora que, inicialmente, se mostrou satisfeita com as respostas do primeiro-ministro, afirmando que «aparentava ser um bom homem», ficou bastante zangada quando ouviu as considerações de Brown. O primeiro--ministro telefonou a Gillian Duffy para se desculpar pessoalmente pelo ocorrido.

Luiz Felipe Scolari, ex-selecionador, também deu mostras de menor inteligência emocional quando agrediu um jogador adversário após o empate entre Portugal e a Sérvia num desafio de futebol realizado em 29 de setembro de 2007. A ocorrência ficará para os anais do futebol português — não podendo esquecer-se os potenciais riscos que desse gesto advieram para o equilíbrio e o desempenho da equipa nacional. Compare-se o estilo do *sargentão* com o de Pep Guardiola, o treinador que, no *Barça*, ganhou o *triplete* (Liga espanhola, Taça do Rei, Liga dos Campeões) logo que se estreou como treinador principal — e que se tem destacado no Manchester City. O *Diário de Notícias — Desporto* referiu-se-lhe do seguinte modo:

> Guardiola assumiu-se como um exemplo perfeito de *coach* para as multinacionais que atuam em Espanha. Uma espécie de «treinador» de motivações que tira o máximo rendimento dos trabalhadores e potencia a autoconfiança. Segundo os especialistas, o maior mérito de Guardiola foi perceber, desde o primeiro momento, que todos os futebolistas têm personalidades diferentes, convertendo-se num perfeito gestor de conflitos. A chamada inteligência emocional. [...] O treinador do Barça tem inteligência emocional para controlar as suas próprias emoções, autoconfiança, poder de

autogestão, transparência, capacidade de adaptação a situações novas, ambição, otimismo, iniciativa, empatia com os seus jogadores, capacidade organizativa, intuição, influência, capacidade para delegar a sua liderança em campo, habilidade para lidar com o lado humano das pessoas, não criticar publicamente os seus e saber gerir conflitos. Estas são características fundamentais para um líder do mundo empresarial.

Também num texto publicado no *website* da Wharton High School, cujo título aludia à *liderança tranquila*, Guardiola era assim descrito:

> [...] É um indivíduo com enorme capacidade de trabalho, realizando análises profundas acerca dos rivais, e sendo também equilibrado do ponto de vista emocional. Nas reações aos resultados dos jogos, «não se deixa levar pela euforia nem se deixa cair em desespero», refere Cubeiro [presidente da empresa de consultoria Eurotalent e professor da Universidade de Deusto, San Pablo-CEU e da ESADE]. Isto é digno de ser enfatizado porque, como ele nota, «mais de 80% da liderança é inteligência emocional, ou seja, como as emoções são canalizadas e, neste caso, como são depois transmitidas à equipa». Isto não oculta o facto de Guardiola desempenhar o seu papel com paixão. Mas, quando enfrenta os *media* e o decurso da competição, «sabe a importância do que diz e do modo como o diz. Por essa razão, empenha-se fortemente em transmitir calma.»

A liderança do tão *adulado* quanto *odiado* José Mourinho tem sido mais oscilante. Algumas derrotas e os riscos de perda de um trono vencedor, porventura ferindo a autoconfiança e a autoestima da *estrela* portuguesa, podem ajudar a compreender o sucedido aquando do segundo jogo da final da Supertaça de Espanha (2011). O jornal *The Guardian* intitulou do seguinte modo uma peça sobre a matéria: «José Mourinho usou de violência contra o Barça para disfarçar o seu fracasso». Após o madrileno Marcelo ter sido expulso, Mourinho deu mostras da sua *testosterona*, tendo *agredido* Tito Vilanova, o auxiliar de Guardiola, *colocando* o dedo no olho do rival do Barça. Vilanova (cujo verdadeiro nome Mourinho parece ter simulado *desconhecer*, denominando-o de «Pito Vilanova») respondeu na mesma moeda, dando uma chapada na cara do treinador português. O jornal *The Guardian* sublinhou a *irracionalidade* do ato de Mourinho:

A perda de autocontrolo de Mourinho [...] foi uma prova da sua incapacidade emocional para aceitar, mais um ano, um papel secundário. Apesar dos milhões de palavras escritas acerca da sua astúcia maquiavélica, esta última travessura expõe alguma parvoíce, assim como indecência, pois Mourinho parece ter esquecido que qualquer ato sorrateiro é agora registado e divulgado em todo o mundo através dos meios digitais.

Perante o caso, Guardiola voltou a dar mostras de controlo emocional e temperança. Apelou à calma e recusou-se a alimentar o conflito, chamando a atenção para os riscos de uma escalada com potenciais efeitos perversos sobre o futebol espanhol e os seus intervenientes. Mourinho terá acabado por mostrar arrependimento, segundo algumas notícias. Em qualquer caso, a sua conduta parece ter prejudicado o próprio e o clube — como o antigo dirigente dos *merengues*, Jorge Valdano, viria a reconhecer.

COMBINANDO A GESTÃO DE SI PRÓPRIO/A, DAS EMOÇÕES E DOS RELACIONAMENTOS SOCIAIS

Os exemplos expostos ajudam a compreender a relevância da inteligência emocional e, designadamente, uma das suas dimensões: o autocontrolo emocional, que representa uma forma específica de temperança (veja o Capítulo 13). A inteligência emocional é uma vertente da inteligência social, envolvendo a competência para percecionar e expressar emoções, compreendê-las e usá-las, e geri-las em si próprio/a e nas outras pessoas. Os indivíduos emocionalmente inteligentes usam a razão para compreender as emoções (as próprias e as dos outros) e lidar com elas e recorrem às emoções para interpretar o meio envolvente e tomar decisões mais racionais.

A inteligência emocional é, pois, o conjunto de capacidades que tornam a pessoa capaz de percecionar e gerir devidamente as emoções próprias e alheias e que lhe permitem atuar de forma adulta e autocontrolada, evitando incorrer em comportamentos regressivos e emocionalmente imaturos. Inclui capacidades como:

- Compreender corretamente as emoções próprias e as das outras pessoas;
- Manter «a cabeça fria» em momentos emocionalmente tensos;

- Mostrar empatia, ou seja, a capacidade de se colocar na *pele* dos interlocutores para melhor os conhecer, compreender e gerir/controlar.

A inteligência social é uma competência mais ampla que envolve a inteligência emocional, a inteligência intrapessoal (capacidade de compreensão de si próprio, capacidade de automotivação e autoencorajamento) e a inteligência interpessoal (capacidade de lidar e gerir as emoções dos outros, capacidade para desenvolver relacionamentos sociais frutuosos). É da inteligência *social*, em geral, que aqui nos ocupamos.

A INTELIGÊNCIA SOCIAL E A EFICÁCIA DAS LIDERANÇAS

As lideranças socialmente inteligentes são mais capazes de *sintonizar* as emoções dos liderados e das equipas. Ficam, assim, mais aptas a tomar decisões ajustadas ao estado emocional que observam nos interlocutores. São mais capazes de compreender as frustrações, as necessidades e os problemas que os liderados estão a sentir, pelo que se tornam mais aptas a atuar apropriadamente e a vencer as respetivas resistências à mudança. Compreendendo o que motiva as outras pessoas, estas lideranças são mais capazes de desenhar estratégias motivadoras e inspiradoras para as mobilizar ou influenciar. São mais recetivas às críticas e discordâncias provindas dos membros da equipa, deixando estes mais livres para apresentarem ideias criativas que permitam resolver problemas e aproveitar oportunidades. Sintonizando o *pulso* emocional e social da equipa, estas lideranças são mais capazes de desenhar uma visão e objetivos que a mobilizem. Incentivam a persistência dos colaboradores perante obstáculos. São também comunicacionalmente mais eficazes e mais persuasivas e transmitem mais entusiasmo às equipas.

Sendo capazes de irem para lá do óbvio e de identificar sinais emocionais (de natureza verbal e não-verbal) nos seus interlocutores, as lideranças socialmente inteligentes são também mais eficazes na escolha de pessoas a nomear para cargos específicos. Com maior tacto social e emocional, maior empatia e superior autocontrolo emocional, estão mais capacitadas para obter apoio de pessoas-chave para as suas decisões e projetos.

Conhecem melhor as redes e os relacionamentos sociais em seu redor, pelo que ficam mais habilitadas para obter apoio, vencer resistências e propagar com sucesso as suas ideias e projetos. São, por conseguinte, mais capazes de desenvolver *networking*, um recurso crucial para criar e desenvolver poder — sendo o poder essencial para agir sobre a realidade organizacional, ter influência e obter resultados. Estas lideranças estão também mais aptas a proporcionar *coaching*, mentoria e oportunidades de desenvolvimento aos membros da equipa.

As lideranças socialmente inteligentes são também capazes de escutar e compreender as necessidades e idiossincrasias de clientes, fornecedores, autoridades, sindicatos e outros interlocutores, ficando assim mais aptas para vencer barreiras à colaboração e satisfazer as respetivas pretensões. São ainda mais capazes de se autocompreenderem, nos melhores e nos piores momentos. Assim, compreendem qual o momento apropriado para exprimir *versus* calar as suas intenções e sentimentos. Estas lideranças sabem que o estado emocional tenso em que se encontram pode levá-las a decisões menos acertadas e a palavras menos ponderadas. Ao compreenderem-se a si próprias, sabem quando precisam de partilhar dificuldades e problemas, obtendo apoio social e emocional. Compreendem, também, como as emoções positivas que vivem num dado momento podem ser propícias a decisões criativas — mas também as podem conduzir a um excesso de otimismo que as impele a ignorar riscos ou desvalorizar potenciais obstáculos.

Mike Hackworth, cofundador da Cirrus Logic, referiu que uma das práticas que mais o ajudou na carreira foi a capacidade de se «colocar na pele dos outros» — tanto numa negociação como na motivação dos membros de uma equipa para levarem a cabo o trabalho ou realizarem uma tarefa importante num curto espaço de tempo. Do seu ponto de vista, foi a empatia que o ajudou a reforçar a energia dos seus interlocutores, obtendo deles resultados incomuns. Daniel Goleman afirmou:

> O quociente de inteligência e as competências técnicas são importantes para a eficácia dos líderes, mas a condição *sine qua non* é a inteligência emocional. [...] Sem ela, uma pessoa pode ter a melhor instrução do mundo, um pensamento incisivo e analítico e um interminável conjunto de brilhantes ideias, mas não será um grande líder.

BASES NEUROLÓGICAS DA INTELIGÊNCIA SOCIAL

Investigações no domínio da neurociência sugerem que a inteligência social pode ter bases biológicas. Algumas ações dos líderes, designadamente a empatia e a capacidade de sintonizarem as emoções dos outros, podem afetar tanto a química dos seus cérebros como a dos liderados. A química cerebral assim gerada pode, por seu turno, impelir as lideranças a adotarem condutas socialmente mais inteligentes, num processo de influência recíproca que não ocorre com lideranças desprovidas de inteligência social. Em processos de relacionamento entre líderes e liderados, os neurónios de uns reproduzem as emoções dos outros. Por exemplo, o sorriso e a boa disposição de um líder podem suscitar reações positivas nos liderados porque os neurónios destes captam e são sensibilizados pelas emoções positivas do líder. As reações positivas dos liderados podem, por seu turno, gerar efeitos positivos no líder.

A este propósito, Daniel Goleman e Richard Boyatzis referiram-se do seguinte modo a Herb Kelleher (1931–2019), fundador e ex-CEO da Southwest Airlines, uma companhia área conhecida por ter alcançado sucesso devido à entrega ao trabalho e à boa disposição dos seus empregados:

> Certa vez, analisámos um vídeo de Herb Kelleher [...] deambulando nos corredores de Love Field, em Dallas, a base da companhia área. Podíamos vê-lo, praticamente, a ativar os neurónios [...] de cada pessoa que encontrava. Oferecia beijos radiantes, apertava a mão a clientes [...] e abraçava empregados à medida que lhes agradecia o bom trabalho. E recebia em troca o que dava. Típica foi a hospedeira cuja face se iluminou quando inesperadamente encontrou o patrão: «Oh, minha doçura», disse ela, cheia de entusiasmo, e deu-lhe um grande abraço. Explicou ela mais tarde: «Toda a gente se sente com ele como se estivesse em família.»

APRENDER A DESENVOLVER A INTELIGÊNCIA SOCIAL

Esta base biológica da inteligência social poderia levar a supor que não estamos na presença de uma *virtude* — mas de algo imutável que os indivíduos são incapazes de desenvolver através de ações virtuosas. Todavia, segundo os especialistas, há razões para supor que a vontade de aprender e a capacidade para mudar hábitos e adotar condutas apropriadas podem alterar os próprios neurónios e, assim, sustentar o desenvolvimento da inteligência social. As pessoas não são necessariamente prisioneiras dos seus genes, podem desenvolver redes neuronais se adotarem comportamentos apropriados. Se o leitor, ou leitora, está nesta condição, poderá adotar algumas medidas:

- Observe como se comportam as pessoas com elevada inteligência social. Aprenda com elas a adotar condutas que tornem a sua pessoa mais empática e capaz de compreender e gerir as suas emoções e as dos outros.
- Vá observando as reações das pessoas com quem se relaciona (superiores, colegas, subordinados, clientes, parceiros de negociação e outros interlocutores) e aprendendo a melhorar condutas.
- Para compreender em que áreas de relacionamento e gestão emocional necessita de melhorar, pode pedir ajuda e conselho a pessoas com as quais se relaciona — e que estejam dispostas a transmitir-lhe um verdadeiro retrato da sua pessoa.
- Pode também socorrer-se de um *coach* que ajude a sua pessoa a desenvolver as ações apropriadas. Um processo de *coaching* pode começar com uma avaliação de 360 graus, que ajudará a sua pessoa a compreender como outras em seu redor (designadamente superiores, colegas e subordinados) o/a veem e em que medida essa perspetiva externa coincide com a sua autoavaliação. A ajuda de um mentor pode também ser crucial.

INTELIGÊNCIA SOCIAL EM DIFERENTES CONTEXTOS

As competências associadas à inteligência social não são identicamente relevantes para todas as lideranças e contextos. Por exemplo, para uma organização em crise, o autocontrolo emocional e o autoencorajamento podem ser mais relevantes do que a empatia. Quando o moral das equipas é baixo, a empatia de quem lidera pode ser mais necessária do que a sua capacidade de compreensão das emoções próprias. Em determinados contextos organizacionais mais *viris*, a sensibilidade para as emoções dos outros pode ser encarada de forma menos positiva — sendo mais *apropriado* adotar condutas *duras* e pouco empáticas. Para líderes que pretendem selecionar outros líderes, esta é uma orientação importante — sugerindo que diferentes missões requerem diferentes combinações de competências emocionais/sociais.

Importa também compreender que a carência de uma dada competência emocional numa liderança não é impeditiva do seu sucesso. Por exemplo, um líder deficitário em empatia pode rodear-se de alguém detentor dessa competência. Um dos autores deste livro conheceu uma executiva que, consciente das suas limitações empáticas, incumbiu uma colaboradora de todas as ações sociais que envolvessem maior proximidade social/emocional (*e.g.*, enviar cartões de felicitações no dia do aniversário, transmitir condolências). Líderes competentes tomam consciência das suas fragilidades e rodeiam-se de pessoas que possam suprir essas carências.

«TUDO O QUE É DEMAIS É MOLÉSTIA»

Nem sempre a inteligência emocional (ou, pelo menos, algumas das suas facetas) é virtuosa. Algumas lideranças podem socorrer-se desta capacidade para manipular os outros e prosseguir finalidades desonestas por meios incorretos. Podem transformar a empatia num mecanismo de *sedução* que lhes permite instrumentalizar e enganar os outros, ferir a sua dignidade e intoxicar o clima social da equipa e da organização. Esta empatia é meramente cognitiva, cerebral, racional — desprovida de qualquer pingo de sentimento pela alegria ou pela dor dos outros. Lideranças com esse traço podem tornar-se abusadoras. Colocam-se na pele dos outros para manipulá-los. Rebecca Alexander referiu, na *Management Today*, que o *lado escuro* da inteligência emocional pode ajudar a compreender o *sucesso* de criminosos como Bernie Madoff ou os *coveiros* da Enron (Kenneth Lay) e da Worldcom (Bernie Ebbers). Elizabeth Holmes, que fundou e liderou a Theranos e depois caiu nas malhas da justiça, também se destaca pela empatia, que tem usado com grande poder sedutor — designadamente para recolher financiamento de centenas de milhões de dólares. Um artigo publicado na *Vanity Fair* atribuiu-lhe tendências sociopáticas. Por conseguinte, é necessário que, além da inteligência social, os líderes sejam dotados de outras forças como a integridade, o sentido de justiça e o respeito genuíno pelos outros.

Lideranças emocionalmente empáticas que sofrem e se alegram com os outros podem também ficar incapacitadas de tomar decisões duras, mas necessárias. Podem fechar os olhos a condutas pouco éticas que, se fossem denunciadas e punidas, criariam sofrimento ao autor dessas ações. Portanto, para ser virtuosa, a empatia necessita da companhia da coragem e da honestidade.

Acresce que, sendo a inteligência social uma força multifacetada, o défice numa faceta pode tornar perverso o uso de outras facetas. Por exemplo, uma liderança muito empática e compreensiva das emoções dos seus interlocutores pode enfrentar dificuldades se não denotar autocontrolo emocional. A sua sensibilidade emocional pode impedi-la de tomar decisões difíceis, mas necessárias (*e.g.*, punir prevaricadores) — e torná-la *lamechas* e desrespeitada. Uma liderança com excessivo autocontrolo emocional e desprovida de empatia pode tornar-se emocionalmente *fria* e incapaz de expressar adequada e genuinamente emoções perante os seus interlocutores. Uma liderança excessivamente *afinada* pelas emoções positivas da equipa pode perder *distância emocional*, ficando incapaz de tomar decisões difíceis que contrariem o estado de espírito da equipa. Ou seja: pode ficar *inebriada* pelo tom emocional positivo da equipa.

Duas notas finais são requeridas. A primeira releva para lideranças que atuam em contextos culturais particulares. Práticas de expressividade emocional apropriadas num dado país podem ser socialmente rejeitadas noutros locais. Por exemplo, a expressão pública de algumas emoções pode ser socialmente desaprovada em alguns países asiáticos. Se o leitor, ou leitora, tem dúvidas, reflita sobre o modo como os Japoneses se expressaram aquando do terrível *tsunami* ocorrido em 2011. Alguma vez assistiu a imagens televisivas que mostrassem Japoneses a chorar copiosamente ou a manifestar a sua *raiva*?

A segunda é um comentário de prudência acerca da alegada virtuosidade da empatia. A capacidade de uma liderança para empatizar com os liderados requer mais do que colocar-se na pele deles. O esforço para adotarmos a perspetiva dos nossos interlocutores não implica necessariamente que sejamos mais capazes de compreender o que eles verdadeiramente pensam e sentem. Ao procurarmos ver a realidade a partir da perspetiva das outras pessoas, podemos, aliás, reforçar os nossos estereótipos acerca delas e fazer juízos menos apurados acerca do que elas pensam ou sentem. Em situações de conflito, um tal esforço empático pode até reforçar as distâncias entre os contendores. Sendo a nossa realidade distinta da realidade dos outros, incorremos no risco de imaginar a realidade dos outros a partir da nossa. Como resultado, agrava-se o fosso relacional. Escapar a este perigo não requer o abandono da capacidade empática. Antes exige que a *adoção* da perspetiva do outro seja substituída pela *obtenção* da mesma. Em vez de simplesmente fazermos esforços mentais para imaginar como a outra pessoa pensa e se sente, devemos *perguntar-lhe* como pensa e se sente. Devemos escutá-la ativamente.

AUTOAVALIAÇÃO
Questionário de inteligência social

Perguntas que merecem resposta afirmativa	S/N
• Compreendo bem os meus sentimentos e emoções?	☐
• Compreendo bem as emoções das pessoas com quem me relaciono?	☐
• Encorajo-me a fazer o meu melhor?	☐
• Consigo manter-me calmo/a em situações emocionalmente tensas?	☐
• Exprimo respeitosa e calmamente os meus pontos de vista?	☐
• Sou um/a bom/a ouvinte?	☐
• Consigo colocar-me «na pele» dos outros, mesmo quando não concordo com eles?	☐
• Compreendo as causas das minhas emoções?	☐
• Normalmente sei se estou ou não feliz?	☐
• Sou sensível aos sentimentos e emoções dos outros?	☐
• Encorajo-me a mim próprio/a?	☐

Perguntas que merecem resposta negativa	S/N
• Deixo-me dominar pelas emoções das pessoas que me rodeiam?	☐
• Quando me provocam, perco facilmente a calma?	☐
• Tenho dificuldade em colocar-me na pele das outras pessoas?	☐
• Sou um/a fraco/a ouvinte?	☐
• Sou indiferente à felicidade dos outros?	☐
• Perco facilmente o controlo emocional?	☐
• Tenho dificuldade em compreender as razões das minhas emoções e sentimentos?	☐
• Frequentemente, deixo-me vencer pelos obstáculos e desisto?	☐
• Sou insensível às emoções dos outros?	☐
• Tenho dificuldade em compreender os sentimentos dos outros?	☐
Perguntas que também merecem resposta negativa	**S/N**
• Uso a minha capacidade de compreensão das emoções e sentimentos dos outros para manipulá-los?	☐
• Aparento ser sensível às emoções dos outros, mas não me interessam?	☐
• Aparento confiar nos outros, embora seja realmente cínico/a?	☐
• Sou indiferente à felicidade dos outros, embora mostre o contrário?	☐
• Sou um/a manipulador/a de emoções nato/a?	☐

CAPÍTULO 19

É A AUTENTICIDADE UM NUTRIENTE DA CONFIANÇA? DEPENDE!

CONCURSOS DE AUTENTICIDADE

A AUTENTICIDADE TRANSFORMOU-SE, em alguns contextos, numa moda. Jonathan Guthrie, editor do *Financial Times*, afirmou que ela se tornou uma «arma vital para os *marketeers*». Preconiza-se a autenticidade dos vinhos, da comida, da indumentária, dos costumes — e também das lideranças. Algumas campanhas eleitorais são *autênticos* concursos de autenticidade. Rob Goffee e Gareth Jones, da London Business School, argumentaram que as melhores lideranças, além de criarem um sentido de comunidade nas organizações, de criarem condições para que as pessoas realizem trabalho com significado e de instilarem um sentido de entusiasmo e alegria no trabalho, também são autênticas. Bill George, ex-CEO da multinacional Medtronic e depois professor em Harvard, quando se interrogou sobre as razões da crise de confiança no mundo dos negócios, identificou um fator-chave: a ausência de liderança autêntica.

A tese fundamental do autor pode ser resumida em três pontos. Primeiro: precisamos de uma nova liderança para evitar a repetição dos escândalos que têm abalado o mundo empresarial e que têm afetado negativamente inúmeras pessoas e prejudicado a credibilidade das lideranças empresariais em geral. Segundo: as lideranças mais eficazes orientam-se pelo seu *verdadeiro norte*, são genuínas e autênticas (em vez de emularem outras figuras de liderança) e desenvolvem a autenticidade dos membros das equipas e da organização. Estão mais preocupadas com servir os outros do que com nutrir o seu próprio sucesso ou reconhecimento. Terceiro: as lideranças e as empresas orientadas por missões *autênticas* trazem mais benefícios para os acionistas do que as empresas financeiramente orientadas.

Pese embora a pertinência dos argumentos, esta abordagem tem algumas limitações, que exploraremos posteriormente neste capítulo. Aqui, basta um exemplo para explicar o nosso ceticismo. Carlos Ghosn, o ex-líder da Nissan que passou de herói a vilão, era reconhecido pelas suas demonstrações de transparência e franqueza. Era um homem autêntico. Mas ninguém se atrevia a confrontar as suas opiniões. Alguns executivos e empregados foram avisados de que seriam removidos se lhe expressassem opiniões contrárias. Ghosn era de tal modo franco com os outros que minava a franqueza dos outros para com ele. A sua franqueza *afrontava* os liderados. E estes, numa posição de poder inferior, não se atreviam a ser francos com ele.

O QUE É A AUTENTICIDADE

A autenticidade é a tendência dos indivíduos para serem genuínos e verdadeiros consigo próprios e com os outros, para assumirem os seus erros e para se responsabilizarem pelas consequências das suas ações. Quando aplicada à liderança, a autenticidade envolve quatro dimensões:

- *Orientação moral* — a pessoa que lidera orienta-se por elevados padrões de conduta ética e moral, e não se deixa tolher por pressões nem pelo desejo de agradar aos outros.
- *Transparência relacional* — a pessoa que lidera apresenta-se de modo genuíno perante os outros, partilha abertamente informação, expressa os seus verdadeiros pensamentos e sentimentos. Deste modo, estimula os outros a apresentarem ideias e opiniões de modo igualmente autêntico/transparente.
- *Autoconsciência* — a pessoa que lidera compreende as suas forças e fraquezas, tem consciência do modo como encara o mundo, é capaz de entender fielmente o modo como os outros o encaram e compreende como ela própria exerce impacto sobre os outros.

- *Processamento equilibrado da informação* — a pessoa que lidera analisa objetivamente a informação relevante antes de tomar decisões, convida os colaboradores a exporem pontos de vista que possam colidir com a sua própria opinião e concede oportunidade de participação a todas as pessoas (mesmo às que discordam de si).

As lideranças autênticas conhecem-se a si próprias, orientam-se por uma bússola moral (não se deixando tolher por contingências ou pressões externas, como o desejo de agradar ou de aceder a recompensas financeiras), são transparentes na relação com os outros e não são *preconceituosas* quando enfrentam opiniões e perspetivas distintas das suas.

Esta descrição ajuda a compreender porque a proclamação da liderança autêntica tem emergido como tentativa de resposta à crise moral e de confiança que os escândalos empresariais provocaram. As lideranças empresariais caíram em *má conta* na sociedade em geral. Presume-se que só atuando autenticamente e observando padrões éticos essas lideranças possam restaurar a confiança nos negócios — e promover o desenvolvimento das organizações, dos seus membros e da comunidade.

QUATRO PONTOS PRÉVIOS

Antes de prosseguir, importa sublinhar quatro pontos. Em primeiro lugar, a autenticidade das lideranças não é, em sentido estrito, uma virtude — mas uma conjugação de virtudes e forças de carácter. Em segundo, as lideranças autênticas não são necessariamente participativas, democráticas ou carismáticas. Podem, até, ser diretivas e governar com *autoridade*. Não são dotadas de um estilo único ou predominante. Em terceiro, a liderança autêntica não é a «varinha de condão» para a resolução dos problemas de confiança citados, nem um caminho garantido para o sucesso. Pode ser um facilitador e uma condição importante — mas não assegura, *per se*, resultados positivos. O quarto ponto é mais controverso e complexo. E pode ser interpretado a partir de uma descrição feita por Jonathan Guthrie, no *Financial Times*, acerca da moda em que a autenticidade se tem vindo a transformar:

> Num seminário de liderança para executivos que frequentei recentemente, o formador explicou que a autenticidade era o principal atributo que os

presentes deveriam irradiar, incluindo «diferentes tipos de autenticidade para diferentes públicos». Isto significa ser um tecnocrata nas reuniões do conselho de administração, um pragmático entre os gestores intermédios e uma pessoa comum no chão da fábrica.

Como o/a leitor/a compreenderá, a descrição encerra uma contradição que convém evitar, pelo menos nas lideranças que pretendem ser verdadeiramente autênticas! Importa, todavia, escapar a considerações extremadas sobre a matéria, sob pena de a autenticidade não ser virtuosa. A autenticidade virtuosa não significa *dizer tudo o que se pensa*, insensatamente e a coberto da desculpa da *franqueza*. Ser franco/a, por si só, não é uma virtude. Algumas pessoas são *francamente* rudes, abrasivas e desrespeitadoras dos sentimentos e da dignidade dos outros.

Para ser virtuosa, uma liderança autêntica deve também ser respeitadora, prudente e sensata, ponderando as consequências das suas ações, decisões e palavras e ajustando as suas condutas aos contextos em que atua. Uma liderança desprovida destas qualidades não pode ser considerada autêntica — mas insensata, imprudente, descontrolada ou néscia. Foi esta exigência, em certa medida paradoxal, que levou Lucy Kellaway, também colunista do *Financial Times*, a enfatizar jocosamente:

> De facto, quanto mais penso no assunto, mais recomendo a todos os líderes que sejam inautênticos. O que os grandes líderes necessitam é de ter muitos diferentes *eus*, os quais podem alternar facilmente consoante os requisitos de cada situação. Necessitam de ser vendedores, motivadores, figuras de autoridade, desempenhando bem todos os papéis. Devem agir corretamente e jamais parecerem insinceros. Necessitam de ser capazes de fazer o que não surge naturalmente e parece autêntico.

DE ONDE PROVÉM A AUTENTICIDADE?

Ambientes organizacionais humanamente inclusivos, éticos, zelosos e focalizados nas forças das pessoas podem nutrir ou facilitar a autenticidade de quem lidera. A autenticidade pode também provir de influências familiares, do contacto com lideranças exemplares ou de desafios vultuosos enfrentados em determinados momentos da vida. Eventos ativadores (tais como mudanças dramáticas nas circunstâncias pessoais, a morte de um familiar, ou experiências profissionais marcantes) podem também ser o estímulo subjacente. Muitos líderes são autênticos porque *transformaram o veneno em remédio* — ou seja, transformaram as adversidades em oportunidade para serem melhores seres humanos e contribuírem para a melhoria dos seus semelhantes e da comunidade humana.

O caso de Daniel Vasella, CEO da Novartis, é paradigmático. Tal como referido no Capítulo 1, foram as circunstâncias adversas experimentadas em tenra idade (várias doenças, o afastamento dos pais, a morte prematura de familiares) que moldaram o seu carácter. Mas as experiências gratificantes vividas durante os tratamentos hospitalares também foram marcantes. Nas palavras do próprio, os gestos humanos de «perdão, zelo e compaixão» marcaram-no e influenciaram o tipo de pessoa que ele quis ser — e que haveria de alimentar enquanto CEO da Novartis. O caso de Howard Schultz, líder da Starbucks, é também ilustrativo (veja, igualmente, o Capítulo 1). Foram as adversidades em tenra idade que moldaram a pessoa que viria a ser e a conduta que veio a adotar como líder.

LIDERANÇA AUTÊNTICA E EFICÁCIA

Estudos por nós realizados sugerem que a liderança autêntica promove várias forças psicológicas (autoconfiança, otimismo, esperança, resiliência), emoções positivas e a criatividade dos colaboradores — e o desempenho das equipas. Outros estudos sugerem que as lideranças autênticas tornam os liderados mais felizes, empenhados e produtivos. Estes efeitos podem ser explicados, sucintamente, do seguinte modo. Os membros da equipa identificam-se mais fortemente com a liderança e a equipa. Ficam também mais orgulhosos por pertencerem à equipa e trabalharem com uma liderança autêntica. Consequentemente, experimentam mais emoções positivas e desenvolvem forças psicológicas como a esperança, a autoconfiança e o otimismo. Estas forças e as emoções positivas levam-nos a sentir que realizam um trabalho com significado para as suas vidas, ficando também empenhados no trabalho e mais satisfeitos. Consequentemente, são mais produtivos, adotam mais comportamentos de cidadania organizacional (*e.g.*, ajudam os colegas e os líderes, protegem a reputação da organização) e desenvolvem menos o desejo de abandonar a organização.

Acrescente-se que, ao liderarem pelo exemplo e de acordo com uma bússola moral, as lideranças autênticas constroem ambientes organizacionais mais propícios à confiança e à cooperação. Acolhendo pontos de vista diferenciados, mesmo que dissonantes com os seus, essas lideranças ficam mais capacitadas para acederem a informação mais rica e, assim, tomarem decisões de melhor qualidade. Além disso, é mais provável que os membros da equipa lhes transmitam a verdade.

Assumindo os erros, as lideranças autênticas são também mais capazes de aprender com estes e de mudar o curso da ação — em vez de, simplesmente, persistirem no erro. Com lideranças autênticas, a organização incorre em menos riscos de se envolver em práticas ilícitas ou de duvidosa legalidade. Por conseguinte, a empresa adquire maior credibilidade junto das autoridades, das comunidades, dos clientes e de outros *stakeholders*. A capacidade de atrair candidatos a emprego talentosos é também maior, aumentando assim o nível de capital humano da organização.

Paralelamente, lideranças deficitárias em autenticidade minam a confiança no seio das equipas e da organização e ferem os mecanismos de cooperação no trabalho. Os membros das suas equipas receiam transmitir-lhes a verdade desagradável e são menos criativos. A identificação dos liderados com a organização, assim como a entrega ao trabalho, também decrescem. Os riscos de más práticas aumentam, daí advindo custos para a reputação e a credibilidade da organização.

MITIGANDO O ENTUSIASMO[9]

O que acabámos de argumentar requer, todavia, algumas cautelas interpretativas. Antes de mais, mudamos ao longo das nossas vidas. Somos seres em permanente construção. Encaramos a realidade de modos diferentes em diferentes momentos e circunstâncias. O facto de nos expressarmos de modos diferentes em diferentes situações e diferentes momentos das

---

[9] Partes desta secção foram adaptadas de um artigo publicado na revista *Líder*. Estamos gratos a Catarina Barosa por ter autorizado a inclusão do texto neste livro.

nossas vidas não nos torna menos autênticos. O nosso «eu» pode (e, em alguns casos, deve) mudar ao longo da vida. É assim que crescemos e nos desenvolvemos. Acresce que, até por razões morais, os desafios de cada momento podem requerer alguma contenção na expressão das nossas emoções, pensamentos e ideias — sobretudo se estamos incumbidos de funções de liderança. Podemos ter necessidade de nos contermos — ou de mostrarmos algo que (ainda) não somos ou temos.

Ademais, a liderança é muito mais do que «líder». É um processo relacional, construído por líderes e liderados. Esse processo é afetado pelos desníveis de poder e de recursos. Expressar franqueza à chefia não equivale a expressá-la a subordinados, pares ou amigos. Quando uma pessoa em funções de liderança expressa franqueza, não pode simplesmente esperar que os liderados, naturalmente, sejam francos com ela — como o caso Ghosn anteriormente citado bem revela.

Nas nossas atividades formativas e de *coaching*, algumas lideranças têm partilhado a frustração e a irritação: «Olhe, é assim que trabalho: digo sempre o que penso. Não compreendo porque a minha equipa não atua do mesmo modo para comigo. Falta-lhes coragem.» Naturalmente, perante este tipo de comentários, não devemos descartar a possibilidade de o problema radicar, de facto, na escassa coragem dos membros da equipa destas lideranças. Mas, muito frequentemente, a raiz do mal é outra. Algumas dessas lideranças são *francamente* rudes, descuram o impacto das suas ações e palavras sobre os outros, reagem com *franca* irritação e transparentes (mas desrespeitadores) comentários quando as pessoas expressam opiniões contrárias às suas. Essas lideranças pretendem encorajar a franqueza dos outros — mas matam-na com a sua própria franqueza. Esquecem-se de que as suas francas irritações manifestadas em reuniões anteriores deixam marcas para a reunião seguinte — mesmo que, nesta, sejam genuinamente calmas e respeitadoras. Com o seu comportamento anteriormente expresso, essas lideranças criam um buraco negro que absorve as suas mais genuínas demonstrações de respeito nos encontros relacionais posteriores. Um executivo, participante num evento de formação, exemplificou o fenómeno extremo:

> O meu chefe está sempre a encorajar-nos para que lhe digamos francamente o que pensamos. Mas é bem claro que isso só é válido quando pensamos como ele ou estamos de acordo com as suas opiniões.

A maior parte dos casos problemáticos não é tão extrema. Muitas lideranças desejam genuinamente estimular a franqueza das suas equipas. Expressam esse desejo com palavras, mas não se dão conta de que as suas ações e reações comunicam outra mensagem. Ignoram que o que comunicam não é o que dizem — é, antes, o que os liderados interpretam.

A franqueza de um/a líder, quando acompanhada de expressões de humildade e respeito, estimula a franqueza dos liderados. Todavia, quando essa franqueza é fruto do narcisismo do/a líder e do seu desejo de impor ideias e valores, destrói a dos liderados. Num estudo nosso que envolveu mais de uma centena de líderes, foi isso mesmo que constatámos. Quando a liderança é franca, mas também humilde e respeitadora, os liderados expressam franqueza. Se o líder franco e transparente é desprovido de humildade e prudência, o que veicula é desrespeito pelos liderados — e estes «não abrem o bico».

A franqueza pode ser uma grande qualidade. Mas deve ser acompanhada de prudência, sensatez, humildade e respeito. A postura «sou assim mesmo, é assim que eu trabalho, e eles têm de me aceitar como sou» não é a melhor forma de criar um espaço relacional que permita a franqueza mútua. Eis a lição: seja autêntico/a, mas não ao ponto de matar a autenticidade dos outros para consigo. Caso contrário, será autêntico/a consigo/a próprio/a — mas os liderados não serão autênticos para consigo.

AUTENTICIDADE COM SENSO

A autenticidade, para ser verdadeiramente *virtuosa*, necessita, pois, da companhia de outras virtudes. Alguns líderes *autênticos* (ou seja, *transparentes* no modo como agem e pensam) são abrasivos, injustos, desrespeitadores e incompetentes. Pensemos no desbocado Trump, que alguns denominam como «autêntico mentiroso» ou «autêntico demagogo». O facto de líderes como Trump serem (pelo menos aparentemente) *autênticos* não os torna menos problemáticos. A autenticidade pode ser colocada ao serviço do bem ou do mal. Ademais, o excesso de *autenticidade* pode impelir um líder a fazer declarações insensatas de que posteriormente se arrepende. Pode levá-lo a fazer afirmações reveladoras de insensibilidade emocional e desrespeitadoras dos outros. Pode ainda impeli-lo a um nível de *transparência* excessivo que o fragiliza perante alguns interlocutores.

Por conseguinte, ainda que o equilíbrio entre diversas virtudes seja frequentemente difícil e complexo, é necessário que as lideranças sejam sensatas, prudentes, emocionalmente inteligentes e justas. Quando diversos valores em jogo conflituam, é necessário que a pessoa que lidera opte por compromissos morais — em vez de, cegamente, seguir as convicções próprias e ignorar outros valores relevantes. A coragem pode também ser necessária para *fechar a boca* em circunstâncias específicas, isto é, para *dar descanso* à franqueza. Dizer toda a verdade, a todo o momento, ignorando as consequências é sintoma de *autenticidade* — mas pode revelar imprudência, cobardia ou mesmo irresponsabilidade. Um abismo separa a *autenticidade* do autêntico descaramento.

AUTOAVALIAÇÃO
Questionário de autenticidade

Perguntas que merecem resposta afirmativa	S/N
• As minhas ações respeitam as minhas convicções?	☐
• Solicito aos meus colaboradores pontos de vista, mesmo que sejam diferentes dos meus?	☐
• Encorajo as outras pessoas a dizerem o que pensam?	☐
• Oiço cuidadosamente os diferentes pontos de vista antes de tirar conclusões?	☐
• Sou verdadeiro/a com os outros?	☐
• Tomo decisões difíceis, assentes em elevados padrões éticos?	☐
• Peço aos colaboradores para agirem de acordo com os seus valores fundamentais?	☐
• Assumo os erros que cometo?	☐
• Tenho um conhecimento profundo de mim próprio/a?	☐
• Compreendo como as minhas ações têm impacto nos outros?	☐
• Mostro as emoções que correspondem ao que sinto?	☐

Perguntas que merecem resposta negativa	S/N
• Digo o que os outros querem ouvir?	☐
• Digo o que me é mais conveniente?	☐
• Tomo decisões que colidem com o que é correto fazer-se?	☐
• Sou bastante permeável às pressões das pessoas mais poderosas, tomando decisões que contrariam os meus valores mais importantes?	☐
• Detesto pedir opiniões a pessoas que têm perspetivas diferentes das minhas?	☐
• Evito assumir erros que cometo?	☐
• Por regra, evito mostrar o que sinto?	☐
• Tenho dificuldade em compreender como as minhas ações têm impacto sobre os outros?	☐
• Tenho dificuldade em compreender-me?	☐

Perguntas que também merecem resposta negativa	S/N
• Digo tudo o que penso, quaisquer que sejam as consequências?	☐
• Sou rígido/a no modo como procuro obedecer às minhas convicções, ignorando as convicções e valores que outras pessoas seriamente também preconizam?	☐
• Arrependo-me frequentemente de dizer as duras verdades, sendo acusado/a de me ter precipitado?	☐
• Oiço tantas pessoas e presto atenção a tantas perspetivas antes de tomar decisões que, por vezes, tenho dificuldade em decidir ou adio as decisões?	☐
• Sou de tal modo transparente e autêntico/a que os outros abusam de mim?	☐

NOTAS FINAIS

1.

Explicada a relevância de cada virtude, importa reiterar que a boa atuação das lideranças requer o contributo de várias forças e virtudes. Quando essa combinação não ocorre, os efeitos podem ser perversos. Por exemplo, um líder corajoso sem integridade pode fazer negócios rentáveis em contextos corruptos, colocando em risco a reputação e o desempenho da empresa a longo prazo. A coragem sem humildade torna as lideranças imprudentes e impetuosas, ficando menos capazes de desenvolverem interações positivas e fluidas na sua rede de relacionamentos. Carly Fiorina foi uma líder corajosa, mas um certo grau de intemperança conduziu-a a uma saída abrupta e indesejada da HP. Uma liderança com grande sabedoria necessita da coragem e da prudência para colocar essa sabedoria ao serviço de decisões difíceis, mas sábias. Um elevado nível de propósito e transcendência, se não for complementado com prudência, pode dar origem a missões, visões ou objetivos *ingénuos* que fazem perigar a competitividade da empresa. A perseverança é uma grande qualidade que ajuda a prosseguir, incessantemente, objetivos — apesar dos obstáculos. Mas pode ser colocada ao serviço de finalidades diabólicas.

2.

Se as virtudes são tão importantes para a liderança e o funcionamento das organizações, da economia e das sociedades, porque têm sido negligenciadas? Retomamos aqui três argumentos que expomos na obra complementar a esta (*The Virtues of Leadership: Contemporary Challenge for Global Managers*):

- Sobretudo no mundo ocidental, tem prevalecido a crença no *progresso linear* — o presente é melhor do que o passado! Consequentemente, têm sido desvalorizados os *velhos* valores em detrimento de *novos* valores como a competição, o sucesso individual e a riqueza material. Deita-se fora o *velho* para que o *novo* seja consumido. Mas a verdade é que o *novo* não é necessariamente melhor do que o *velho*.
- As virtudes são frequentemente associadas a religiosidade. Num mundo (alegadamente) racionalista e secular, a cruzada ateísta levou as pessoas a *deitar fora* as virtudes juntamente com as crenças e práticas religiosas.
- O aumento da dimensão das empresas e a globalização destruíram o sentido de *aldeia* e comunidade que antigamente existia e que criava mecanismos de transparência e controlo. Na velha *aldeia*, onde os empreendedores, negociantes e outros agentes se conheciam mutuamente (nas várias facetas da sua vida pessoal, familiar e comunitária), a sobrevivência do negócio dependia da prática das virtudes. A honestidade era a melhor política. Quando esta não era praticada, o negociante ou empresário era postergado ou escorraçado. Comportamentos viciosos e fraudes eram alvo de reprovação social, e quem quebrava a confiança via o seu negócio (assim como a vida pessoal e familiar) destruído. O anonimato do mundo industrializado, urbano e global fez cair esses controlos sociais — ou, pelo menos, a sua perceção. Pode ser-se um *velhaco* na empresa e, simultaneamente, respeitado na família e/ou na comunidade da vizinhança! Os sinais exteriores de riqueza e alguma ação filantrópica têm ajudado a quebrar a *má* consciência e a conquistar respeitabilidade!

Preste-se atenção, todavia, ao potencial contido na atual *aldeia global*, que as novas tecnologias da comunicação ajudaram a criar. Uma fraude hoje detetada em qualquer parte do mundo rapidamente é divulgada, à escala global, pelas redes sociais e pelos *media* institucionais. O *Wikileaks* representa o epítome desse observatório, por vezes indiscreto e pérfido. O risco de ser apanhado na fraude e rapidamente *destruído* na praça pública aumentou. Se o leitor, ou leitora, tem dúvidas, pense na projeção mundial das imagens de Dominique Strauss-Kahn às mãos da justiça norte-americana. Relembre a triste saga de João Rendeiro. Reveja as imagens de Carlos Ghosn perante as câmaras de televisão, após ter caído nas malhas da justiça nipónica. Veja como a fraude detetada num canto do mundo se dissemina, como fogo num palheiro, por todos os cantos.

3.

Instalou-se a ideia de que, num mundo darwinista, privilégio dos mais fortes, a virtude é uma fraqueza para quem a pratica. Todavia, a visão darwinista da vida não explica totalmente a natureza humana. Virtudes como a gratidão, a compaixão, a generosidade e o perdão emergiram como mecanismos de preservação da espécie humana. O que seria dos humanos em sociedade se não fossem gratos, compassivos, generosos e capazes de perdoar? Conseguiria o leitor, ou leitora, viver tranquilamente com alguém ingrato, insensível, hiperegoísta e vingativo? As lideranças da Enron criaram uma cultura organizacional repleta de ganância e selvajaria. Foram bem-sucedidas — até caírem no lodo, destruírem a empresa e infernizarem a vida a milhões de *stakeholders*. O BES e a sua liderança também foram «donos-disto-tudo» — até se autodestruírem e destruírem quase-tudo. A Volkswagen e a sua liderança também se socorreram da esperteza viciosa e sentiram-se imunes aos perigos durante muito tempo — até serem conspurcadas pela lama que elas próprias geraram.

Por conseguinte, ser virtuoso não é necessariamente uma forma ingénua de conduzir a vida pessoal e empresarial. Quando as virtudes são praticadas em constelação, sem excessos, com sensatez e consciência dos diversos valores em jogo, o resultado de longo prazo tende a ser favorável para quem as pratica e para os seus interlocutores. Se as virtudes não fossem realmente importantes, porque haveria tantos líderes a dar mostras das mesmas para se promover? Porque inúmeras virtudes surgem nas declarações de visão e missão de tantas organizações? Porque a Volkswagen se vangloriou do prémio que lhe foi atribuído em matéria ética e de sustentabilidade?

Como podemos compreender a admiração suscitada por empresas que, além de financeiramente vigorosas, se excedem no serviço à comunidade? Porque não as apreciamos apenas pelo seu sucesso económico-financeiro? Porque tantas lideranças *viciosas* fazem questão de afirmar as suas *pretensas* virtudes — em vez de simplesmente assumirem as suas *viciosas* ações? Porque nos identificamos mais, somos mais leais e nos sacrificamos mais quando as organizações em que trabalhamos são virtuosas? E porque tendemos a escapar de lideranças e organizações *viciosas*?

4.

São as virtudes a garantia do sucesso das lideranças? A resposta é: *não*! Aliás, a pior razão para ser virtuoso é sê-lo por ser vantajoso! A virtude vale pelas suas consequências, mas sobretudo pelos atos virtuosos em si mesmos. Terá/ão o/s líder/es virtuoso/s mais probabilidades de viver uma vida *decente* e proporcionar uma vida decente aos outros? A resposta é: *sim*! Há riscos? *Há*! Mas os riscos das ações viciosas são provavelmente maiores — como os efeitos perversos dos escândalos empresariais dos últimos anos bem demonstram.

5.

Naturalmente, sempre houve e sempre haverá humanos desonestos e bem-sucedidos pela via da desonestidade e do vício. Alguns até adquirem «imortalidade», e as suas diabruras são perdoadas e esquecidas, porque canalizam a riqueza para atividades filantrópicas milionárias. Mas outros foram apanhados nas malhas da justiça ou do repúdio social. A alguns, a vida foi-lhes tirada — ou eles próprios se incumbiram dessa tarefa. Por conseguinte, encontraremos sempre casos que alcançaram notoriedade e proveito pelo caminho vicioso — e outros que os alcançaram pela via virtuosa. Que cada leitor/a faça a sua escolha. A nossa mensagem é a seguinte: se pretende ser virtuoso/a apenas porque a virtude é a melhor política, este livro não é para si.

LITERATURA CONSULTADA PARA CADA CAPÍTULO

INTRODUÇÃO

Aristóteles. (1999). *The Nicomachean ethics* (traduzido por W. D. Ross). Batoche Books.

Boddy, C. R. (2011). The corporate psychopaths theory of the global financial crisis. *Journal of Business Ethics, 102*, 255–259.

Collier, P. (2018). *The future of capitalism: Facing the new anxieties*. Harper.

Collier, P., & Kay, J. (2020). *Greed is dead: Politics after individualism*. Penguin.

Collier, P., Coyle, D., Mayer, C., & Wolf, M. (2021). Capitalism: what has gone wrong, what needs to change, and how it can be fixed. *Oxford Review of Economic Policy, 37*(4), 637–649.

Csikszentmihalyi, M. (2003). *Good business: Leadership, flow and the making of meaning*. Viking.

Cunha, M. P., Rego, A., Simpson, A. & Clegg, S. (2020). *Positive organizational behavior: A reflective approach*. Routledge.

Espada, J. C. (2011). João Paulo II. *Público*, 2 de maio, 29.

Grant, A. (2021). Persuading the unpersuadable. *Harvard Business Review*, March–April, 131–135.

Gunn, R. W., & Gullickson, B. R. (2006). Lucky mud. *Strategic Finance, 88*(1), 8, 10.

Kay, J. (2010). *Obliquity*. Profile Books.

Keough, D. (2008). *The ten commandments of business failure*. Penguin.

Kets de Vries, M. F. R. (2001). Creating authentizotic organizations: Well-functioning individuals in vibrant companies. *Human Relations, 54*(1), 101–111.

Newstead, T., Dawkins, S., Macklin, R., & Martin, A. (2021). We don't need more leaders — We need more *good* leaders. Advancing a virtues-based approach to leader(ship) development. *The Leadership Quarterly*, *32*(5). doi.org/10.1016/j.leaqua.2019.101312

Partnoy, F. (2008). Hubris — is thy name Richard Fuld? *Financial Times*, September 15, 13.

Peterson, C., & Seligman, M. E. P (2004). *Character strengths and virtues: A handbook and classification*. American Psychological Association and Oxford University Press.

Pfeffer, J. (2021). The dark triad may be not so dark: Exploring why «Toxic leader» are so common — with some implications for scholarship and education. *Psychoanalytic Inquiry*, *41*(7), 540–551.

Rego, A. & Cunha, M. P. (2020). *Paradoxos da liderança*. Sílabo.

Rego, A. & Cunha, M. P. (2021). *Serpentes e pombas na liderança política*. Sílabo.

Rego, A. (2019). *Liderança: Humildade e soberba*. Sílabo.

Rego, A. (2022). Jobs e Cook: o mito e o seu sucessor, *Líder*, 20 de janeiro. https://lidermagazine.sapo.pt/32050-2/

Rego, A., & Cunha, M. P. (2015). *Papa Francisco: As lições de liderança*. Sílabo.

Rego, A., Cunha, M. P., & Clegg, S. (2012). *The virtues of leadership: Contemporary challenge for global managers*. Oxford University Press.

Rosenzweig, P. (2007). *The halo effect…and the eight other business delusions that deceive managers*. Free Press.

Saraiva, J. A. (2011). Strauss quê? *Sol*, 2 de setembro, 3.

Sadler-Smith, E. (2018). *Hubristic leadership*. Sage.

Seligman, M. E. (2011). *Flourish: A visionary new understanding of happiness and well-being*. Free Press.

Simpson, A., Rego, A., Cunha, M. P., Berti, M., & Clegg, S. (2022). Theorizing compassionate leadership from the case of Jacinda Ardern: Legitimacy, paradox and resource conservation. *Leadership*, *18*(3), 337–358.

Sutton, R. I. (2010). *Good boss, bad boss*. Piatkus.

CAPÍTULO 1 — PERSEVERANÇA

Bennis, W., Goleman, D., & O'Toole, J. (Orgs.). (2008). *Transparency: Creating a culture of candor* (pp. 45–92). Jossey Bass.

Carreyrou, J. (2018). *Bad blood*. Larousse.

Carvalho, M. (2022). A segunda vida de José Sócrates no Brasil como os amigos de Lula. *Visão*, 16 de junho. https://visao.sapo.pt/atualidade/politica/2022-06-16-a-segunda-vida-de-jose-socrates-no-brasil-com-os-amigos-de-lula/

Clair, J. A., & Dufresne, R. L. (2007). Changing poison into medicine: How companies can experience positive transformation from a crisis. *Organizational Dynamics*, *36*(1), 63–77.

Cohan, W. D. (2022). *Power failure*. Penguin.

Collins, J. (2001). Level 5 leadership: the triumph of humility and fierce resolve. *Harvard Business Review*, January, 67–76.

Csikszentmihalyi, M. (2003). *Good business: Leadership, flow and the making of meaning*. Viking.

Duckworth, A. (2016). *Grit: The power of passion and perseverance* (Vol. 234). Scribner.

George, B., Sims, P., McLean, A. N., & Mayer, D. (2007). Discovering your authentic leadership. *Harvard Business Review*, February, 129–138.

Gladwell, M. (2008). *Outliers: The story of success*. Little, Brown and Company.

Keough, D. (2008). *The ten commandments of business failure*. Penguin.

Lee, T. H., & Duckworth, A. L. (2018). Organizational grit. *Harvard Business Review*, September–October, 98–105.

Luthans, F., Youssef. C. M., & Avolio, B. J. (2007). *Psychological capital: Developing the human competitive edge*. Oxford University Press.

Marques, A. C., & Simões, S. (2017). Paula Brito e Costa. A mulher que deixou um quiosque de jornais para se dedicar à Raríssimas. *Observador*, 12 de dezembro. http://observador.pt/especiais/paula-brito-e-costa-a-mulher-que-deixou-um--quiosque-de-jornais-para-se-dedicar-a-rarissimas/

Peterson, C., & Seligman, M. E. P. (2004). *Character strengths and virtues: A handbook and classification*. American Psychological Association and Oxford University Press.

Pfeffer, J. (2010). *Power: Why some people have it, and others don't*. Harper Collins.

Robison, P. (2021). *Flying Blind: The 737 MAX Tragedy and the Fall of Boeing*. Doubleday.

Rockoff, J. D. (2010). Pfizer CEO Kindler resigns. *Wall Street Journal* (Europa), 7 de dezembro, 18.

Rosanoff, M. A. (1932). Edison in his laboratory. *Harper's Magazine*, setembro. http://www.harpers.org/archive/1932/09/0018333

Seligman, M. E. (2011). *Flourish: A visionary new understanding of happiness and well-being*. Free Press.

Southwick, D. A., Tsay, C. J., & Duckworth, A. L. (2019). Grit at work. *Research in Organizational Behavior, 39*. https://doi.org/10.1016/j.riob.2020.100126

Spreitzer, G. M., Lam, C. F., & Quinn, R. W. (2011). Human energy in organizations: Implications for POS from six interdisciplinary streams. In K. S. Cameron & G. Spreitzer (Orgs.), *The Oxford handbook of positive organizational scholarship*. Oxford University Press.

Sutton, R. I. (2010). *Good boss, bad boss*. Piatkus.

The Economist. (2003). Lula comes under friendly fire. *The Economist*, 17 de julho, 41.

Zúquete, J. P. (2011). The flight of the eagle: The charismatic leadership of Sá Carneiro in Portugal's transition to democracy. *Leadership Quarterly, 22*(2), 295–306.

CAPÍTULO 2 — AUTOCONFIANÇA

Ancona, D., Malone, T. W., Olikowski, W. J., & Senge, P. M. (2007). In praise of the incomplete leader. *Harvard Business Review*, February, 92–100.

Anderson, D., Krajewski, Goffin, R., & Jackson, D. (2008). A leadership self-efficacy taxonomy and its relation to effective leadership. *Leadership Quarterly, 19*(5), 595–608.

Black, C. (2011). Murdoch, like Napoleon, is a great bad man. *Financial Times*, 14 de julho, 11.

Fitzgerald, S., & Schutte, N. S. (2010). Increasing transformational leadership through enhancing self-efficacy. *Journal of Management Development, 29*(5), 495–505.

George, B. (2007). *True north: Discover your authentic leadership*. Jossey-Bass.

Kets de Vries, M. F. R. (2022). *The daily perils of executive life: How to survive when dancing in quicksand*. Palgrave MacMillan.

Luthans, F., Youssef, C. M., & Avolio, B. J. (2007). *Psychological capital*. Oxford University Press.

Paglis, L. L. (2010). Leadership self-efficacy: Research findings and practical applications. *Journal of Management Development, 29*(9), 771–782.

Paglis, L. L., & Green, S. G. (2002). Leadership self-efficacy and managers' motivation for leading change. *Journal of Organizational Behavior, 23*, 215–35.

Peterson, C., & Seligman, M. E. P. (2004). *Character strengths and virtues: A handbook and classification*. American Psychological Association and Oxford University Press.

Pfeffer, J. (2010). *Power: Why some people have it, and others don't.* Harper Collins.

Pilkington, E. (2009). What's driving Steve Jobs. *Guardian*, 23 de junho. http://www.guardian.co.uk/technology/2009/jun/23/steve-jobs-liver-transplant

Prata, B. (2011). O menino da Foz e o gaiato de Leça. *Público*, 18 de maio, 6.

Rego, A. (2019). *Liderança: Humildade e soberba.* Sílabo.

Sadler-Smith, E. (2018). *Hubristic leadership.* Sage.

The Economist. (2011). Great bad men as bosses. *The Economist*, 23 de julho, 59.

CAPÍTULO 3 — CORAGEM

Baldoni, J. (2011). Putting courage into action for others and yourself. *Leader to Leader*, *59*, 24–26.

Beck, M. (1982). The Tylenol scare. *Newsweek*, 11 de outubro, 32–39.

Bennis, W., Goleman, D., & O'Toole, J. (Orgs.). (2008). *Transparency: Creating a culture of candor* (pp. 45–92). Jossey Bass.

Caminiti, S. (2005). The people company. *NYSE Magazine*, January–February, 12–16.

Chang, L. (Org.). (2006). *Wisdom for the soul: Five millennia of prescriptions for spiritual healing.* Gnosophia.

Cliffe, J. (2022). The exemplary resilience of Volodymyr Zelensky. *The New Statesman*, 26 February. https://www.newstatesman.com/world/europe/ukraine/2022/02/the-exemplary-resilience-of-volodymyr-zelensky

Collins, J. (2009). *How the mighty fall: And why some companies never give in.* Random House.

Detert, J. R., & Bruno, E. A. (2017). Workplace courage: Review, synthesis, and future agenda for a complex construct. *Academy of Management Annals*, *11*(2), 593–639.

Edmondson, A. (1999). Psychological safety and learning behavior in work teams. *Administrative Science Quarterly*, *44*, 350–383.

George, B. (2009). *Seven lessons for leading in crisis.* Jossey Bass.

Groscop, V. (2022). A rehearsal for war: Volodymyr Zelenskiy's path from comic to symbol of courage. *The Guardian*, 2 de março. https://www.theguardian.com/world/2022/mar/02/a-rehearsal-for-war-volodymyr-zelenskiys-path-from-comic--to-symbol-of-courage

Gunn, R. W, & Gullickson, B. R. (2006). Lucky ud. *Strategic Finance*, *88*(1), 8, 10.

Hagemann, A. (2011). *Nelson Mandela*. Editorial Sol90.

Kennedy, J. F. (2004). *Profiles in courage*. Perennial Classics.

Kilmann, R., O'Hara, L., & Strauss, J. (2010). Developing and validating a quantitative measure of organizational courage. *Journal of Business and Psychology, 25*(1), 15–23.

King Jr., M. L. (2010). *Strength to love*. Fortress Press.

Lucero, M., Kwang, A. T. T., & Pang, A. (2009). Crisis leadership: When should the CEO step up? *Corporate Communications, 14*(3), 234–248.

Peterson, C., & Seligman, M. E. P. (2004). *Character strengths and virtues: A handbook and classification*. American Psychological Association and Oxford University Press.

Posener, A. (2011). *John F. Kennedy*. Editorial Sol90.

Rego, A. (2022). Zelensly: o Churchill da Ucrânia? *Human Resources Portugal*, março, 66–68.

Shrivastava. P., Mitroff. I. I., Miller. D., & Miglani, A. (1988). Understanding industrial crises. *Journal of Management Studies, 25*, 285–303.

Solomon, R. C. (1999). *A better way to think about business*. Oxford University Press.

Stengel, R. (2008). Mandela: His 8 lessons of leadership. *Time*, 9 de julho. http://www.time.com/time/magazine/article/0,9171,1821659,00.html

Sutton, R. I. (2010). *Good boss, bad boss*. Piatkus.

Treasurer, B. (2009). Courageous leadership: Modeling the way. *Leader to Leader, 52*, 13–17.

Worline, M. C. (2011). Courage in organizations: An integrative review of the «difficult virtue». In K. S. Cameron & G. Spreitzer (Orgs.), *The Oxford handbook of positive organizational scholarship*. Oxford University Press.

Worline, M. C., Wrzesniewski, A., & Rafaeli, A. (2002). Courage and work: Breaking routines to improve performance. In R. G. Lord, R. J. Klimoski & R. Kanfer (Orgs.), *Emotions in the workplace: Understanding the structure and role of emotions in organizational behavior*. Jossey-Bass.

CAPÍTULO 4 — OTIMISMO

Avolio, B. J., Gardner, W. L., Walumbwa, F. O., Luthans, F., & May, D. R. (2004). Unlocking the mask: A look at the process by which authentic leaders impact follower attitudes and behaviors. *Leadership Quarterly, 15*, 801–823.

Bennis, W. (1999). The leadership advantage. *Leader to Leader, 12*, 18–23. http://www.hr-newcorp.com/articles/bennis_Leaders.pdf

Flyvbjerg, B. (2022). *Heuristics for Masterbuilders: Fast and Frugal Ways to Become a Better Project Leader.* Saïd Business School Working Paper, University of Oxford.

Gabris, G. T., Maclin, S. A., & Ihrke, D. M. (1998). The leadership enigma: Toward a model of organizational optimism. *Journal of Management History, 4*(4), 334–349.

Harford, T. (2020). The power of negative thinking. *Financial Times, FT Weekend*, 24 October/25 October, 18.

Lopes, M., Cunha, M. P., & Rego, A. (2011). Integrating positivity and negativity in management research: The case of paradoxical optimists. *Management Research, 9*(2), 97–117.

Luthans, F., & Youssef, C. (2004). Human, social, and now positive psychological capital management: Investing in people for competitive advantage. *Organizational Dynamics, 33*(2), 143–160.

Luthans, F., Youssef. C. M., & Avolio, B. J. (2007). *Psychological capital: Developing the human competitive edge.* Oxford University Press.

Norris, M. (1992). Warren Bennis on rebuilding leadership. *Planning Review, 20*(5), 13–15.

Peterson, C., & Seligman, M. E. P. (2004). *Character strengths and virtues: A handbook and classification.* American Psychological Association and Oxford University Press.

Peterson, S. J., Balthazard, P. A., Waldman, D. A. & Thatcher, R. W. (2008). Neuroscientific implications of psychological capital: Are the brains of optimistic, hopeful, confident, and resilient leaders different? *Organizational Dynamics, 37*(4), 342–353.

Peterson, S., Walumbwa, F., Byron, K., & Myrowitz, J. (2009). CEO Positive psychological traits, transformational leadership, and firm performance in high-technology start-up and established firms. *Journal of Management, 35*(2), 348–368.

Rego, A., Sousa, F., Marques, C., & Cunha, M. P. (2012). Authentic leadership promoting employees' psychological capital and creativity. *Journal of Business Research, 65*, 429–437.

Rego, A. Sousa, F., Marques, S., & Cunha, M. P. (2012). Optimism predicting employees' creativity: the mediating role of positive affect and the positivity ratio. *European Journal of Work and Organizational Psychology, 21*(2), 244–270.

Rego, A., Marques, C., Leal, S., Sousa, F., & Cunha, M. P. (2010). Psychological capital and performance of civil servants: Exploring neutralizers in the context of an appraisal system. *International Journal of Human Resources Management, 21*(9), 1531–1552.

Seligman, M. E. (2011). *Flourish: A visionary new understanding of happiness and well-being.* Free Press.

Seligman, M. E. P. (1990). *Learned optimism.* Pocket Books.

Weber, S. (2008). The dark side of optimism. *The Conference Board Review*, January–February, 30–36.

CAPÍTULO 5 — VITALIDADE

Bostic, T. J., McGartland, D., & Hood, M. (2000). A validation of the subjective vitality scale using structural equation modelling. *Social Indicators Research, 52*(3), 313–324.

Caminiti, S. (2005). The people company. *NYSE Magazine*, January–February, 12–16.

Cannon, M. (2011). Do leaders really need to be tired? A sustainable view of leadership development and the vital leader. *Industrial and Commercial Training, 43*(5), 307–313.

DeFrank, R. S., Konopaske, R., & Ivancevich, J. M. (2000). Executive travel stress: Perils of the road warrior. *Academy of Management Executive, 14*(2), 58–71.

Fritz, C., Lam, C. F., & Spreitzer, G. (2011). It's the little things that matter: An examination of knowledge workers' energy management. *Academy of Management Perspectives*, August, 28–39.

Horta-Osório, A. (2018). It's time to end the workplace taboo around mental health. *The Guardian*, 1 de maio. https://www.theguardian.com/commentisfree/2018/may/01/removeing-taboo-mental-health-work-lloyds-banking-group-antonio-horta-osorio

Kets de Vries, M. F. R. (2022). *The daily perils of executive life: How to survive when dancing in quicksand.* Palgrave MacMillan.

Owen, D. (2011). *Na doença e no poder. Os problemas de saúde dos grandes estadistas nos últimos cem anos.* Dom Quixote.

Pereira, A. (2008). O desporto de competição desperta em nós o gosto de ganhar. *Executive Wealth & Fitness*, março. http://executivehw.com/PDF/1.pdf

Pereira, J. M. (2010). 13 percursos que fazem um CEO. *Exame*, janeiro, 58–64.

Peterson, C., & Seligman, M. E. P. (2004). *Character strengths and virtues: A handbook and classification.* American Psychological Association and Oxford University Press.

Pfeffer, J. (2010). *Power: Why some people have it, and others don't.* Harper Collins

Posener, A. (2011). *John F. Kennedy.* Editorial Sol90.

Powley, E. H., & Cameron, K. S. (2008). Organizational healing: Lived virtuousness amidst organizational crisis. In C. C. Manz, K. S. Cameron, K. P. Manz, & R. D. Marx (Orgs.), *The virtuous organization: Insights from some of the world's leading management thinkers* (pp. 21–44). World Scientific.

Shefer, N., Carmeli, A., & Cohen-Meitar, R. (2018). Bringing Carl Rogers back in: Exploring the power of positive regard at work. *British Journal of Management, 29*(1), 63–81.

Smith, W. S. (2009). Vitality in business: executing a new strategy at Unilever. *Journal of Business Strategy, 30*(4), 31–41.

Taylor, B. (2018). If humility is so important, why are leaders so arrogant? *Harvard Business Review*, October 15. https://hbr.org/2018/10/if-humility-is-so-important-why-are-leaders-so-arrogant

Taylor, W. C. (2011). Are you «humbitious» enough to lead? *Leader to leader, 61*, 23–28.

CAPÍTULO 6 — VOCAÇÃO E PAIXÃO

Candeias, P. (2011). O senhor milhões. *Expresso*, 12 de fevereiro, 29.

Cech, E. (2021). *The trouble with passion: How searching for fulfillment at work fosters inequality.* University of California Press.

Collins, J. (2009). *How the mighty fall: And why some companies never give in.* Random House.

Delimbeuf, K. (2011). Adrià, o mágico. *Única*, 19 fevereiro, 38–46.

Entine, J. (2002) Body Shop's packaging starts to unravel. *Australian Financial Review*, 18 de dezembro. http://www.jonentine.com/reviews/Body_Shop_AFR.htm

Entine, J. (2004). The strange-than-truth story of the Body Shop. In Wallis, D. (2004) *Killed: Great Journalism Too Hot To Print.* Nation Books.

Karakas, F. (2010). Exploring value compasses of leaders in organizations: Introducing nine spiritual anchors. *Journal of Business Ethics: Supplement, 93*, 73–92.

Kay, J. (2010). *Obliquity*. Profile Books.

Keough, D. (2008). *The ten commandments of business failure*. Penguin.

Kets de Vries, M. (2007). *Cirque du Soleil: Attaining «extreme creativity»*. INSEAD case study (06/2007-5411).

Khan, O. (2009). Liberating passion: How the world's best leaders produce winning results. *Leader to Leader, 52*, 18–22.

Markoff, J. (2008). The passion of Steve Jobs. *New York Times*, 15 de janeiro. http://bits.blogs.nytimes.com/2008/01/15/the-passion-of-steve-jobs/

Pertulla, K. H., & Cardon, M. S. (2011). Passion. In K. S. Cameron & G. Spreitzer (Orgs.), *The Oxford handbook of positive organizational scholarship*. Oxford University Press.

Peterson, C., & Seligman, M. E. P. (2004). *Character strengths and virtues: A handbook and classification*. American Psychological Association and Oxford University Press.

Pratt, M. G., & Ashforth, B. E. (2003). Fostering meaningfulness in working and at work. In K. S. Cameron, J. E. Dutton & R. E. Quinn (Orgs.), *Positive organizational scholarship* (pp. 309–327). Berrett-Koehler.

Purkayastha, D., & Fernando, R. (2007) *The Body Shop: Social Responsibility or Sustained* Greenwashing. http://www.oikos-international.org/fileadmin/oikos--international/international/Case_competition/Inspection_copy_ICFAI2007.pdf (acedido a 20 de julho de 2011).

Rego, A., Clegg, S., & Cunha, M. P. (2011). The positive power of character strengths and virtues for global leaders. In K. S. Cameron & G. Spreitzer (Orgs.), *The Oxford Handbook of Positive Organizational Scholarship* (pp. 366–384). Oxford University Press.

Seligman, M. E. (2011). *Flourish: A visionary new understanding of happiness and well-being*. Free Press.

Smith, R. W., Min, H., Ng, M. A., Haynes, N. J., & Clark, M. A. (2022). A content validation of work passion: Was the passion ever there? *Journal of Business and Psychology*, 1–23. https://doi.org/10.1007/s10869-022-09807-1

Stengel, R. (2008). Mandela: His 8 lessons of leadership. *Time*, 9 de julho. http://www.time.com/time/magazine/article/0,9171,1821659,00.html

Sukin, D. (2009). Leadership in challenging times: It starts with passion. *Frontiers of Health Services Management*, *26*(2), 3–8.

Sutton, R. I. (2007). *The no asshole rule: Building a civilized workplace and surviving one that isn't*. Business.

The Economist. (2022). Do not bring your whole self to work. *The Economist*, 2 de junho. https://www.economist.com/business/2022/06/02/do-not-bring-your-whole-self-to-work

Wrzesniewski, A. (2011). Callings. In K. S. Cameron & G. Spreitzer (Orgs.), *The Oxford Handbook of Positive Organizational Scholarship*. Oxford University Press.

CAPÍTULO 7 — CURIOSIDADE E AMOR PELA APRENDIZAGEM

Adler, N. J. (2002). Global companies, global society: There is a better way. *Journal of Management Inquiry, 11*(3), 255–260.

Axtell, R. E. (1998). *Gestures: The do's and taboos of body language around the world.* John Wiley.

Calaprice, A. (2011). *The ultimate quotable Einstein.* Princeton University Press.

Csikszentmihalyi, M. (2003). *Good business: Leadership, flow and the making of meaning.* Viking.

Day, G., & Schoemaker, P. (2008). Are you a «vigilant leader»? *MIT Sloan Management Review, 49*(3), 43–51.

Gadiesh, O., & Dowling, D. W. (2009). Conversation: Bain & Company chairman Orit Gadiesh on the importance of curiosity. *Harvard Business Review, 87*(9), 23.

Grant, A. (2021). *Think again: The power of knowing what you don't know.* Penguin.

Gregersen, H. B., Morrison, A. J., & Black, J. S. (1998). Developing leaders for the global frontier. *Sloan Management Review*, Autumn, 21–32.

Harrison, S. (2011). In Organizing the cat? Generative aspects of curiosity in organizational life. In K. S. Cameron & G. Spreitzer (Orgs.), *The Oxford handbook of positive organizational scholarship.* Oxford University Press.

Isaacson, W. (2017). *Leonardo da Vinci.* Simon and Schuster.

Jornal de Negócios. (2011). Derovo, Metalusa, Frezite e COTESI vencem os «Prémios Exportação & Internacionalização». *Jornal de Negócios*, 18 de julho. http://www.jornaldenegocios.pt/home.php?template=SHOWNEWS_V2&id=496543

Kashdan, T. B., Goodman, F. R., Disabato, D. J., McKnight, P. E., Kelso, K., & Naughton, C. (2020). Curiosity has comprehensive benefits in the workplace: Developing and validating a multidimensional workplace curiosity scale in United States and German employees. *Personality and Individual Differences, 155*, Artigo 109717.

Lievens, F., Harrison, S. H., Mussel, P., & Litman, J. A. (2022). Killing the cat? A review of curiosity at work. *Academy of Management Annals, 16*(1), 179–216.

Peterson, C., & Seligman, M. E. P (2004). *Character strengths and virtues: A handbook and classification.* American Psychological Association and Oxford University Press.

Skapinker, M. (2021). Confidence matters for new managers. *Financial Times*, 6 de dezembro, 16.

Wagstaff, M. F., Flores, G. L., Ahmed, R., & Villanueva, S. (2021). Measures of curiosity: A literature review. *Human Resource Development Quarterly, 32*(3), 363–389.

Wright, C. (2021). How to be a genious. *aeon*, 26 de janeiro. https://aeon.co/essays/what-can-we-learn-from-the-secret-habits-of-genius

CAPÍTULO 8 — GRATIDÃO

Anjos, M. (2011). Um velho capitalista com aura de rock star. *Expresso Única*, 3 de setembro, 12–16.

Beck, M. (2010). Giving thanks benefits your well-being. *Wall Street Journal*, 24 novembro, 27.

Buffett, W. (2011). Stop coddling the super-rich. *New York Times*, 14 de agosto. http://www.nytimes.com/2011/08/15/opinion/stop-coddling-the-super-rich.html

Child, J. (2002). The international crisis of confidence in corporations. *Academy of Management Executive, 16*(3), 142–144.

Collins, J. (2001). Level 5 leadership: the triumph of humility and fierce resolve. *Harvard Business Review*, janeiro, 67–76.

Coy, P. (2021). A spirit of gratitude is healthy for society. *The New York Times*, 22 de novembro. https://www.nytimes.com/2021/11/22/opinion/gratitude-thanksgiving-economics.html

De Pree, M. (1989). *Leadership is an art.* Dell Publishing.

Emmons, R. A. (2003). Acts of gratitude in organizations. In K. S. Cameron, J. E. Dutton & R. E. Quinn (Orgs.), *Positive organizational scholarship* (pp. 81–93). Berrett-Koehler.

Emmons, R. A., McCullough, M. E., & Tsang, J. (2003). The assessment of gratitude. In S. J. Lopez & C. R. Snyder (Orgs.), *Handbook of positive psychology assessment* (pp. 327–341). American Psychological Association.

Giridharadas, A. (2018). *Winners take all: the elite charade of changing the world.* Alfred A. Knopf.

Giridharadas, A. (2021). Warren Buffett and the myth of the «Good Billionaire». *The New York Times*, 14 de junho, A23.

Gunn, B. (2002). Leading with compassion. *Strategic Finance*, *83*(12), pp. 10–12.

Kets de Vries, M. F. R. (2022). *The daily perils of executive life: How to survive when dancing in quicksand.* Palgrave MacMillan.

Loomis, C. J. (2006). Warren Buffett gives it away. *Fortune*, 10 de julho, 31–43.

McCullough, M. E., Emmons, R. A., & Tsang, J. (2002). The grateful disposition: A conceptual and empirical topography. *Journal of Personality and Social Psychology*, *82*, 112–127.

Ono, K., & Ikegami, J. J. (2020). Mechanism of humanistic leadership for success: lessons from Konosuke Matsushita. *Cross Cultural & Strategic Management*, *27*(4), 627–644.

Peterson, C., & Seligman, M. E. P. (2004). *Character strengths and virtues: A handbook and classification*. American Psychological Association and Oxford University Press.

Polak, E., & McCullough, M. E. (2006). Is gratitude an alternative to materialism? *Journal of Happiness Studies*, *7*, 343–360.

Rego, A., Cunha, M. P., & Gomes, D. (2010). *Porque não gosto do meu chefe*. Edições Sílabo.

Seligman, M. E. (2011). *Flourish: A visionary new understanding of happiness and well-being.* Free Press.

Sutton, R. I. (2010). *Good boss, bad boss*. Piatkus.

CAPÍTULO 9 — PROPÓSITO E TRANSCENDÊNCIA

Anjos, M. (2013). Luis Portela: «Acredito que existimos antes e continuamos a existir depois». *Expresso Revista*, 15 de junho, 24–30.

Bailey, C., Madden, A., Alfes, K., Shantz, A., & Soane, E. (2017). The mismanaged soul: Existential labor and the erosion of meaningful work. *Human Resource Management Review*, *27*(3), 416–430.

Boddy, C. R. (2011). The corporate psychopaths theory of the global financial crisis. *Journal of Business Ethics*, 102, 255–259.

Borden, M., & Kamenetz, A. (2008). Timberland's Jeff Swartz on corporate responsibility. *Fast Company*, 1 de setembro. http://www.fastcompany.com/magazine/128/the-prophet-ceo.html?page=0%2C2

Bower, J. L., & Paine, L. S. (2017). The error at the heart of corporate leadership. *Harvard Business Review*, May–June, 50–60.

Carreyrou, J. (2018). *Bad blood.* Larousse.

Carton, A. M. (2017). «I'm not mopping the floors, I'm putting a man on the moon»: How NASA leaders enhanced the meaningfulness of work by changing the meaning of work. *Administrative Science Quarterly*, *63*(2), 323–369.

Carucci, R. (2021). To retain employees, give them a sense of purpose and community. *Harvard Business Review*, October 11. https://hbr.org/2021/10/to-retain-employees-give-them-a-sense-of-purpose-and-community

Csikszentmihalyi, M. (2003). *Good business: Leadership, flow and the making of meaning.* Viking.

Cunha, M. P., Rego, A., & D'Oliveira, T. (2006). Organizational spiritualities: An ideology-based typology. *Business & Society*, *45*, 211–234.

Damon, W. (2004). *The moral advantage.* Berrett-Koehler.

Driver, M. (2005). From empty speech to full speech? Reconceptualizing spirituality in organizations based on a psychoanalytically-grounded understanding of the self. *Human Relations*, *58*, 1091–1110.

Entine, J. (2002). Body Shop's Packaging Starts to Unravel. *Australian Financial Review*, 18 de dezembro. http://www.jonentine.com/ reviews/Body_Shop_AFR.htm (acedido em 21 de julho).

Entrevista de Luis Portela à revista *Health & Welness*, janeiro de 2009.

Entrevista de Luis Portela, presidente da Bial, ao *Jornal de Notícias* de 8 de novembro de 2004.

Gartenberg, C. M., Prat, A., & Serafeim, G. (2019). Corporate purpose and financial performance. *Organization Science*, *30*(1), 1–18.

George, B. (2003). *Authentic leadership: Rediscovering the secrets to creating lasting value.* Jossey Bass.

Gladwell, M. (2008). *Outliers: The story of success.* Boston, MA: Little, Brown and Company.

Hancock, P. G. (1997). Citizenship or vassalage? Organizational membership in the age of unreason. *Organization*, *4*(1), 93–111.

Kay, J. (2010). *Obliquity.* Profile Books.

Leinwand, P., Mani, M. M., & Sheppard, B. (2022). Reinventing your leadership team. *Harvard Business Review*, January–February, 60–69.

Lips-Wiersma, M. S., Lund Dean, K., & Fornaciari, C. J. (2009). Theorizing the dark side of the workplace spirituality movement. *Journal of Management Inquiry*, *8*(4), 288–300.

Miller, B. (2000). Spirituality for business leadership. *Journal of Management Inquiry, 9*(2), 132–133.

McGregor, L., & Doshi, N. (2020). How to keep your team motivated, remotely. *Harvard Business Review*, April 9. https://hbr.org/2020/04/how-to-keep-your-team-motivated-remotely

McLeod, L. E., & Lotardo, E. (2021). Financial targets don't motivate employees. *Harvard Business Review*, February 26. https://hbr.org/2021/02/financial-targets-dont-motivate-employees

Nonaka, I., & Takeuchi, H. (2011). The wise leader. *Harvard Business Review, 89*(5), 58–67.

Ono, K., & Ikegami, J. J. (2020). Mechanism of humanistic leadership for success: lessons from Konosuke Matsushita. *Cross Cultural & Strategic Management, 27*(4), 627–644.

Peterson, C., & Seligman, M. E. P. (2004). *Character strengths and virtues: A handbook and classification*. American Psychological Association and Oxford University Press.

Presler, G. (2011). *Martin Luther King*. Editorial Sol90.

Purkayastha, D., & Fernando, R. (2007) *The Body Shop: social responsibility or sustained greenwashing*. http://www.oikos-international.org/fileadmin/oikos--international/international/Case_competition/Inspection_copy_ICFAI2007.pdf (acedido em 20 de julho de 2011).

Rego, A., & Cunha, M. P. (2007). *O tao da eficácia organizacional. 18,5 lições de gestão inspiradas no velho mestre*. Sílabo.

Rego, A. (2020). Gestão do propósito ou «governo da alma»? *Líder*, 9 de abril. https://lidermagazine.sapo.pt/gestao-com-proposito-ou-governo-da-alma/

Steger, M. F., Frazier, P., Oishi, S., & Kaler, M. (2006). The meaning in life questionnaire: Assessing the presence of and search for meaning in life. *Journal of Counselling Psychology, 53*(1), 80–93.

Yeo, R. K. (2021). Know thyself: Leading through the core of you in times of turbulence. *Organizational Dynamics, 50*(4), 1–12.

CAPÍTULO 10 — HUMOR

Avolio, B., Howell, J., & Sosik, J. (1999). A funny thing happened on the way to the bottom line: Humor as a moderator of leadership style effects. *Academy of Management Journal, 42*(2), 219–227.

Beard, A. (2014). Leading with humor. *Harvard Business Review*, May, 130–131.

Bennis, W. (1996). The leader as storyteller. *Harvard Business Review, 74*(1), 154–160.

Box, T., & Byus, K. (2009). Southwest Airlines 2007. *Journal of the International Academy for Case Studies, 15*(1), 21–27.

Branson, R. (1998). *Losing my virginity: How I've survived, had fun, and made a fortune doing business my way.* Three Rivers Press.

Clegg, S., Cunha, M. P., Rego, A., & Berti, M. (2022). The academic as jester stimulating management learning. *Management Learning, 53*(3), 547–565.

Cooper, C. D., & Sosik, J. J. (2011). The laughter advantage: Cultivating high quality connections and workplace outcomes through humor. In K. S. Cameron & G. Spreitzer (Orgs.), *The Oxford handbook of positive organizational scholarship.* Oxford University Press.

Cooper, C. L., & Quick, J. C. (Orgs.). (2017). *The handbook of stress and health: A guide to research and practice.* Wiley Blackwell.

Dearlove, D. (2007). *Richard Branson way: 10 secrets of the world greatest brand builder.* Capstone.

Hudson, K. M. (2001). Transforming a conservative company: One laugh at a time. *Harvard Business Review, 79*(7), 45–53.

Hughes, L. (2009). Leader levity: The effects of a leader's humor delivery on followers' positive emotions and creative performance. *Journal of Behavioral and Applied Management, 10*(3), 415–432.

Kets de Vries, M. F. R. (1990). The organizational fool: Balancing a leader's hubris. *Human Relations, 43*(8), 751–770.

Kets de Vries, M. F. R. (2022). The daily perils of executive life: How to survive when dancing in quicksand. Palgrave MacMillan.

Lima, R. P. (2015). O Papa entre o povo e a Cúria. *E*, 3 de abril, 26–33.

Martin, R. A., Puhlik-Doris, P., Larsen, G., Gray, J., & Weir, K. (2003). Individual differences in interpersonal and intrapersonal functions of humor: Development of the humor styles questionnaire. *Journal of Research in Personality, 47*, 145–155.

Pereira, J. M. (2010). 13 percursos que fazem um CEO. *Exame*, janeiro, 58–64.

Peterson, C., & Seligman, M. E. P. (2004). *Character strengths and virtues: A handbook and classification.* American Psychological Association and Oxford University Press.

Priest, R., & Swain, J. (2002). Humor and its implications for leadership effectiveness. *Humor: International Journal of Humor Research, 15*(2), 169–189.

Romero, E. J., & Cruthirds, K. W. (2006). The use of humor in the workplace. *Academy of Management Perspectives, 20*(2), 58–69.

Stein, J. (2017). Humor is serious business. https://www.gsb.stanford.edu/insights/humor-serious-business

Vecchio, R., Justin, J., & Pearce, C. (2009). The influence of leader humor on relationships between leader behavior and follower outcomes. *Journal of Managerial Issues, 21*(2), 171–194.

Wickert, A. (2011). *Albert Einstein*. Editorial Sol90.

Wong, A. (2009). The essays of Warren Buffett: Lessons for investors and managers. *Journal of Accountancy, 208*(3), 70.

Yam, K. C., Christian, M. S., Wei, W., Liao, Z., & Nai, J. (2018). The mixed blessing of leader sense of humor: Examining costs and benefits. *Academy of Management Journal, 61*(1), 348–369.

CAPÍTULO 11 — PRUDÊNCIA

Amorim, R. (2010). O criador do «papel higiénico mais sexy do mundo». *Expresso*, 24 de março. http://expresso.sapo.pt/o-criador-do-papel-higienico-mais-sexy-do--mundo=f572744 (acedido em 24 de novembro de 2012).

Bauman, D. (2011). Evaluating ethical approaches to crisis leadership: Insights from unintentional harm research. *Journal of Business Ethics, 98*(2), 281–295.

Bergen, P. (2013). *Manhunt*. Vintage.

Brenkert, G. (2009). Google, human rights, and moral compromise. *Journal of Business Ethics, 85*(4), 453–478.

Eden, R. (2010). BP oil spill: Tony Hayward's yacht sets sail again. *Telegraph.co.uk*, 4 de julho. http://www.telegraph.co.uk/finance/newsbysector/energy/oilandgas/7870345/BP-oil-spill-Tony-Haywards-yacht-sets-sail-again.html (acedido em 14 de setembro de 2010).

Efacec. (2008). Relatório de gestão e contas consolidadas e individuais. http://www.efacec.pt/PresentationLayer/ResourcesUser/Relat%C3%B3rios/Relat%C3%B3rio%202008_Relat%C3%B3rio%20de%20Gest%C3%A3o.pdf

Faria, L. M. (2011). Um australiano que não olha a meios. *Expresso*, 16 de julho, 26.

Gontijo, A. (2009). Um audacioso com prudência. *Revista Transporte Moderno*. http://www.revistatransportemoderno.com.br/edicoes/6/22/download/gontijo.pdf

Gore, A. (2020). Bold leadership is needed in complex times. *Financial Times*, 12 de outubro, 17.

Guerrera, F. (2008). Upbeat GE seeks targets in credit squeeze. *Financial Times*, 19 de janeiro, 8.

Holmes, S. (2005). The affair that grounded Stonecipher. *Business Week*, 8 de março. http://www.businessweek.com/bwdaily/dnflash/mar2005/nf2005038_5360_db035.htm

Mandela, N. (1995). *Long walk to freedom*. Back Bay Books.

Markman, A. (2020). Slow down to make better decisions in a crisis. *Harvard Business Review*, March 15. https://hbr.org/2020/03/slow-down-to-make-better-decisions-in-a-crisis

Mason, R., & Roberts, L. (2010). BP oil spill: Tony Hayward pulls out of oil conference. *Telegraph.co.uk*, 22 de junho. http://www.telegraph.co.uk/finance/newsbysector/energy/oilandgas/7845790/BP-oil-spill-Tony-Hayward-pulls-out-of-oilconference.html (acedido em 14 de setembro de 2010).

Pereira, J. M. (2010). 13 percursos que fazem um CEO. *Exame*, janeiro, 58–64.

Peterson, C., & Seligman, M. E. P. (2004). *Character strengths and virtues: A handbook and classification*. American Psychological Association and Oxford University Press.

Pinto, P. C. (2010). Ensitel enxovalhada nas redes sociais. *Expresso*, 28 de dezembro. http://aeiou.expresso.pt/ensitel-enxovalhada-nas-redes-sociais=f623158

Solomon, R. C. (1999). *A better way to think about business*. Oxford University Press.

Reeves, M., Lang, N., & Carlsson-Szlezak, P. (2020). Lead your business through the coronavirus crisis. *Harvard Business Review*, February 27. https://hbr.org/2020/02/lead-your-business-through-the-coronavirus-crisis

Rego, A., & Cunha, M. P. (2021). *Serpentes e pombas na liderança política*. Sílabo.

Rego, A., Cunha, M. P., & Clegg, S. (2022). Exploring the paradoxical nature of responsible leadership. In Pless, N. & Maak, T. (Orgs.), *Responsible Leadership* (pp. 227–244, 2.ª ed.). Routledge. DOI: 10.4324/b22741-16.

Simpson, A. V., Rego, A., Berti, M., Clegg, S., & Pina e Cunha, M. (2022). Theorizing compassionate leadership from the case of Jacinda Ardern: Legitimacy, paradox and resource conservation. *Leadership*, *18*(3), 337–358.

Sluss, D. (2020). Becoming a patient leader. *Harvard Business Review*, September 2. https://hbr.org/2020/09/becoming-a-more-patient-leader

Swartz, J. (2010). Timberland's CEO on standing up to 65.000 angry activists. *Harvard Business Review*, *88*(9), 39–43.

Takeuchi, H., Osono, E., & Shimizu, N. (2008). The contradictions that drive Toyota's success. *Harvard Business Review*, June, 96–104.

The Economist. (2010). BP and golden parachutes: The wages of failure. *The Economist*, 29 de julho. http://www.economist.com/node/16693567?story_id=16693567 (acedido em 14 de setembro de 2010).

CAPÍTULO 12 — HONESTIDADE E INTEGRIDADE

Black, C. (2011). Murdoch, like Napoleon, is a great bad man. *Financial Times*, 14 de julho, 11.

Blanken, I., van de Ven, N., & Zeelenberg, M. (2015). A meta-analytic review of moral licensing. *Personality and Social Psychology Bulletin*, *41*(4), 540–558.

Boddy, C. R. (2011). The corporate psychopaths theory of the global financial crisis. *Journal of Business Ethics*, *102*, 255–259.

Brenkert, G. (2009). Google, human rights, and moral compromise. *Journal of Business Ethics*, *85*(4), 453–478.

Chang, L. (Org.). (2006). *Wisdom for the soul: Five millennia of prescriptions for spiritual healing*. Gnosophia.

Craig, S. B., & Gustafson, S. B. (1998). Perceived leader integrity scale: An instrument for assessing employee perceptions of leader integrity. *Leadership Quarterly*, *9*(2), 127–145.

Cunha, M. P., Guimarães-Costa, N., Rego, A., & Clegg, S. R. (2010). Leading and following (un)ethically in limen. *Journal of Business Ethics, 97*, 189–206.

George, B. (2003). *Authentic leadership: Rediscovering the secrets to creating lasting value*. Jossey Bass.

George, B., Sims, P., McLean, A. N., & Mayer, D. (2007). Discovering your authentic leadership. *Harvard Business Review*, February, 129–138.

Ghoshal, S. (2003). Business schools share the blame for Enron. *Financial Times*, 17 de julho.

Ghoshal, S. (2005). Bad management theories are destroying good management practices. *Academy of Management Learning and Education*, *4*(1), 75–91.

Gwynne, P. (2010). Google's experience raises doubts about high-tech business in China. *Research Technology Management*, *53*(3), 2–3.

Kay, J. (2010). *Obliquity*. Profile Books.

Marling, B. (2017). Harvey Weinstein and the economics of consent. *The Atlantic*, October 23. https://www.theatlantic.com/entertainment/archive/2017/10/harvey-weinstein-and-the-economics-of-consent/543618/

McLean, B., & Elkind, P. (2004). *The smartest guys in the room: The amazing rise and scandalous fall of Enron*. Penguin.

Miline, R. (2008). Siemens scandal leads to new board departure. *Financial Times*, 24 de abril, 26.

Nonaka, I., & Takeuchi, H. (2011). The wise leader. *Harvard Business Review*, *89*(5), 58–67.

Peterson, C., & Seligman, M. E. P. (2004). *Character strengths and virtues: A handbook and classification*. American Psychological Association and Oxford University Press.

Rego, A., Cunha, M. P., Guimarães, N., Cardoso, C. C., & Gonçalves, H. (2006). *Gestão ética e socialmente responsável*. RH Editora.

Rego, A. (2019). *Liderança: Humildade e soberba*. Sílabo.

Sadler-Smith, E. (2018). *Hubristic leadership*. Sage.

Sheehan, M. (2018). How Google took on China — and lost. *MIT Technology Review*, December 19. https://www.technologyreview.com/2018/12/19/138307/how-google-took-on-china-and-lost/

Simons, T., Tomlinson, E. C., & Leroy, H. (2011). Research on behavioral integrity: A promising construct for positive organizational scholarship. In K. S. Cameron & G. Spreitzer (Orgs.), *The Oxford Handbook of Positive Organizational Scholarship*. Oxford University Press.

The Economist. (2011). Great bad men as bosses. *The Economist*, 23 de julho, 59.

Useem, J. (2016). What was Volkswagen thinking? On the origins of corporate evil-and idiocy. *The Atlantic*, January/February. http://www.theatlantic.com/magazine/archive/2016/01/what-was-volkswagen-thinking/419127/

CAPÍTULO 13 — TEMPERANÇA

Baetz, J. (2011). German insurer says it organized orgy for salesmen. *Associated Press*, maio. http://www.deseretnews.com/article/700136804/German-insurer-says-itorganized-orgy-for-salesmen.html?s_cid=rss-14

Barlow, C. B., Jordan, M., & Hendrix, W. H. (2003). Character assessment: An examination of leadership levels. *Journal of Business and Psychology*, *17*(4), 563–584.

Black, C. (2011). Murdoch, like Napoleon, is a great bad man. *Financial Times*, 14 de julho, 11.

Collins, J. (2009). *How the mighty fall: And why some companies never give in*. Random House.

Dauer, U. (2011). Update: Munich Re's Ergo lifts corporate governance at sales unit. *The Wall Street Journal*, 8 de junho. http://online.wsj.com/article/BT-CO20110608-710705.html

Dunlap, A. J., & Andelman, B. (1996). *Mean business: How I save bad companies and make good companies great*. Fireside.

George, B. (2003). *Authentic leadership: Rediscovering the secrets to creating lasting value*. Jossey Bass.

Goffee, R., & Jones, G. (2006). *Why should anyone be led by you?* Harvard Business School Press.

Hühn, M. P., Habisch, A., Hartman, E. M., & José G. Sison, A. (2020). Practicing management wisely. *Business Ethics: a European Review*, *29*, 1–5.

Ignatious, A., & McGin, D. (2015). Novo Nordisk CEO Lars Sørensen on what propelled him to the top. *Harvard Business Review*, November, 60–63.

Ignatius, A. (2015). The best-performing CEOs in the world. *Harvard Business Review*, November, 49–59.

Kay, J. (2010). *Obliquity*. Profile Books.

Kellerman, B. (2004). *Bad leadership*. Harvard Business School Press.

Keough, D. (2008). *The ten commandments of business failure*. Penguin.

Lourenço, C. (2011). Económica, executiva e tolices. *Jornal de Negócios*, 27 de junho, 32.

Mead, N. L., Baumeister, R. F., Gino, F., Schweitzer, M. E., & Ariely, D. (2009). Too tired to tell the truth: Self-control resource depletion and dishonesty. *Journal of Experimental Social Psychology*, *45*, 594–597.

Peterson, C., & Seligman, M. E. P. (2004). *Character strengths and virtues: A handbook and classification*. American Psychological Association and Oxford University Press.

Pfeffer, J. (2010). *Power: Why some people have it, and others don't*. Harper Collins.

Público. (2011). Seguradora alemã premiou agentes com orgia em Budapeste. *Público*, 20 de maio. http://digital.publico.pt/Mundo/seguradora-alema-premiou-agentes-com-orgia-em-budapeste_1495117

Rego, A. (2019). Húbris: um cocktail perigoso. *Revista Líder*, 4 de julho. https://lidermagazine.com.pt/hubris-um-cocktail-perigoso/

Rego, A. (2019). *Liderança: Humildade e soberba*. Sílabo.

Ribeiro, D. (2011). A queda de um sedutor. *Expresso*, 21 de maio, 24.

Sutton, R. I. (2010). *Good boss, bad boss*. Piatkus.

Tangney, J. P., Baumeister, R. F., & Boone, A. L. (2004). High self-control predicts good adjustment, less pathology, better grades, and interpersonal success. *Journal of Personality*, *72*, 271–324.

The Economist. (2010). The will to power: Why some people have power over companies and others don't. *The Economist*, 9 de setembro. http://www.economist.com/node/16990691

The Economist. (2011). Decoding DSK. *The Economist*, 19 de maio. http://www.economist.com/research/articlesBySubject/PrinterFriendly.cfm?story_id=18713896

The Economist. (2011). Great bad men as bosses. *The Economist*, 23 de julho, 59.

Wright, T., & Goodstein, J. (2007). Character is not «dead» in management research: A review of individual character and organizational-level virtue. *Journal of Management*, *33*(6), 928–958.

CAPÍTULO 14 — PERDÃO

Abramson, N., & Senyshyn, Y. (2010). Effective punishment through forgiveness: Rediscovering Kierkegaard's knight of faith in the Abraham story. *Organization Studies*, *31*(5), 555–581.

Abramson, N., & Senyshyn, Y. (2010). Punishment and forgiveness: A phenomenological analysis of archetypal leadership patterns and the implications for educational practice. *Interchange*, *40*(4), 373–402.

Aquino, K., Grover, S., Goldman, B., & Folger, R. (2003). When push doesn't come to shove: The role of interpersonal forgiveness in organizations. *Journal of Management Inquiry*, *12*, 209–216.

Bright, D. S. (2006). Forgiveness as an attribute of leadership. In E. D. Hess & K. S. Cameron (Orgs.), *Leading with values* (pp. 172–193). Cambridge University Press.

Bright, D. S., & Exline, J. J. (2011). Forgiveness at four levels: Intrapersonal, relational, organizational and collective-group. In K. S. Cameron & G. Spreitzer (Orgs.), *The Oxford handbook of positive organizational scholarship*. Oxford University Press.

Bright, D. S., Fry, R. E., & Cooperrider, D. L. (2008). Forgiveness from the perspectives of three response modes: Begrudgment, pragmatism, and transcendence.

In C. C. Manz, K. S. Cameron, K. P. Manz & R. D. Marx (Orgs.), *The Virtuous Organization: Insights From Some of the World's Leading Management Thinkers* (pp. 67–96). World Scientific Publishing.

Bright, D., Cameron, K., & Caza, A. (2006). The amplifying and buffering effects of virtuousness in downsized organizations. *Journal of Business Ethics, 64*, 249–269.

Cameron, K. S. (2007). Forgiveness in organizations. In D. L. Nelson & C. L. Cooper (Orgs.), *Positive organizational behavior* (pp. 128–142). Sage.

Cameron, K. S., Bright, D., & Caza, A. (2004). Exploring the relationships between organizational virtuousness and performance. *American Behavioral Scientist, 47*(6), 766–790.

Cao, W., van der Wal, R. C., & Taris, T. W. (2021). When work relationships matter: Interpersonal forgiveness and work outcomes. *International Journal of Stress Management, 28*(4), 266–282.

Domínguez-Escrig, E., Mallén Broch, F. F., Chiva Gómez, R., & Lapiedra Alcamí, R. (2022). Improving performance through leaders' forgiveness: the mediating role of radical innovation. *Personnel Review, 51*(1), 4–20.

Dyson, M. E. (2021). We need to listen to Archbishop Tutu about forgiveness. *The New York Times*, December 30, A23.

Fehr, R., & Gelfand, M. J. (2019). Forgiveness in organizations. In E. L. Worthington & N. G. Wade (Orgs.), *Handbook of Forgiveness* (pp. 312–321). Routledge.

Fredrickson, B. L. (2001). The role of positive emotions in positive psychology: The broaden-and-built theory of positive emotions. *American Psychologist, 56*(3), 218–226.

Hagemann, A. (2011). *Nelson Mandela*. Editorial Sol90.

Kets de Vries, M. F. R. (2022). *The daily perils of executive life: How to survive when dancing in quicksand*. Palgrave MacMillan.

Lefebvre, J. I., Montani, F., & Courcy, F. (2020). Self-compassion and resilience at work: A practice-oriented review. *Advances in Developing Human Resources, 22*(4), 437–452.

Little, L. M., Simmons, B. L., & Nelson, D. L. (2007). Health among leaders: Positive and negative affect, engagement and burnout, forgiveness and revenge. *Journal of Management Studies, 44*(2), 243–260.

Lourenço, R. (2011). Rob Summers, paraplégico americano voltou a andar. *Expresso*, 28 de maio, 32.

Mandela, N. (1995). *Long walk to freedom*. Back Bay Books.

McCullough, M. E. (2000). Forgiveness as human strength: Theory, measurement, and links to well-being. *Journal of Social and Clinical Psychology, 19*(1), 43–55.

McCullough, M. E., Pargament, K. I., & Thoresen, C. E., (Orgs.). (2000). *Forgiveness: Theory, research, and practice.* Guilford Press.

Pfeffer, J. (2007). *What were they thinking?* Harvard Business School Press.

Schmidt, M. S., & Vogel, K. P. (2021). Prospect of pardons in final days fuels market to buy access to Trump. *The New York Times*, January 18, A1.

CAPÍTULO 15 — HUMILDADE

Brooks, D. (2015). What candidates need. *The New York Times*, April 7, A23.

Caminiti, S. (2005). The people company. *NYSE Magazine*, janeiro–fevereiro, 12–16.

Collins, J. (2009). *How the mighty fall: And why some companies never give in.* Harper.

Deutschendorf, H. (2021). 7 reasons humility is a highly desired leadership trait. *Fast Company*, 20 January. https://www.fastcompany.com/90595756/7-reasons-humility-is-a-highly-desired-leadership-trait

Edmondson, A. (2018). *The fearless organization.* Wiley.

Eliot, T. S. (1983). *Quatro quartetos.* Ática.

Forbes Coaches Council. (2017). 17 reasons humility will help you get ahead. *Forbes*, October 17. https://www.forbes.com/sites/forbescoachescouncil/2017/10/17/17-reasons-humility-will-help-you-get-ahead/#3c58688aac3a

George, B. (2009). *Seven lessons for leading in crisis.* Jossey Bass.

Gino, F. (2018). Why curiosity matters. *Harvard Business Review*, September–October, 48–57.

Glynn, M., & Jamerson, H. (2006). Principled leadership: A framework for action. In E. D. Hess & K. S. Cameron (Orgs.), *Leading With Values: Positivity, Virtue and High Performance* (pp. 151–171). Cambridge University Press.

Grant, A. (2018). Tapping into the power of humble narcissism. *IDEAS.TED.COM,* March 14. https://ideas.ted.com/tapping-into-the-power-of-humble-narcissism/

Hagemann, A. (2011). *Nelson Mandela.* Editorial Sol90.

Hart, S. L. (2005). *Capitalism at the crossroads.* Wharton School Publishing.

Hu, J., Erdogan, B., Jiang, K., & Bauer, T. N. (2018). Research: When being a humble leader backfires. *Harvard Business Review*, April 4. https://hbr.org/2018/04/research-when-being-a-humble-leader-backfires

IBM. (2011). IBM destaca equipa 100 do Corporate Service Corps para Gana, África. http://www.ibm.com/news/pt/pt/2011/03/01/f577189x06407u59.html

Ip, M. (2007). Consumer protection in China: An examination of the Toshiba notebook case from an Australian Perspective. *Asian Journal of Comparative Law*, *2*(1), 1–25.

Kay, J. (2010). *Obliquity*. Profile Books.

Kellerman, B. (2004). *Bad leadership*. Harvard Business School Press.

Keough, D. (2008). *The ten commandments of business failure*. Penguin.

Kets de Vries, M. F. R. (1990). The organizational fool: Balancing a leader's hubris. *Human Relations*, *43*(8), 751–770.

Krugman, P. (2020). In praise of fallible leaders. *The New York Times*, May 26, A22.

Leinwand, P., Mani, M. M., & Sheppard, B. (2022). Reinventing your leadership team. *Harvard Business Review*, January–February, 60–69.

Liden, R., Wayne, S., Zhao, H., & Henderson, D. (2008). Servant leadership: Development of a multidimensional measure and multi-level assessment. *Leadership Quarterly*, *19*(2), 161–177.

McGee, S. (2022). The enigma of Tim Cook. *Financial Times, FT Weekend*, 8 January/9 January, 5. https://www.ft.com/content/17ecb0a0-8e60-4d02-b1fc-f497c9e31331

Mendenhall, M. E., Jensen, R. J., Black, J. S., & Gregersen, H. B. (2003). Seeing the elephant: Human resource management challenges in the age of globalization. *Organizational Dynamics*, *32*(3), 261–274.

Merryman, A. (2016). Leaders are more powerful when they're humble, new research shows. *The Washington Post*, December 8. https://www.washingtonpost.com/news/inspired-life/wp/2016/12/08/leaders-are-more-powerful-when-theyre--humble-new-research-shows/?utm_term=.da4f804986fd

Nielsen, R., & Marrone, J. A. (2018). Humility: Our current understanding of the construct and its role in organizations. *The International Journal of Management Reviews*, *20*, 805–824.

Owens, B. P., Johnson, M. D., & Mitchell, T. R. (2013). Expressed humility in organizations: Implications for performance, teams, and leadership. *Organization Science*, *24*(5), 1517–1538.

Owens, B. P., Rowatt, W. C., & Wilkins, A. L. (2011). Exploring the relevance and implications of humility in organizations. In K. Cameron and G. Spreitzer (Orgs.), *The Oxford handbook of positive organizational scholarship* (pp. 260–272). Oxford University Press.

Owens, B. P., Wallace, A. S., & Waldman, D. A. (2015). Leader narcissism and follower outcomes: The counterbalancing effect of leader humility. *Journal of Applied Psychology, 100*(4), 1203–1213.

Pereira, J. M. (2010). 13 percursos que fazem um CEO. *Exame*, janeiro, 58–64.

Peterson, C., & Seligman, M. E. P. (2004). *Character strengths and virtues: A handbook and classification*. American Psychological Association and Oxford University Press.

Rego, A. (2019). A queda de um herói. *Revista Líder*, 21 de maio. https://lidermagazine.com.pt/a-queda-de-um-heroi/

Rego, A. (2019). *Liderança: Humildade e soberba*. Sílabo.

Rego, A., Cunha, M. P., & Simpson, A. (2018). The perceived impact of leaders' humility on team effectiveness: An empirical study. *Journal of Business Ethics, 148*(1), 205–218.

Rego, A., Owens, B., Leal, S., Melo, A., Cunha, M. P., Gonçalves, L., & Ribeiro, L. (2017). How leader humility helps teams to be humbler, psychologically stronger, and more effective: A moderated mediation model. *The Leadership Quarterly, 28*, 639–658.

Rego, A., Owens, B., Yam, K. C., Bluhm, D., Cunha, M. P., Silard, T., Gonçalves, L., Martins, M., Simpson, A. V., & Liu, W. (2019). Leader humility and team performance: Exploring the mechanisms of team psychological capital and task allocation effectiveness. *Journal of Management, 45*(3), 1009–1033.

Sutton, R. I. (2010). *Good boss, bad boss*. Piatkus.

Taylor, W. C. (2011). Are you «humbitious» enough to lead? *Leader to leader, 61*, 23–28.

The Economist. (2022). Entrevista a Volodymyr Zelensky. *Expresso E*, 8 de abril, 46–51.

Vera, D., & Rodriguez-Lopez, A. (2004). Strategic virtues: Humility as a source of competitive advantage. *Organizational Dynamics, 33*(4), 393–406.

Wehner, P. (2017). The quiet power of humility. *The New York Times*, April 16, SR11.

CAPÍTULO 16 — HUMANIDADE

Autry, J. A. (1991). *Love and profit: The art of caring leadership*. Avon Books.

Csikszentmihalyi, M. (2003). *Good business: Leadership, flow and the making of meaning*. Viking.

Damon, W. (2004). *The moral advantage*. Berrett-Koehler.

De Pree, M. (1989). *Leadership is an art.* Dell Publishing.

Drucker, P. F. (2002). They're not employees, they're people. *Harvard Business Review*, February, 70–77.

Entine, J. (2002). Body Shop's packaging starts to unravel. *Australian Financial Review*, 18 de dezembro. http://www.jonentine.com/reviews/Body_Shop_AFR.htm

Entine, J. (2004). The strange-than-truth story of the Body Shop. In D. Wallis (Org.), *Killed: Great journalism too hot to print.* Nation Books.

Gardner, H. K., & Mortensen, M. (2022). Managers are trapped in a performance--compassion dilemma. *Harvard Business Review*, April 7. https://hbr.org/2022/04/managers-are-trapped-in-a-performance-compassion-dilemma

George, B. (2003). *Authentic leadership: Rediscovering the secrets to creating lasting value.* Jossey Bass.

Goffee, R., & Jones, G. (2006). *Why should anyone be led by you?* Harvard Business School Press.

Hill, A. (2021). How acts of leadership kindness make everyone better. *Financial Times*, 18 January, 14.

Joly, H. (2020). A time to lead with purpose and humanity. *Harvard Business Review*, March 14. https://hbr.org/2020/03/a-time-to-lead-with-purpose-and-humanity

Kellaway, L. (2011). Unrequired love and journeys into corporate idiocy. *Financial Times*, 11 de julho, 12.

Kouzes, J. M., & Posner, B. Z. (1992). Ethical leaders: An essay about being in love. *Journal of Business Ethics*, 11, 479–484.

Leiderfarb, L. (2021). Entrevista — Arturo Pérez Reverte: «O ser humano é um animal muito perigoso». *Expresso E*, 29 de janeiro, 48–55.

Lilius, J. M., Kanov, J., Dutton, J. E., Worline, M. C., & Maitlis, S. (2011). Compassion revealed: What we know about compassion at work (and where we need to know more). In K. S. Cameron & G. Spreitzer (Orgs.), *The Oxford Handbook of Positive Organizational Scholarship*. Oxford University Press.

Mortenson, M., & Gardner, H. K. (2022). Leaders don't have to choose between compassion and performance. *Harvard Business Review*, February 16. https://hbr.org/2022/02/leaders-dont-have-to-choose-between-compassion-and-performance

Peterson, C., & Seligman, M. E. P. (2004). *Character strengths and virtues: A handbook and classification.* American Psychological Association and Oxford University Press.

Pfeffer, J. (2007). *What were they thinking?* Harvard Business School Press.

Pfeffer, J. (2010). Building sustainable organizations: The human factor. *Academy of Management Perspectives*, fevereiro, 34–45.

Pfeffer, J. (2015). What Starbucks can learn from Pope Francis. *Fortune*, September 28. http://fortune.com/2015/09/28/starbucks-pope-francis/

Pfeffer, J. (2018). *Dying for a paycheck.* Harper-Collins.

Pfeffer, J. (2018). The overlooked essentials of employee well-being. *McKinsey Quarterly*, September. https://www.mckinsey.com/business-functions/organization/our-insights/the-overlooked-essentials-of-employee-well-being

Pfeffer, J. (2021). The dark triad may be not so dark: Exploring why «Toxic leader» are so common — with some implications for scholarship and education. *Psychoanalytic Inquiry*, *41*(7), 540–551.

Purkayastha, D., & Fernando, R. (2007). *The Body Shop: social responsibility or sustained greenwashing.* http://www.oikos-international.org/fileadmin/oikos--international/international/Case_competition/Inspection_copy_ICFAI2007.pdf (acedido em 20 de julho de 2011).

Rego, A., & Cunha, M. P. (2012). Liderança humanizada: Humanos gerindo humanos. *Dirigir*, Jan/Mar, 41–44.

Rego, A., & Cunha, M. P. (2021). Compaixão e crueldade: durante a pandemia e fora dela. *Líder*, dezembro. https://lidermagazine.sapo.pt/compaixao-e-crueldade-durante-a-pandemia-e-fora-dela/

Rego, A., Cunha, M. P., & Clegg, S. (2022). Exploring the paradoxical nature of responsible leadership. In N. Pless & T. Maak (Orgs.), *Responsible Leadership* (pp. 227–244, 2.ª ed.). Routledge.

Rego, A., Cunha, M. P., & Gomes, D. (2010). *Porque não gosto do meu chefe.* Edições Sílabo.

Rego, A., Ribeiro, N., & Cunha, M. P. (2010). Perceptions of organizational virtuousness and happiness as predictors of organizational citizenship behaviors. *Journal of Business Ethics*, *93*(2), 215–225.

Rego, A., Ribeiro, N., Cunha, M. P., & Jesuino, J. C. (2011). How happiness mediates the organizational virtuousness and affective commitment relationship. *Journal of Business Research*, *64*, 524–532.

Rogers, K. (2018). Do your employees feel respected? *Harvard Business Review*, *96*(4), 63–70.

Solomon, R. C. (1999). *A better way to think about business.* Oxford University Press.

Steenland, A. (2020). Corporate leaders should show a little human kindness. *Financial Times*, 24 February, 19.

Sutton, R. I. (2010). *Good boss, bad boss.* Piatkus.

Townsend, P. L. (1982). Love and leadership. *Marine Corps Gazette*, February, 24.

Vallas, S., & Schor, J. B. (2020). What do platforms do? Understanding the gig economy. *Annual Review of Sociology*, *46*, 273–294.

Walker, E. T. (2016). Between grassroots and «astroturf»: Understanding mobilization from the top-down. In D. Courpasson & S. Vallas (Orgs.), *SAGE Handbook of Resistance* (pp. 269–279). SAGE.

Worline, M. C., & Dutton, J. E. (2017). *Awakening compassion at work.* Berrett-Koeller.

CAPÍTULO 17 — JUSTIÇA

Bodanis, D. (2021). Can you succeed without being a terrible person? *Financial Times*, 18 January, 15.

Carmeli, A., & Gittell, J. (2009). High-quality relationships, psychological safety, and learning from failures in work organizations. *Journal of Organizational Behavior*, *30*(6), 709–729.

Ceylan, A., & Sulu, S. (2011). Organizational injustice and work alienation. *Ekonomie a Management*, *14*(2), 65–78.

Cho, J., & Dansereau, F. (2010). Are transformational leaders fair? A multi-level study of transformational leadership, justice perceptions, and organizational citizenship behaviors. *Leadership Quarterly*, *21*(3), 409–421.

Colquitt, J. A., & Greenberg, J. (2003). Organizational justice: A fair assessment of the state of the literature. In J. Greenberg (Org.), *Organizational behavior: The state of the science* (pp. 165–210). Lawrence Erlbaum Associates.

Colquitt, J. A., Conlon, D. E., Wesson, M. J., Porter, O. L. H., & Ng, K. Y. (2001). Justice at the millennium: A meta-analytic review of 25 years of organizational justice research. *Journal of Applied Psychology*, *86*, 425–445.

Cowherd, D., & Levine, D. (1992). Product quality and pay equity between lower--level employees and top management: An investigation of distributive justice theory. *Administrative Science Quarterly*, *37*, 302–320.

Edmondson, A. C. (2008). The competitive imperative of learning. *Harvard Business Review*, July–August, 60–67.

Fassina, N. E., Jones, D. A., & Uggerslev, K. L. (2008). Meta-analytic tests of the relationships between organizational justice and citizenship behavior: Testing agent-system, agent-dominance, and shared-variance. *Journal of Organizational Behavior*, *29*, 805–828.

Galinsky, A., & Schweizer, M. (2015). *Friend and foe*. Random House Business Books.

Kim, W. C., & Mauborgne, R. (1991). Implementing global strategies: The role of procedural justice. *Strategic Management Journal, 12*, 125–143.

Kim, W. C., & Mauborgne, R. A. (1996). Procedural justice and managers' in-role and extra-role behavior: The case of the multinational. *Management Science, 42*(4), 499–515.

Kim, W. Chan, & Mauborgne, R. A. (1997). Fair process: Managing in the knowledge economy. *Harvard Business Review, 75*(4), 65–75.

Loureiro, C. (2011). Cuidado com eles. *Expresso Única*, 15 de janeiro, 66–69.

Martin, J., & Harder, J. W. (1994). Bread and roses: Justice and the distribution of financial and socioemotional rewards in organizations. *Social Justice Research, 7*(3), 241–264.

Meyer, D. M. (2011). A positive lens on organizational justice: Toward a moral, constructive, and balanced approach to reactions to third-party (in)justice. In K. Cameron & G. Spreitzer (Orgs.), *The Oxford handbook of positive organizational scholarship*. Oxford University Press.

Peterson, C., & Seligman, M. E. P. (2004). *Character strengths and virtues: A handbook and classification*. American Psychological Association and Oxford University Press.

Rego, A. (2000). *Justiça e cidadania nas organizações — uma abordagem sem tabus*. Sílabo.

Rego, A., & Cunha, M. P. (2010). Organizational justice and citizenship behaviors: A study in the Portuguese cultural context. *Applied Psychologhy: An International Review, 59*(3), 404–430.

Rego, A., Cunha, M. P., & Clegg, S. (2012). *The virtues of leadership: Contemporary challenge for global managers*. Oxford University Press.

San, G., & Jane, W. (2008). Wage dispersion and team performance: Evidence from the small size professional baseball league in Taiwan. *Applied Economics Letters, 15*(11), 883–886.

Sandberg, J., & Andersson, A. (2022). CEO pay and the argument from peer comparison. *Journal of Business Ethics, 175*, 759–771.

Sutton, R. I. (2010). *Good boss, bad boss*. Piatkus.

The Economist. (2021). Will shareholders halt the inexorable rise of CEO pay? May 15. https://www.economist.com/business/2021/05/13/will-shareholders-halt-the-inexorable-rise-of-ceo-pay van Knippenberg, D., De Cremer, D., & van Knippenberg, B. (2007). Leadership and fairness: The state of the art. *European Journal of Work and Organizational Psychology*, *16*, 113–140.

Viswesvaran, C., & Ones, D. S. (2002). Examining the construct of organizational justice: A meta-analytic evaluation of relations with work attitudes and behaviors. *Journal of Business Ethics*, *38*(3), 193–203.

CAPÍTULO 18 — INTELIGÊNCIA SOCIAL

Alexander, R. (2011). The dark side of emotional intelligence. *Management Today*, April, 46–47, 49–50.

Ankel, S. (2020). George Floyd's brother had a phone call with President Trump but said he «didn't give me an opportunity to even speak». *Business Insider*, May 31. https://www.businessinsider.in/international/news/george-floyds-brother-had-a--phone-call-with-president-trump-but-said-he-didnt-give-me-an-opportunity-to--even-speak/articleshow/76120660.cms

Austin, E. J., Farrelly, D., Black, C., & Moore, H. (2007). Emotional intelligence, Machiavellianism and emotional manipulation: does EI have a dark side? *Personality and Individual Differences*, *43*, 179–189.

Bilton, N. (2018). «She absolutely has sociopathic tendencies»: Elizabeth Homes, somehow, is trying to start a new company. *Vanity Fair*, June 8. https://www.vanityfair.com/news/2018/06/

Brown, F. W., & Moshavi, D. (2005). Transformational leadership and emotional intelligence: a potential pathway for an increased understanding of interpersonal influence. *Journal of Organizational Behavior*, *26*, 867–871.

Clifton, E. (2015). Labour of love. *Next*, July, 30.

Cohen, R. (2019). Donald Trump's inhumanity before a victim of rape. *The New York Times*, July 27, A18.

De Raad, B. (2005). The trait-coverage of emotional intelligence. *Personality and Individual Differences*, *38*, 673–687.

George, J. M. (2000). Emotions and leadership: the role of emotional intelligence. *Human Relations*, *53*(8), 1027–1055.

Goleman, D. (1998). What makes a leader? *Harvard Business Review*, November–December, 93–102.

Goleman, D., & Boyatzis, R. (2008). Social intelligence and the biology of leadership. *Harvard Business Review*, September, 74–81.

Grewal, D., & Salovey, P. (2005). Feeling smart: The science of emotional intelligence. *American Scientist*, July–August, 330–339.

Grieve, R., & Mahar, D. (2010). The emotional manipulation-psychopathy nexus: Relationships with emotional intelligence, alexithymia and ethical position. *Personality and Individual Differences*, *48*(8), 945–950.

Hayward, P. (2011). José Mourinho turned to violence against Barça to mask his own failure. *The Guardian*, 18 de agosto. http://www.guardian.co.uk/football/blog/2011/aug/18/jose-mourinho-violence-barca-failure

Hopkins, M. M., & Bilimoria, D. (2008). Social and emotional competencies predicting success for male and female executives. *Journal of Management Development*, *27*(1), 13–35.

Jornal de Notícias. (2009). Guardiola já é objecto de estudo. *Jornal de Notícias*. http://www.dn.pt/desporto/Interior.aspx?content_id=1342103

Mayer, J. D., & Salovey, P. (1997). What is emotional Intelligence? In P. Salovey & D. Sluyter (Orgs.), *Emotional development and emotional intelligence: Implications for educators* (pp. 3–31). Basic Books.

Peters, T. (2010). Classic Leaders. *Leadership Excellence*, *27*(4), 3–4.

Peterson, C., & Seligman, M. E. P. (2004). *Character strengths and virtues: A handbook and classification*. American Psychological Association and Oxford University Press.

Rego, A. (2019). Deve um/a líder ser empático/a? *Revista Líder*, 28 de março. https://lidermagazine.com.pt/deve-um-a-lider-ser-empatico-a/

Rego, A. (2020). Devem os líderes ser empáticos? *Líder*, 11 de março. https://lidermagazine.com.pt/devem-os-lideres-ser-empaticos/

Rego, A., & Cunha, M. P. (2021). *Serpentes e pombas na liderança política*. Sílabo.

Rego, A., Godinho, L., McQueen, A., & Cunha, M. P. (2010). Emotional intelligence and caring behaviour in nursing. *Service Industries Journal*, *30*(9), 1419–1437.

Rego, A., Sousa, F., Cunha, M. P., Correia, A., & Saur, I. (2007). Leader self-reported emotional intelligence and perceived employee creativity: An exploratory study. *Creativity and Innovation Management Journal*, *16*(3), 250–264.

Sadun, R., Fuller, J., Hansen, S., & Neal, P. J. (2022). The C-suite skills that matter most. *Harvard Business Review*, *100*(4), 42–50.

Salovey, P., & Grewal, D. (2005). The science of emotional intelligence. *Current Directions in Psychological Science*, *14*(6), 281–285.

Theakston, K. (2011). Gordon Brown as prime minister: Political skills and leadership style. *British Politics*, *6*(1), 78–100.

TVI 24. (2010). Gordon Brown chama «fanática» a eleitora. http://www.tvi24.iol.pt/portal-iol/tvi24-primeiro-ministro-ingles-fanatica-campanha-gordon-brown/1158586-5281.html

TVI 24. (2011). Valdano: «Agressão de Mourinho não orgulha ninguém». http://www.tvi24.iol.pt/jose-mourinho/barcelona-real-madrid-mourinho-tito-vilanova-valdano-espanha/1274229-3776.html

Wharton High School. (2011). *Winning Spanish coach Josep Guardiola: A quiet leadership.* http://kwhs.wharton.upenn.edu/2011/04/winning-spanish-coach-josep-guardiola-a-quiet-leadership/

Wong, C., & Law, K. S. (2002). The effects of leader and follower emotional intelligence on performance and attitude: An exploratory study. *Leadership Quarterly, 13*, 243–274.

Zhou, J., & George, J. M. (2003). Awakening employee creativity: The role of leader emotional intelligence. *The Leadership Quarterly, 14*, 545–568.

CAPÍTULO 19 — AUTENTICIDADE

Alvesson, M., & Einola, K. (2019). Warning for excessive positivity: Authentic leadership and other traps in leadership studies. T*he Leadership Quarterly, 30*(4), 383–395.

Avolio, B. J., & Mhatre, K. H. (2011). Advances in theory and research on authentic leadership. In K. S. Cameron & G. Spreitzer (Orgs.), *The Oxford handbook of positive organizational scholarship* (pp. 774–783). Oxford University Press.

Avolio, B. J., Walumbwa, F. O. & Weber, T. J. (2009). Leadership: Current theories, research, and future directions. *Annual Review of Psychology, 60*, 421–449.

Caza, A., & Jackson, B. (2011). Authentic leadership. In A. Bryman, D. Collinson, K. Grint, B. Jackson & M. Uhl-Bien (Orgs.), *The Sage handbook of leadership* (pp. 352–364). Sage.

Chamorro-Premuzic, T. (2020). The dark side of authentic leadership. *Forbes*, 28 de outubro. https://www.forbes.com/sites/tomaspremuzic/2020/10/28/the-dark-side-of-authentic-leadership/

Clair, J. A., & Dufresne, R. L. (2007). Changing poison into medicine: How companies can experience positive transformation from a crisis. *Organizational Dynamics, 36*(1), 63–77.

Eastwood, B. (2018). When the «Lying demagogue» is the authentic candidate. *MIT Management Sloan School*, April 17. http://mitsloan.mit.edu/newsroom/articles/when-the-lying-demagogue-is-the-authentic-candidate/

Edsall, T. B. (2018). Is President Trump a stealth postmodernist or just a liar? *The New York Times*, January 25. https://www.nytimes.com/2018/01/25/opinion/trump-postmodernism-lies.html

Gardner, W. L., Karam, E. P., Alvesson, M., & Einola, K. (2021). Authentic leadership theory: The case for and against. *The Leadership Quarterly*, *32*(6), Artigo 101495.

Grant, A. (2020). There's a fine line between helpful and harmful authenticity. *The New York Times*, April 27, B6.

George, B. (2003). *Authentic leadership: Rediscovering the secrets to creating lasting value.* Jossey Bass.

Goffee, R., & Jones, G. (2005). Managing authenticity: The paradox of great leadership. *Harvard Business Review*, December, 86–94.

Goffee, R., & Jones, G. (2006). *Why should anyone be led by you?* Harvard Business School Press.

Guthrie, J. (2009). If you can fake it, you will make it. *Financial Times*, 29 de dezembro, 7.

Hahl, O., Kim, M., & Sivan, E. W. Z. (2018). The authentic appeal of the lying demagogue: Proclaiming the deeper truth about political illegitimacy. *American Sociological Review, 83*(1), 1–33.

Kellaway, L. (2004). So I need to be more like me? That's a dreadful idea. *Financial Times*, 8 de março, 10.

Peterson, C., & Seligman, M. E. P. (2004). *Character strengths and virtues: A handbook and classification*. American Psychological Association and Oxford University Press.

Reeves, R. (2006). When lying is acceptable. *Management Today*, maio, 29.

Rego, A. (2020). Devem os líderes ser francos? *Líder*, 23 de julho. https://lidermagazine.sapo.pt/devem-os-lideres-ser-francos/

Rego, A., Cunha, M. P., & Giustiniano, L. (2021). Are relationally transparent leaders more receptive to the relational transparency of others? An authentic dialogue perspective. *Journal of Business Ethics*, *180*, 695–709. DOI: 10.1007/s10551-021-04792-6

Rego, A., Reis Júnior, D., & Cunha, M. P. (2015). Authentic leaders promoting store performance: The mediating role of virtuousness and potency. *Journal of Business Ethics*, *128*(3), 617–634.

Rego, A., Sousa, F., Marques, S., & Cunha, M. P. C. (2012). Authentic leadership promoting employees' psychological capital and creativity. *Journal of Business Research, 65,* 429–437.

Rego, A., Sousa, F., Marques, S., & Cunha, M. P. C. (2014). Hope and positive affect mediating the authentic leadership and creativity relationship. *Journal of Business Research, 67*(2), 200–210.

Rego, A., Vitória, A., Magalhães, A., Ribeiro, N., & Cunha, M. P. (2013). Are authentic leaders associated with more virtuous, committed and potent teams? *Leadership Quarterly, 24*, 61–79.

Stern, S. (2006). Leaders should just be themselves — but with more skill. *Financial Times,* 14 de março, 10.

NOTAS FINAIS

Bruce, S. (2002). *God is dead: Secularization in the West.* Blackwell.

Collins, J. (2001). Level 5 leadership: the triumph of humility and fierce resolve. *Harvard Business Review*, January, 67–76.

Ecklund, E., Park, J., & Veliz, P. (2008). Secularization and religious change among elite scientists. *Social Forces, 86*(4), 1805–1839.

Fort, T. L., & Schipani, C. (2004). *The role of business in fostering peaceful societies.* Cambridge University Press.

Fukuyama, F. (2022). *Liberalism and its discontents.* Profile Books.

Fuller, S. (1997). The secularization of science and a new deal for science policy. *Futures, 29*(6), 483–503.

Gorski, P., & Altinordu, A. (2008). After secularization? *Annual Review of Sociology, 34*, 55–85.

Malone, M. S. (2007). *Bill & Dave: How Hewlett and Packard built the worlds' greatest company.* Portfolio.

Newton, L. H. (2006). *Permission to steal: Revealing the roots of corporate scandal.* Blackwell.

O' Hear, A. (1997). *Beyond evolution: Human nature and the limits of evolutionary explanation.* Clarendon Press.

Smith, C. (Org.). (2003). *The secular revolution: Power, interests and conflict in the secularization of American public life.* University of California Press.

Vera, D., & Rodriguez-Lopez, A. (2004). Strategic virtues: Humility as a source of competitive advantage. *Organizational Dynamics, 33*(4), 393–406.